中国社会科学院 学者文选

吴大英集

中国社会科学院科研局组织编选

中国社会科学出版社

图书在版编目（CIP）数据

吴大英集／中国社会科学院科研局组织编选. —北京：中国社会
科学出版社，2002.1（2018.8 重印）
（中国社会科学院学者文选）
ISBN 978-7-5004-3260-9

Ⅰ.①吴…　Ⅱ.①中…　Ⅲ.①吴大英—文集②法学—文集
③政治学—文集　Ⅳ.①D-53

中国版本图书馆 CIP 数据核字（2001）第 087397 号

出 版 人	赵剑英
责任编辑	周兴泉
责任校对	王应来
责任印制	戴　宽

出　　　版	中国社会科学出版社
社　　　址	北京鼓楼西大街甲 158 号
邮　　　编	100720
网　　　址	http：//www.csspw.cn
发 行 部	010-84083685
门 市 部	010-84029450
经　　　销	新华书店及其他书店

印刷装订	北京市十月印刷有限公司
版　　　次	2002 年 1 月第 1 版
印　　　次	2018 年 8 月第 2 次印刷

开　　　本	880×1230　1/32
印　　　张	13.25
字　　　数	313 千字
定　　　价	79.00 元

凡购买中国社会科学出版社图书,如有质量问题请与本社营销中心联系调换
电话:010-84083683

出 版 说 明

一、《中国社会科学院学者文选》是根据李铁映院长的倡议和院务会议的决定，由科研局组织编选的大型学术性丛书。它的出版，旨在积累本院学者的重要学术成果，展示他们具有代表性的学术成就。

二、《文选》的作者都是中国社会科学院具有正高级专业技术职称的资深专家、学者。他们在长期的学术生涯中，对于人文社会科学的发展作出了贡献。

三、《文选》中所收学术论文，以作者在社科院工作期间的作品为主，同时也兼顾了作者在院外工作期间的代表作；对少数在建国前成名的学者，文章选收的时间范围更宽。

中国社会科学院

科研局

1999 年 11 月 14 日

目　录

第二部分

第三部分

序　言

学生为自己导师的文集作序，在很多情况下是应导师的要求而为，而我为吴大英教授的文集作序则是自告奋勇的。

1978年，我考入中国社会科学院研究生院，师从吴大英教授研究法理学，在吴大英教授的严格指导下完成了学业，并且在毕业之后选择以法学研究为业。20多年后的今天，当时正值壮年，以身体健康著称的吴大英教授已经囿于病床两年之久，这个事实传递给人们的是与文化传承相伴的生命自然销蚀的苍凉感受。生活是残酷的，生命也是残酷的。尽管吴大英教授对研究工作仍然眷恋，但是，除非发生奇迹，他将不再可能继续自己一生热爱的事业。很可能，《吴大英集》的出版是他一生笔耕的总结。

吴大英教授早年留学苏联，20世纪50年代在苏联列宁格勒大学获得法学副博士学位。1959年回国，到中国科学院法学研究所（1977年改属中国社会科学院）从事法学研究工作。后来又长期主持政治学研究所的工作。40多年来，他在法学研究和政治学研究的岗位上辛勤耕耘，发表了大量的研究成果。他精炼的文笔，清晰的思路，严格的逻辑思维和高产的成果，在法学研究的圈子里成为共识。特别是改革开放初期那个思想解放的年代，吴大英教授的名字高频率地出现在《人民日报》、《光明日报》等主要媒体上。

本书所选编的只是这些成果中的一小部分。从这些文章的题目我们可以看出，吴大英教授是一个关注现实的学者，他的每一篇文章几乎都和当时的社会焦点相关，这些题目在某种程度上反映了中国法学和政治学发展的心路历程，浓缩了中国老一代学者对国家的责任感。

在病榻上，吴大英教授仍然牵挂着这本书的编辑和出版。甚至在他处于半昏迷状态的时候，每当问到他关于文集的事情，他总是令人吃惊地清醒和准确。一个学者，盖棺定论的根据应该是他一辈子的学问。现在，当他不可能再提笔写作的时候，他的文集就是一个学者给社会的答卷。这份答卷是历史的，不是抽象的；是现实的，不是完美的。但是，相信读了这本文集的人都会产生这样的认识，即，一个学者的学问是时代的产物，吴大英教授无愧于他的那个时代。

信春鹰

2001 年 5 月 21 日

第一部分

社会主义法律的概念和特征

社会主义法律是社会主义社会上层建筑的一个组成部分。它同整个上层建筑一样，是由经济基础产生和决定的。社会主义法律反映社会主义经济基础——社会主义生产关系的总和。

但是，上层建筑并不是消极的，它对经济基础起着积极的反作用。社会主义法律的创造性的作用表现在：一、它帮助破坏旧的社会关系，消灭剥削制度；二、社会主义法律帮助建立新的、社会主义的社会关系，并且巩固它，保护它，促使它发展。苏联、中国和各人民民主国家的法律的发展历史，完全证明了这一点。社会主义法律之所以具有巨大的作用，首先是由于它是社会主义国家所制定的。社会主义国家是无产阶级专政的国家，它的使命是建立、保护、巩固和发展社会主义的社会关系，消灭一切旧制度和旧的社会关系。其次，社会主义法律反映了工人阶级和全体劳动人民的意志，它是依据社会发展的客观规律而制定的。当然，法律和规律不能混为一谈。法律是国家制定的，它只具有法的效力，而规律则反映了自然和社会中的客观过程，它是不以人的意志为转移的。

一切法律都具有阶级性。资产阶级法律是资产阶级用以压迫工人阶级和全体劳动人民的工具，社会主义法律则是无产阶级专政的工具。诚然，社会主义国家在它发展的第一阶段中，除了无产阶级以外，还存在着资产阶级和小资产阶级（主要是农民），因此社会主义法律可以在一定的时期内和一定的条件下允许资产阶级的活动；但是这决不能改变社会主义法律的阶级本质。因为社会主义法律的最终目的，是要消灭一切旧的社会关系和旧的社会秩序，建立新的、社会主义的社会关系和社会秩序。苏联已故法学家 M. 莱斯涅尔不了解这一点，于是犯了错误。他这样说：社会主义的法是一个复杂的法的秩序，其中包括了无产阶级的法（它占领导地位）；农民阶级的法占第二位，它反映在土地法典上；资产阶级的法占第三位，它反映在民法典上。① 这种说法显然歪曲了苏维埃法的本质。

我国的法律也是社会主义的法律。我国的法律的阶级性，在宪法、法律和其他法的文件里，都有很明显的反映。

法律是统治阶级的国家意志，这是马克思列宁主义关于法律理论的基本原理之一。对于这一原理应该从三方面来说明：第一，法律中所反映的并不是什么"超阶级的意志"、"自由的意志"或者是某个人的意志，而是整个阶级的意志。第二，法律只能反映统治阶级的意志。在一个社会中，只能有统治阶级的法律，不能有被统治阶级的法律，这一点区别了法律和法的意识。法的意识是社会意识的一种形式，它不仅包括统治阶级对法的看法，而且也包括了被统治阶级对法的看法。当然，这两者是不断地斗争的。第三，法律是一种国家意志，它虽然归根到底由经济基础所决定，但它是由国家政权直接制定的。法律不可能脱离国家的立法机关

---

① M. 莱斯涅尔：《法，我们的法，他人的法，一般的法》，列宁格勒 1925 年版，第 244 页。

的活动，这一点也区别了法律和法的意识。因为法的意识虽然也受国家政权的影响，但它并不是由国家政权制定的。

社会主义法律反映了工人阶级的意志，同时也反映了全体劳动人民的意志，因为他们有共同的利益。这一点是很容易明白的。

社会主义法律是实现国家职能的重要工具之一。社会主义国家的职能通过许多方式来实现，如立法、国家管理、司法、检察等等。社会主义法律在实现国家职能时的特点表现在：第一，法律是最高的法的文件，调整最重要的社会关系，具有最高的法的效力。第二，法律是有强制力量保证执行的。毫无疑问，在社会主义国家里，绝大多数人民都自觉地遵守和执行法律，但这决不能否定法律有国家的强制力量作为后盾。

由此可知，社会主义法律在国家生活中具有非常重大的作用。

我们的法律虽然还不够完备，但并不是"完全无法可循"。八年多来，我们已经有了许多重要的法律，包括宪法这样的根本法。此外，还有许多单行条例、规章、决定、指示等等，它们也起了很大的作用。在国家建立初期，要制定根本性的、长期适用的法律是有困难的。现在社会主义改造已经基本完成，我们也已有了更多的经验，许多重要的法律有的已经起草完成，有的正在积极起草之中。总之，我们的法律是在逐步完备的。

＊　　　　　＊　　　　　＊

以上说明了马克思列宁主义关于社会主义法律的基本原理。但是，在法学书籍和法律文件中，"法律"这一术语有两种涵义。第一，"法律"是指由国家制定或批准的，由国家强制力保证执行的各种法的规范。例如苏联宪法第112条规定，"审判员独立，只服从法律"；我国宪法第 85 条规定，"中华人民共和国公民在法律上一律平等"。在这里，"法律"实际上就是"法"。第二，"法律"这一术语在严格的意义上说来，是指国家机关的一定的文件，它在其他的规范性文件中占最高的地位。我国宪法第 29 条规定："法律和其他议案由全国人民代表大会以全体代表的过半数通过。"这里的"法律"是在第二种意义上来说的。

那么，在严格意义上来说的法律究竟是什么呢？它具有哪些特点呢？它同其他法的规范性的文件有什么区别呢？这在法律科学和立法工作中是一个很重要的问题，可是在我国还没有展开专门的研究。苏联法学家们写了好些文章，直接或间接地探讨了这个问题。但是一般说来，这些文章还有一定的缺点。第一，有些作者只看到 1936 年苏联宪法颁布以后的情况，而忽视了 1936 年以前的情况；可是 1936 年以前的法律，有许多到现在还是适用的。第二，有些作者只研究全苏的法律，而忽视了加盟共和国和自治共和国的法律，因此他们作出的结论不够全面。第三，有些法学家认为在法律的定义中不能包括某些为其他法的规范所共同具有的特征，这样的出发点是不对的。

根据上面所说的情况，本文的任务在于：第一，概括苏联法学家在这方面的成就；第二，把苏联法学家研究的成果同我国和各人民民主国家的情况相比较，并找出各社会主义国家的法律所共同具有的特点。

在十月革命后初期，苏联法学家就已开始研究苏维埃法律的特征。K.A. 阿尔希波夫曾说，苏维埃国家的法律就是具有一般性的法的规范，不管这种规范是由什么机关制定的 。[1]这样的观点显

---

① 　K.A. 阿尔希波夫：《苏维埃国家的法律》，莫斯科 1925 年版，第46 页。

然是错误的。例如，宪法在当时是由全苏联苏维埃代表大会制定的，它是国家的根本法，具有一般性；城市苏维埃也有权制定一般性的法的规范（例如关于修复道路的决议）。试问，这两者能够等同起来吗？当然不能。因此，这种理论早已在苏联受到了批判。

现在所有的苏联法学家在研究法律的时候，首先研究法律是由什么国家机关制定的问题，可是他们得出了不同的结论，并且引起了争论。

有人说："只有苏联最高苏维埃才颁布法律。"[①] М.Д. 沙尔果罗茨基、Ц.А. 雅姆波尔斯卡雅、П.Е. 涅德拜洛则认为法律是由最高苏维埃（包括苏联的和共和国的）制定的。Г.И. 彼得罗夫认为"苏维埃法律是苏维埃政权一般的国家代表机关的文件。"[②] Д.А. 凯里莫夫的观点和他大致相同。这些说法都忽视了 1918 年的苏俄宪法和 1924 年的苏联宪法。这两部宪法现在虽已失效，但根据它们所制定的许多法律现在仍在适用。特别应该指出，现行的苏联宪法就不是由苏联最高苏维埃通过，而是由非常第八次全苏联苏维埃代表大会通过的。

根据上面所说的情况，有必要看一看 1918 年和 1924 年宪法中的规定。

1918 年的苏俄宪法规定全俄苏维埃代表大会和全俄中央执行委员会是立法机关。但在 1920 年 12 月 29 日全俄苏维埃代表大会的决议"关于苏维埃建设"中，规定全俄中央执行委员会主席团

---

① 维辛斯基主编：《苏维埃国家法》，莫斯科 1938 年版，第 316 页。着重点是本文作者加的。

② Г.И. 彼得罗夫：《苏维埃法律的法的性质》，列宁格勒法学院学术札记，第四集，1947 年版，第 102 页。

和人民委员会也有立法权。1924 年的苏联宪法规定享有立法权的是下列机关：全苏联苏维埃代表大会，苏联中央执行委员会，苏联中央执行委员会主席团；各加盟共和国苏维埃代表大会，各加盟共和国中央执行委员会，各加盟共和国中央执行委员会主席团。由此可见，1918 年和 1924 年宪法中都规定了好几个机关有立法权。当然，它们都是在自己的职权范围内制定法律，而制定宪法性法律的权力只属于苏维埃代表大会。

只有到了 1936 年，苏联宪法才规定苏联最高苏维埃、各加盟共和国和自治共和国的最高苏维埃（也就是最高国家代表机关）是惟一的立法机关。

C.A. 格隆斯基和 M.C. 斯特罗果维奇认为法律是由"最高国家权力机关所制定的规范"。① C.Ф. 凯契克扬和 A.И. 杰尼索夫也有类似的说法。这种说法也不完善。因为根据 1936 年苏联宪法，在最高苏维埃闭会期间，最高苏维埃主席团也是最高国家权力机关，但是它不能制定法律，只能制定法令。

M.B. 茨维克的意见比较正确。他写道：苏维埃法律是"由最高代表机关或其他有立法权的最高国家机关"所制定的规范。② 这样的说法对 1936 年宪法以前和以后所制定的法律都是适合的。

我国也有类似的情况。1949 年中华人民共和国成立后，由中国共产党发起、各民主党派和人民团体的代表所组成的中国人民政治协商会议代行全国人民代表大会的职权，其中包括立法权。此外，根据中央人民政府组织法第 7 条的规定，中央人民政府也

---

① C.A. 格隆斯基和 M.C. 斯特罗果维奇：《国家和法的理论》，莫斯科 1940 年版，第 174 页。

② M.B. 茨维克：《苏维埃法律——论文提要》，哈尔科夫 1952 年版，第 4 页。

有立法权。1954年通过的中华人民共和国宪法第22条规定："全国人民代表大会是行使国家立法权的惟一机关。"1955年7月30日，第一届全国人民代表大会第二次会议通过了关于授权常务委员会制定单行法规的决议。因此，全国人民代表大会常务委员会也有一部分立法权。通过这一决议的原因，是由于随着我国社会主义建设和社会主义改造事业的进展，国家急需制定各项法律，以适应国家建设和国家工作的需要；但全国人民代表大会每年只举行一次，在它闭会的期间，有些部分性质的法律，不可避免地急需常务委员会通过施行。通过这一决议的法律根据是宪法第31条第19项。由此可见，这一决议是完全必要的，有法律根据的。

在其他各人民民主国家里，立法权是由各种名称不同的国家机关所行使的。根据各人民民主国家宪法的规定，可以看到下面三种情况：

第一种情况是立法权由国家最高代表机关单独行使的，如阿尔巴尼亚、保加利亚、匈牙利、朝鲜、蒙古、波兰、罗马尼亚等国家。

第二种情况是法律由国家最高代表机关制定，或者由人民以全民投票的方式直接制定。德意志民主共和国宪法第81条就有这样的规定。越南民主共和国宪法第21条也规定人民对宪法性的问题有权依照宪法第32条和第70条的规定进行全民投票。

第三种情况如南斯拉夫，这是一个联邦制国家，除了国家最高代表机关以外，共和国的代表机关也有立法权。捷克斯洛伐克共和国宪法则规定除国家最高代表机关外，斯洛伐克民族议会也行使一部分立法权。

由此可见，在社会主义国家里，法律主要是由国家最高代表机关制定的，共和国的代表机关和其他有立法权的最高机关也制定法律，某些时候法律可以由全民投票直接通过。这是社会主义法律的第一个特征。

社会主义法律的第二个特征是它调整最重要的社会关系。А.М.瓦西里雅夫分析了苏联最高苏维埃在二十一次会议中所通过的六十六个法律，其中有三十五个是宪法性的法律，十四个是国家预算的法律，其余也都是重要的法律。①

Г.И.彼得罗夫不同意这一点，他认为在最高苏维埃主席团的法令和部长会议的决议中，原则性的政治意义不见得比法律少一些。其实，谁也没有否定法令和决议的重要性，但是，在法律中规定了一切根本的原则，其他一切法的文件都是根据法律并且为了实现法律而制定的。许多国家的宪法都有这样的规定。

此外，Г.И彼得罗夫还认为，重要性会随着时间的改变而改变。这当然是对的，但是不能以此来否定某一法律曾在一定的时候调整过重要的社会关系。

社会主义法律是工人阶级和全体劳动人民意志的反映。差不多所有的苏联法学家都指出这一点。但是这还不够，因为在社会主义国家里，一切法的规范都是工人阶级和全体劳动人民意志的反映。应该指出，社会主义法律是工人阶级和全体劳动人民意志的最高表现。这是社会主义法律的第三个特征，它是由第一个和第二个特征所决定的。

有些苏联法学家认为社会主义法律是人民意志的直接表现。Д.А.凯里莫夫写道："苏维埃法律直接反映全体苏维埃人民的意志，因为制定法律的机关——苏联最高苏维埃（以及加盟共和国和自治共和国的最高苏维埃）是在普遍、平等、直接、秘密投票

① А.М.瓦西里雅夫：《关于苏联最高苏维埃文件的分类》，载《苏维埃国家和法》，1953年第8期，第19页。

的基础上选举出来的，这些机关直接代表了自己的选民，直接反映了苏维埃人民的意志。"① Г.И. 彼得洛夫、М.В. 茨维克、А.Ф. 谢朋诺夫也有同样的意见。但是，普遍、平等、直接、秘密投票的选举，在苏联只是到了第二个发展阶段时才实现的，而在第一个发展阶段时所制定的许多法律现在仍然适用，因此上述意见是不正确的。

许多苏联法学家指出，别的法的文件可以是规范性的，也可以是个别性的，但法律始终是规范性的文件。这是社会主义法律的第四个特征。

社会主义法律中的指令是有一般性的，它调整一定的社会关系，执行法律的指令的，是一切参加（或将要参加）法律所指向的社会关系的人。法律不是一次适用而是多次适用的。和法律不同的则是适用法的规范的文件。适用法的规范的文件中的指令是具体的，它是一次适用的；它规定了具体的法的关系参加者的权利和义务，它是具体的法的关系产生、变化和结束的依据。

Г.И. 彼得罗夫认为苏联最高苏维埃关于选举苏联最高苏维埃主席团的决议、关于组织苏联部长会议的决议、关于任命苏联总检察长的决议等等都是法律。这是不正确的，因为这些都是适用法的规范的文件，它们从来没有取得法律的形式，而仅被称为决议。

Ц.А. 雅姆波尔斯卡雅认为苏联最高苏维埃一切"非个人的"文件都是法律，这是不对的，因为除了"非个人的"文件外，还有许多文件也不是法律。例如最高苏维埃关于赞同外交政策的决议虽然是"非个人的"，但并不是法律。

---

① Д.А. 凯里莫夫：《苏维埃国家的立法活动》，莫斯科 1955 年版，第100页。

社会主义法律是规范性的文件，但它有时也包括一些具体的条文，特别是在国家预算和国民经济计划等法律中，具体的规定更多一些。但是这并不能否定社会主义法律的规范性。

C.A. 格隆斯基和 M.C. 斯特罗果维奇在法律的定义中指出，法律是必须遵守的，这当然是正确的。但是国家机关的一切法的文件都是必须遵守的，在这一点上法律和其他法的文件并没有什么区别。

大部分苏维埃法学家则认为，法律对国家机关的其他法的文件而言，具有最高的法的力量。法律具有最高的法的力量并不意味着应该遵守法律而可以不遵守其他的法的文件。所谓最高的法的力量反映在以下两点上：第一，国家机关的其他文件都是依据法律并且为了执行法律而制定的，它们决不能违反法律。第二，除了立法机关以外，任何人都不能废止或修改法律，而法律可以废止或修改国家机关的其他文件。

此外，Г.И. 彼得罗夫指出，各种法律的法的效力是不一样的。宪法比普通的法律具有更高的力量，普通的法律不能违反宪法；全苏的法律比加盟共和国的法律具有更高的力量，而加盟共和国的法律比自治共和国的法律具有更高的力量。但是总的来说，法律比国家机关的其他文件具有最高的力量。这就是社会主义法律的第五个特征。

社会主义的法律是在特殊的程序下制定的。这是第六个特征。

各社会主义国家制定法律的程序有自己的特点，但也有许多相同的地方。社会主义国家的立法程序一般都可分为四个阶段：一、提出法律草案；二、讨论法律草案；三、通过法律；四、公布法律。

П.Е. 涅德拜洛强调指出："制定苏维埃法律的程序由宪法专

门预先规定。"① Ц.А. 雅姆波尔斯卡雅、Д.А. 凯里莫夫、А.Ф. 谢朋诺夫也这样说。其实，这是多余的。因为，首先，宪法并不一定详细规定立法的程序（如 1918 年的苏俄宪法）；其次，立法的程序可以规定在其他许多极重要的文件中，如人民委员会"关于批准和公布法律的程序"的法令、中央执行委员会"关于公布苏联政府法律和命令的程序"的决议等等。

只有 Г.И. 彼得罗夫一个人反对在法律的定义中包括这一点，因为他认为法律、法令、管理机关的文件、审判机关的文件等等都有一定的制定程序，而且立法的程序有时会有变动。不过他的理由并不充分，不能否定社会主义法律是在特殊的程序下制定的这一特点。

总结起来，我们可以这样说：社会主义法律是由国家最高代表机关或共和国的代表机关和其他有立法权的最高国家机关在特殊的程序下所制定的规范性的文件，有时候，社会主义法律也可由全民投票来直接通过；社会主义法律是工人阶级和一切劳动人民意志的最高表现，它调整最重要的社会关系，并具有最高的法的力量。

(1958 年)

---

① П.Е. 涅德拜洛：《国家的法的文件中的苏维埃法律》，载《里沃夫大学学报》，1949 年第 14 期，法律科学集，第 1 册，第 13 页。

我国运用法律的几个观点问题

法律是阶级社会的产物，是统治阶级意志的表现，是统治阶级实行专政的一种工具。

无产阶级对法律的认识和运用是以马克思列宁主义为指导的。无产阶级专政国家的法律是无产阶级意志的反映，是无产阶级专政的一种工具，是为社会主义革命和社会主义建设服务的，是为无产阶级政党的革命事业服务的，因此，在运用法律这个工具时，必须以无产阶级政党的总路线和总政策为依据。正如毛泽东同志所说："我党规定了中国革命的总路线和总政策，又规定了各项具体的工作路线和各项具体的政策。但是，许多同志往往记住了我党的具体的个别的工作路线和政策，忘记了我党的总路线和总政策。而如果真正忘记了我党的总路线和总政策，我们就将是一个盲目的不完全的不清醒的革命者，在我们执行具体工作路线和具体政策的时候，就会迷失方向，就会左右摇摆，就会贻误我们的工作。"① 法律就是贯彻党的路线、政策的一种工具，我们决不可忘记或忽视这一点。

---

① 《毛泽东选集》第4卷，第1314页。

本文拟从这一精神出发，谈谈我国运用法律的几个观点：

一　我国的法律是实现无产阶级专政的工具

如前所说，法律是统治阶级意志的表现，是统治阶级实行阶级专政的一种工具。我国的法律的阶级本质，是同我国工人阶级领导的、以工农联盟为基础的国家本质一致的。我国是人民民主专政即无产阶级专政的国家，因此，我国的法律也必然是工人阶级意志的表现，是实现无产阶级专政的工具。

我国的法律是工人阶级意志的表现。工人阶级是先进生产力的代表，是最有组织、最有纪律、最有远见、最富有革命彻底性的阶级，是国家的领导阶级，只有在它的领导下，中国的社会主义革命和社会主义建设，才能取得胜利。我国的法律必须反映工人阶级的意志，才能充分体现出它的社会主义本质，也才能在保证实现无产阶级专政的历史任务中，充分发挥它的作用。

我国的法律同时也反映了其他广大劳动人民（主要是贫农、下中农）的利益。这是因为广大劳动人民在工人阶级的领导下，成了国家的主人，他们同工人阶级的根本利益、长远利益是一致的。贫农和下中农是农民中的多数，他们在旧社会受苦最深，是剥削阶级剥削、压迫的对象，因而坚决要求革命。不但在革命斗争中要依靠他们，跟封建势力和资本主义势力作斗争要依靠他们，在整个社会主义建设的过程中都要依靠他们。贫农、下中农是工人阶级在农村中的最可靠的同盟军，是进行革命和建设的依靠力量。至于富裕中农，他们走社会主义的道路往往是动摇的、不坚定的，其中的一部分人代表着资本主义的自发势力，因此需要不断地对他们进行社会主义教育，并同这种资本主义自发势力进行斗争。

总之，我国的法律是工人阶级意志的表现。它只有体现工人阶级的意志，才能同无产阶级专政的国家性质相适应，才能同无产阶级专政的历史任务相适应，而成为无产阶级用来镇压敌人，保护人民，加强和巩固无产阶级专政的重要手段。

我国人民在党的领导下，正确地运用法律这个工具，对帝国主义、封建主义和官僚资本主义的残余势力实行专政，及时惩办了反革命的破坏活动，并且同其他刑事犯罪进行了坚决的斗争，保障了社会主义革命和社会主义建设事业的顺利进行。在我们国家里，经过历次肃反运动以后，总的趋势是犯罪分子逐年减少，而在劳动改造中的多数罪犯也都得到不同程度的改造。例如，1959 年 9 月，中华人民共和国主席发布特赦令，宣布对一部分确实改恶从善的蒋介石集团和伪满洲国的战争罪犯、反革命罪犯和普通刑事罪犯，实行特赦；1960 年 11 月、1961 年 12 月、1963 年3 月和 1964 年 12 月，又先后对一部分确实改恶从善的蒋介石集团和伪满洲国的战争罪犯等，实行四次特赦。这是中国共产党和人民政府处理敌我矛盾的政策的胜利。

无产阶级专政在人民内部实行民主制度。我国的法律保障人民民主，规定人民享有广泛的自由和权利。例如，中华人民共和国宪法规定，公民有言论、出版、集会、结社、游行、示威的自由，并且规定国家要供给必需的物质上的便利，以保证人民享有这些自由。宪法还规定人民有劳动的权利和受教育的权利，劳动者有休息的权利和在年老、疾病或者丧失劳动能力的时候获得物质帮助的权利，并且规定国家要逐步扩大物质条件，以保证公民享受这些权利。这些规定，体现了人民真正成了国家的主人，能够激发人民群众当家作主的思想，积极保卫革命的成果和参加社会主义建设事业。

在人民内部，也存在着矛盾。人民内部的矛盾，一般地说来，是在人民利益根本一致的基础上的矛盾。凡属人民内部的矛盾，只能用民主的方法，即说服教育的方法去解决。因此，法律在处理人民内部矛盾中，只是一种辅助手段。

专政和民主这两方面紧密地结合在一起。正是因为我国的法律加强了对敌人的专政，从而保障了人民享有广泛的民主；同时，人民享有广泛的民主，也就能充分发挥他们的主动性和创造性，集中他们的意志，团结他们的力量，加强对敌人的专政。由于我国的法律体现了专政和民主的密切结合，因而对巩固和加强无产阶级专政起了应有的作用。

二　党的政策是法律的灵魂

中国共产党的政策是进行社会主义革命和社会主义建设的根据和指针。毛泽东同志说："政策是革命政党一切实际行动的出发点，并且表现于行动的过程和归宿。"[①] 我国的法律是实现党的政策的一种手段，它必须体现和服务于党的政策。如果脱离了党的政策，法律就会失去它的作用，甚至发生反作用。国家机关在制定法律的时候，只有充分体现党的政策，才能使法律真正代表工人阶级的意志，积极为社会主义事业服务。我国的法律在镇压敌人，保护人民，保障社会主义革命和社会主义建设的顺利进行中，所以能够发挥作用，就在于它正确地体现了党的政策。

在社会主义社会里，政治、经济情况都在突飞猛进，不断发展变化，这种发展变化总是首先正确地、及时地反映到党的政策上。当政策发展变化时，法律也必须相应地发展变化，才能符合

---

① 《毛泽东选集》第4卷，第1284页。

革命和建设事业的需要。

当然，法律必须随着政策的发展变化而发展变化，这是从总的情况来说的。并不是说党的所有政策，或者党的政策的每一变化，都要立刻通过法律把它条文化。当党的政策还在试行，还有待于总结实践经验的时候，就不必急于把它制定为法律。党的政策是否需要制定成为法律，要看实际的需要。即使制定为法律，也不能强调固定化，而是适应社会主义建设发展的需要，制定一些带有纲领性的条文。这样，即使党的某些具体政策的改变，并不影响原有法律的基本精神，自然也不必另行制定新的法律，而仅对某些条文进行必要的修改就可以了。

我国的法律既然是根据党的政策制定的，在执行法律时也就必须贯彻和掌握党的政策，才能理解法律的精神实质，正确地运用法律这个工具。如果离开了党的政策的指导，只从形式上去理解法律的各项规定，那就不能正确地理解法律，当然也就不能正确地执行法律。要充分了解和掌握党的政策，必须从阶级斗争的形势出发，从客观事实出发。阶级斗争的形势是复杂的、发展变化的，同时，不同地区的社会情况和阶级斗争情况也不完全一样。因此，必须时刻注意阶级斗争形势的发展变化，掌握阶级斗争的规律，既要注意全国阶级斗争的一般情况，也要注意不同地区阶级斗争的具体情况，在坚决贯彻党的政策原则下，因时因地制宜正确地运用法律。如果不能很好地掌握政策，就会发生偏差或错误，而不利于社会主义事业。

政策是党制定的，党掌握全局，掌握阶级斗争的全面形势，因此，在运用法律时，首要的问题是依靠党的领导。凡涉及有关方针政策的重大问题，必须以党中央的政策为准绳，及时向有关党委请示报告，以便保证不致犯政策性的错误。这就需要经常地组织干部认真学习党的方针政策，深刻地理解政策的精神实质，加强阶级和阶级斗争的观念，坚决批判资产阶级和现代修正主义的法律观点。只有这样，才能依据党的政策，正确地运用法律。

我国的法律不仅反映党的政策，而且还是实现党的政策的工具之一。

首先，法律同政策比较起来，一般比较具体，便于群众掌握和遵守执行。立法机关在制定法律的过程中，把党的政策具体化、条文化，使它表现为法律。例如，《中华人民共和国惩治反革命条例》体现了党的惩办与宽大相结合的政策，便于国家机关和人民群众掌握党的对敌斗争的政策，有力地打击和分化反革命，巩固人民民主专政。又如《中华人民共和国婚姻法》的各项规定，体现了党的实行男女婚姻自由、一夫一妻、男女权利平等、保护妇女和子女合法利益的婚姻政策，便于人民群众遵守，正确地解决人民群众的婚姻家庭问题，增强人民内部的团结。

其次，法律具有国家强制性，这对于镇压阶级敌人的反抗，维护广大人民群众的利益，是十分重要的。我国的法律对敌人是强迫他们服从，只准他们规规矩矩，不许他们乱说乱动。运用法律这个工具去打击敌人，对敌人实行专政，也就有利于贯彻党的对敌斗争的政策。至于对人民内部说来，法律也具有强制的作用，这种强制性表现为人民必须遵守法律，不容许违反。这是为了有利于贯彻党的政策，加强纪律性，保证生产和生活的正常进行。如果认为，法律对于人民内部没有强制性，可遵守可不遵守，那是不对的。当然，法律对人民群众的强制性同对敌人的强制性是根本不同的。法律对敌人的强制性具有专政的性质，而对人民内部来说，这种强制性只是说服教育的一种辅助手段，因为动员和组织群众参加革命和建设事业，只能是采取说服教育的方法进行的。并且，我国的法律是人民自己制定的，是代表广大人民群众利益的，它的遵守，基本上建立在人民群众自觉的基础上，人民群众的觉悟越高，越自觉地遵守法律，也就越感觉不到法律对他们的约束和限制。但是不能因此就说法律对人民内部没有强制性。在人民内部，也有少数人发生违法犯罪的现象，在必要的情况下，也要受到法律的制裁。这时，法律的强制性也就表现得较为明显。但是这种制裁也仍然是说服教育的一种辅助手段，同对敌人的专政有着原则的区别。

法律是实现党的政策的工具之一，但不是惟一的工具。因为党的政策可以通过各种不同的方法来实现，不仅通过国家机关去执行，还可以通过各种人民团体去贯彻。

总之，党的政策是法律的灵魂，法律是实现党的政策的一种工具。只有明确法律和政策的关系，才能正确地运用法律，为社会主义革命和社会主义建设事业服务。

三　制定法律必须从实际出发

我国的革命法律是随着民主革命的胜利发展，革命政权的建立，在摧毁国民党旧法的斗争中逐渐制定的。国民党反动法律是封建阶级、资产阶级的和法西斯的法律的混合物。它是代表封建地主阶级和官僚买办资产阶级的利益，镇压人民群众的工具，是人民群众的枷锁。因此，随着中国人民民主革命取得伟大胜利，彻底打碎旧的国家机器，建立无产阶级专政的同时，把它彻底废除了。

中华人民共和国成立以后，国家总结了过去革命根据地制定法律的经验，适应革命和建设需要，不断制定了各种法律。

我国的法律，是从我国的实际出发，适应客观需要，并在总结实践经验的基础上制定的。例如，我国的宪法就是根据下列事实制定的，那就是我国人民已经在反对帝国主义、反对封建主义和反对官僚资本主义的长期革命斗争中取得了彻底胜利的事实，就是工人阶级领导的、以工农联盟为基础的人民民主国家已经巩固地建立起来了的事实，就是我国已经建立起社会主义经济的强有力的领导地位，开始有系统地进行社会主义改造，正在一步一步地过渡到社会主义社会去的事实。又如，《中华人民共和国土地改革法》是适应全国解放后，土地改革运动的需要和当时的具体情况而制定的；《农业生产合作社示范章程》和《高级农业生产合作社示范章程》则是根据农业合作化进展的情况和需要制定的。

制定法律从实际出发，是同贯彻群众路线密切不可分的。群众的经验是最丰富的，群众的智慧是无穷无尽的。法律必须集中群众的经验和智慧来制定，才能符合人民群众的利益和要求。事实上，我国的法律都是在实际中经过充分的调查研究，总结人民群众的实践经验制定的。有的重要的法律，在制定过程中，还经过广泛的群众讨论。例如，宪法草案曾经经过了全国人民两个多月的讨论，共有一亿五千多万人参加。有的还经过一定时期的试行，再由国家立法机关审议通过，才成为正式的法律，《农业生产合作社示范章程》的制定过程就是这样。经过试行，就能够在实践中检验法律是否符合客观实际的需要。我国在制定法律时采用试行的办法，是从马克思主义的认识论出发的。

革命的发展是有阶段性的，不同的阶段具有不同的任务。我国的法律是根据不同阶段的不同任务来制定的。在一定的阶段内，法律要具有相对的稳定性，才能够充分发挥它的作用。同时，革命又是不断发展的，革命的阶段是互相联系，互相衔接的。随着社会主义经济基础和阶级斗争形势的不断发展变化，法律也应当不断发展变化，才能更好地适应革命发展的需要。如果把法律看成是一成不变的，把它绝对化起来，就会妨碍社会主义事业的发展。可见，法律的相对稳定性和为不断革命服务，是一个辩证关系，它体现了革命发展阶段论和不断革命论的统一。我国在制定法律时，是把这两方面密切地结合起来的，在各个不同时期，根据革命和建设的需要，制定了各种法律。

在民主革命时期，中国共产党在领导武装斗争，建立革命政权的同时，在革命根据地根据革命发展的需要制定了一些法律，推动了革命事业的胜利进展。

中华人民共和国成立以后，又根据各个时期革命和建设事业的需要，制定了宪法和各种法律，这都有利于社会主义革命和社会主义建设事业的发展，进一步加强了无产阶级专政，调动了人民群众的积极性。

在社会主义社会，政治、经济的变化发展很快，不能也不应该制定一套繁琐的和死板的法律来束缚革命和建设事业的发展。我国有些法律带有纲领性，这是完全必要的。当然，为了进一步巩固无产阶级专政，保障和促进社会主义事业的不断发展，也需要逐步制定一些适应实际需要的法律。我国的法律总是根据需要和可能来制定的，哪些先成熟了就先制定，哪些不成熟就缓一步；先制定当前急需的单行条例，然后再逐步地制定比较完备的法律。所谓完备不完备，都应当是适应革命和建设的实际需要。实际需要什么法律就制定什么法律，这就是完备；而不是别国有什么法律，我们也要有什么法律，才算完备。完备和不完备并不是绝对的，而是相对的，是随着革命和建设的发展变化而相应地发展变化的。如果为了追求形式上的所谓完备而制定一些不切实际需要的条文，或者在应当制定的法律中，列入了一些不切实际需要的条文，那就不仅是形式主义的，而且可能是有害的。强调法律的稳定性，认为法律一经制定就可以一劳永逸，就可以解决一切问题，是不对的。社会主义事业是群众自己的事业，不能简单地靠法律来办事，而必须依靠群众、发动群众来进行。

四　运用法律必须贯彻党的领导　和群众路线

在我国无产阶级专政条件下，运用法律的目的，在于镇压反动阶级、反动派的反抗，维护广大人民群众的利益，保障和促进社会主义革命和建设事业的发展。

在运用法律过程中，国家的政法机关起着直接的重大的作用。我国的政法机关是国家行使专政职能的主要机关，是无产阶级专政的重要工具。它们的根本任务是贯彻执行党和国家的政策、法律，去镇压敌人，惩罚罪犯，保护人民。处理敌我矛盾，对敌实行专政，是它们的主要任务。同时，它们也有处理人民内部矛盾的任务。

政法工作直接关系到巩固社会主义制度和人民民主专政的问题，关系到保护人民的切身利益问题。因此，政法机关必须强调党的领导，必须严格按照政策和法律办事，才能保证对法律的正确运用，使政法机关能很好地完成任务。党是无产阶级专政的领导核心，不论革命事业或建设事业，没有党的领导就不能做好，政法工作更是如此。在社会主义社会里，还存在着阶级和阶级斗争，这种阶级斗争是长期的、错综复杂的、曲折的。政法机关只有在党的正确领导下，才能掌握阶级斗争的规律，区分敌我矛盾和人民内部矛盾，正确地领会法律的精神，运用法律，有效地打击敌人，保护人民，更好地为加强和巩固无产阶级专政服务。

政法机关要不要共产党的领导，是要不要无产阶级专政，要不要社会主义的问题，是有关社会主义国家命运的根本问题。中国历次的群众运动，都颠扑不破地证实了这一真理。为了保证对法律的正确运用，党必须在方针政策上、政治思想上、组织上、业务上等一切方面，加强对政法机关的领导，同时还必须强调大走群众路线。群众路线是党和国家一切工作的根本的政治路线和组织路线，也是政法工作的根本路线。人民群众是政法机关对敌专政取得胜利的力量的源泉。必须充分发动群众，坚决依靠广大工人、贫农、下中农、革命的干部、革命的知识分子和其他革命分子，团结一切可以团结的力量，向反对社会主义的敌人实行专政，并且用强迫劳动等办法，使他们中间的绝大多数改造成为新人。除了行凶报复、杀人、抢劫、放火、放毒因而民愤很大的现行犯必须立即逮捕法办以外，一般地把他们放在群众中就地监督改造。

我国政法机关大走群众路线的实践，效果是很好的：

第一，使办案同阶级斗争全局密切结合，可以更好地为阶级斗争服务。政法机关办理的犯罪案件，都同当时当地的阶级斗争有密切的联系。依靠群众办案，就可以更好地了解当时当地阶级斗争的情况，从阶级斗争形势出发，依靠群众，特别是依靠工人、贫农、下中农、革命的干部、革命的知识分子和其他革命分子，揭露和解决案件本身的问题，并且揭露案件有关的坏人坏事，挖出其上下左右的根子，把案件办深办透。依靠群众办案，还可以针对当时当地的阶级斗争情况，选择典型案件，大张旗鼓地进行处理。这样就能够充分利用犯罪分子作反面教员，提高广大群众的革命警惕性和阶级斗争观念，使他们勇于积极同坏人坏事作斗争，达到有效地预防犯罪。

第二，动员广大群众的力量，可以有效地制服改造犯罪分子。政法机关深入群众办案，把政策法律交给群众，把群众的力量充分动员起来，使广大群众把办案当作是自己的事情，就能充分发挥群众对敌专政的力量，显示无产阶级专政的威力，不仅可以有力地制服犯罪分子，而且可以有效地改造犯罪分子。群众的眼睛是雪亮的，他们最了解案情，能挖出犯罪分子的根底。犯罪分子最怕的也就是群众的发动和监督。依靠群众揭露、批判犯罪分子，就能真正把他们斗倒制服。群众发动起来以后，不仅可以有力地制服犯罪分子，而且增强了群众就地改造犯罪分子的信心。群众原来要求逮捕法办的一些犯罪分子，经过群众自己斗争制服以后，他们认为留在当地改造比较有利，就不把矛盾"上交"了。

　　第三，把政法机关的专门工作同群众结合起来，可以更好地保证办案的质量。实行依靠群众办案，使政法工作建立在广大群众的基础上，我们的眼睛更明亮了，耳目更多了，可以听到群众的真心话，弄清案件的事实真相，鉴别证据的真伪，正确区分和处理人民内部矛盾和敌我矛盾。同时，还可以更好地发挥公安、检察、法院之间的互相配合的作用。这样，就能够正确地作出决定，更好地保证办案质量，防止错、漏案件，稳、准、狠地打击犯罪分子。

　　第四，深入实际，深入群众，可以促进政法干部的革命化。通过依靠群众办案，使政法干部进一步认识到依靠群众专政、依靠群众办案的伟大意义，体会到要办好案子，做好政法工作，必须从阶级斗争出发，坚决服从党的领导，贯彻群众路线、阶级路线，依靠工人、贫农、下中农、革命的干部、革命的知识分子和其他革命分子。改变了某些同志存在的单纯依靠政法机关的力量简单采取法律惩办手段解决问题的老概念、老框框。

　　当然，贯彻群众路线并不意味着可以削弱政法机关的工作。相反，政法机关为了很好地完成自己的任务，只有把专门机关的工作和贯彻群众路线密切地结合起来，才能更有效地发挥政法机关的作用，才能正确地运用法律这个工具，有力地保证社会主义革命和社会主义建设的顺利进行。

（1965 年）

法 律 与 道 德

  道德是由人们的社会物质生活条件所决定的一种社会意识形态。它是上层建筑的一部分，由经济基础所决定，并对经济基础起着反作用。

  社会意识形态包括许多内容，政治思想、法律思想、哲学、宗教、文学、艺术等等都属于意识形态，道德只是意识形态中的一种。道德是调整个人与个人之间、个人与集体之间、个人与社会之间的关系的行为规范的一种。它是依靠社会舆论的力量，依靠人们的信念、习惯、传统和教育的力量来维持的。

  在日常生活中，人们经常用道德的标准来评价人们的行为。例如，好和坏，善和恶，正义和非正义，公正和偏私，诚实和虚伪，光荣和耻辱等等，都是属于评价人们行为的标准，都是属于道德规范。任何社会都要用一定的道德标准来约束每个社会成员的行为。任何人也都会对别人的行为给予道德上的评价，并决定自己对于这种行为的态度。

  马克思主义以前的道德理论，都是离开社会的经济基础和阶级关系来研究和考察道德的。因此，它们或者认为人们的道德观念是上帝规定的，或者认为道德观念是永恒不变的。马克思主义第一次正确地揭示了道德的本质及其特性。马克思主义认为，道德是由一定的社会经济基础所决定的，并且是随着经济基础的变化而变化的，因此，没有永恒不变的道德，没有适用于一切时代和一切阶级的道德。任何道德规范都是历史的、发展的、变化的，而且这种发展和变化都离不开经济基础和阶级关系的发展和变化。正如恩格斯所说："一切以往的道德论归根到底都是当时的社会经济状况的产物。"①

在原始公社制度下，社会关系的基础是生产资料的公有制。人们为了能够生存下来，就要捕捉野兽、采集果实，建造住所。由于当时的生产力十分低下，他们必须共同劳动，共同消费，否则不是被野兽吃掉，就是被自然界吞没，或者成为邻近部落的牺牲品。因此，团结互助，自觉地严格遵守彼此间的以及自己对整个群体的义务，就成了当时人们的传统习惯和共同遵守的道德准则。由于生活资料的来源十分困难，对于俘获来的俘虏往往通通杀死，这在当时，被认为是合乎道德的。在原始社会的早期，曾经存在过群婚制，这是当时的风俗，谁也不认为这种关系是不道德的。

在奴隶占有制社会里，生产关系的基础是奴隶主占有生产资料和生产劳动者本身——奴隶。奴隶被看成是一种会说话的工具，劳动被看成是奴隶的命运，奴隶主把劳动看成是可耻的事情。奴隶主不仅可以买卖奴隶，甚至可以任意杀死奴隶。奴隶主把奴隶的逃亡和暴动看成是极不道德的，而要求解放的奴隶则把奴隶主的镇压看成是极不道德的，奴隶的逃亡、反抗和暴动则是合乎道德的。

在封建社会里，农民必须依附在地主的土地上。封建的生产

---

① 《马克思恩格斯选集》第 3 卷，第 134 页。

关系，形成了封建的道德传统。我国的封建统治者，曾经把"三纲五常"奉为天经地义，认为这是人人必须遵循的道德规范。所谓三纲，是指君为臣纲、父为子纲、夫为妻纲；所谓五常，是指仁、义、礼、智、信。这种道德规范是为维护封建土地所有制和封建的等级制度的。在封建社会里，农民受到封建道德的严重压迫和束缚，同时，农民在生产劳动和社会实践中逐渐形成了自己的道德观念，如勤劳、勇敢、艰苦朴素、济困扶危、互相友爱和对于封建统治者的反抗精神等等。

在资本主义社会，生产关系的基础是生产资料的资本家占有制。商品生产占统治地位，一切都是商品，连劳动力也成了商品。在资本主义制度下，"人和人之间除了赤裸裸的利害关系，除了冷酷无情的'现金交易'，就再也没有任何别的联系了"。[①] 资产阶级认为金钱万能，他们的道德信念是"钱能通神"，"有钱能使鬼推磨"。在资本的统治下，人的美德是用钱袋来衡量的。一个人只要有钱，无论他是坏蛋、骗子、流氓或蠢货，也会受到尊敬。现在帝国主义国家里，在相当大的一部分文学、电影和报刊上，充斥着暴力、凶杀、淫乱、酗酒和吸毒成瘾的内容，这些都严重地败坏了社会的道德风尚。总之，"资产阶级抹去了一切向来受人尊崇和令人敬畏的职业的灵光。它把医生、律师、教士、诗人和学者变成了他出钱招雇的雇佣劳动者"。"资产阶级撕下了罩在家庭关系上的温情脉脉的面纱，把这种关系变成了纯粹的金钱关系。"[②] 资产阶级的道德是虚伪的、假仁假义的。

无产阶级的道德与资产阶级的道德在根本上是对立的。在资本主义社会，无产阶级是被剥削者，资本主义的剥削制度是无产

---

① 《马克思恩格斯选集》第 1 卷，第 253 页。

② 同上书，第 253—254 页。

阶级贫困痛苦的根源。因此，无产阶级认为，凡是动摇和推翻资本主义制度、建立共产主义制度的一切行为，都是最合乎道德的行为，而人剥削人、人压迫人，则是极不道德的行为。无产阶级认为，劳动是最可贵的，不劳而获是最可耻的。由于无产阶级在大企业中进行劳动，受到机械化大生产的锻炼，代表最先进的生产力，因而最有远见、大公无私，具有高度的组织性、纪律性和革命的彻底性。

在社会主义社会中，由于消灭了剥削阶级，形成了人们根本利益的一致，社会主义道德逐步成为社会主义社会多数人的行为准则。社会主义道德的基本要求，是爱祖国、爱人民、爱劳动、爱科学、爱社会主义。现在，我国还处在社会主义的初级阶段，不但必须实行按劳分配，发展社会主义的商品经济和竞争，而且在相当长的历史时期内，还要在公有制为主体的前提下发展多种经济成分，在共同富裕的目标下鼓励一部分人先富裕起来。在这样的历史条件下，全民范围的道德建设，就应当肯定由此而来的人们在分配方面的合理差别，同时鼓励人们发扬国家利益、集体利益、个人利益相结合的社会主义集体主义精神，发扬顾全大局、诚实守信、互助友爱和扶贫济困的精神。社会主义道德所要反对的，是一切损人利己、损公肥私、金钱至上、以权谋私、欺诈勒索的思想和行为，而决不是否定按劳分配和商品经济，决不能把平均主义当作我们社会的道德准则。同时必须指出，社会主义是向共产主义高级阶段前进的历史运动。我们社会的先进分子，为了人民的利益和幸福，为了共产主义理想，站在时代潮流前面，奋力开拓，公而忘私，勇于献身，必要时不惜牺牲自己的生命，这种崇高的共产主义道德，应当在全社会认真提倡。

社会主义法律和社会主义道德是根本一致的。加强社会主义法制是教育人民、传播社会主义道德的重要手段；进行社会主义道德教育是维护社会主义法制的有效方法。凡是社会主义法律所禁止的行为，也是社会主义道德所谴责的行为；凡是社会主义法律所鼓励的行为，也必然是社会主义道德所赞许的行为。这两者是密切相关的和不可分割的。例如，根据我国宪法规定，社会主义的公共财产神圣不可侵犯，国家保护社会主义的公共财产，禁止任何组织或者个人用任何手段侵占或者破坏国家的和集体的财产，公民必须爱护公共财产。这是宪法的明文规定。社会主义道德的基本要求之一，就是保护和巩固社会主义的公有财产，把它看作是社会主义国家公民的起码道德。可见，保护社会主义公共财产，不仅是宪法规定的义务，而且也是社会主义道德的要求。另一方面，遵守社会主义道德，也是社会主义法律所要求的。例如，我国宪法规定，公民必须尊重社会公德，而在我们的社会主义社会里，社会公德就是以社会主义的集体主义精神为准绳的。因此，遵守法律和遵守社会主义道德是根本一致的。

社会主义道德要求人们严格守法，并教育人们积极地同违法犯罪现象进行斗争，保障社会主义法制的稳定性、连续性和极大的权威。因此，在加强社会主义法制的过程中，必须加强社会主义道德教育。有高度的社会主义道德水平的人，一定会有高度的法制观念，一定会积极地维护社会主义法制。缺乏社会主义道德品质的人，如果不及时地警惕和纠正自己的违反社会公德的行为，反而满不在乎，听其发展下去，就很有可能发生违法犯罪的行为。例如，一个人开始是贪小便宜，随便拿别人的东西，发展下去就可能犯盗窃罪。这在实际生活中是屡见不鲜的。

社会主义法律和社会主义道德不仅是根本一致的，而且是互为补充的。在我国社会主义社会中，虽然大规模的急风暴雨式的群众阶级斗争已经基本结束，但是还存在着极少数敌视和破坏我国社会主义现代化建设的反革命分子和刑事犯罪分子，我们决不能放松同他们的阶级斗争，决不能削弱人民民主专政。同时，人民内部也还有大量的矛盾和一些纠纷需要解决。而且，人们的政治水平和思想觉悟也是参差不齐的。因此，在社会主义社会中，需要各种不同的行为规则来解决各种不同的问题，单靠社会主义道德显然是不够的。当前，必须加强社会主义法制，坚决地同违法犯罪的现象作斗争，并正确地解决人民内部的各种矛盾和纠纷，切实做到有法可依，有法必依，执法必严，违法必究。因此，在进行社会主义道德教育的同时，还需要用刑法、刑事诉讼法、民法、民事诉讼法和其他法规来规范人们的行为。在社会主义现代化建设的进程中，社会主义社会的各种经济活动的基本原则必须在法律上予以明确规定，使各行各业有章可循。为此，需要工厂法、公司法、银行法、基本建设法、物资供应法、航空法、铁路法、商业法、合同法。为了保护国家资源和自然环境，还需要森林法、土地法、草原法、矿山法、环境保护法。为了促进科学技术事业的发展，需要学位法、发明奖励法、技术改进奖励法、科学奖励法、著作法、专利法，等等。这些，都是社会主义道德教育所不能代替的。另一方面，也不能忽视社会主义道德教育的作用，以为有了法律就万事大吉，可以单凭法律手段办事了。例如，为了同盗窃行为作斗争，当然需要运用刑法、刑事诉讼法，并加强公安机关、检察机关等司法机关的工作。但是，这还不够，还必须依靠社会主义的道德教育和社会舆论的制裁。正如斯大林所说："这样的盗贼在我们这里何止千百。单靠国家政治保卫局是不能把他们全部除尽的。这里必须采取另外的办法，采取更有效更认真的办法。这种办法就是在这些小偷周围造成公众普遍的道德抵制和憎恨的气氛。"① 正确地把加强社会主义法制和社会主义道

---

① 《斯大林全集》第8卷，第124页。

德教育结合起来，就能提高人们的思想觉悟，造成良好的社会风尚，维护正常的社会秩序、生产秩序和工作秩序，发展安定团结的政治局面，搞好四个现代化建设。

社会主义法律和社会主义道德是根本一致的，但是绝不能把两者等同起来，混为一谈。社会主义法律和社会主义道德是有区别的。这表现在：

1. 社会主义道德的产生比社会主义法律的产生在时间上要早。在资本主义社会里，还没有社会主义法律，而无产阶级中最先进的分子就已具有社会主义的道德品质。在社会主义社会里，还存在着阶级斗争，人们对于道德的观点反映着他们不同的阶级利益，因而存在着两个互相对立的道德体系，即剥削阶级的道德体系和无产阶级的道德体系（社会主义和共产主义道德体系）。在社会主义社会里，资产阶级法律已经被摧毁了，社会主义法律是无产阶级和广大人民意志的表现，是全国统一的。

2. 社会主义道德是依靠社会舆论的力量，依靠人们的信念、习惯、传统和教育的力量来维持的。这也就是说，违反社会主义道德的人，要受到社会舆论的谴责，并受到他个人良心上的自我谴责。对于违反社会主义道德的行为，要依靠社会舆论的力量和个人的自觉来纠正，通常采用的方法是批评和自我批评。社会主义法律虽然也要靠广大群众自觉遵守，但它是以国家的强制力量为后盾来保证执行和遵守的。违反社会主义法律的人，要根据其造成的各种不同的后果负不同的法律责任，受不同的法律制裁。

3. 社会主义道德的范围和社会主义法律的范围有一致的地方，也有不完全一致的地方。不能说，社会主义道德上的任何义务，都是法律上的义务。有些违反社会主义道德的行为，应当受到公众舆论和个人良心的谴责，但不一定受到法律的制裁。例如，在友谊、爱情、家庭生活等方面的许多关系，不可能都由法律来调整，不可能都由国家机关来干涉，而只能由社会主义道德来调整。一般地说来，社会主义道德的要求比社会主义法律的要求高，它不仅是社会主义社会中无产阶级和人民群众的行为规则，而且将发展成为共产主义道德，成为未来共产主义社会的人们的行为规则。社会主义法律只是社会主义社会历史阶段的现象，在进入将来的共产主义社会后，随着阶级的消灭和国家的消亡，社会主义法律就将丧失其作用，而为共产主义社会的共同生活准则所代替。

由此可见，社会主义法律与社会主义道德之间、违法行为与不道德行为之间，法律责任与道德责任之间，是既有联系又有区别的。弄清它们之间的区别，不仅有理论上的意义，而且有实际上的意义。如果把违法行为错误地当做只是违反社会主义道德的行为而不给予法律制裁，放松了对违法现象的斗争，就会导致对社会主义法制的破坏。同时，如果把只违反社会主义道德的行为当作违法行为，从而错误地追究法律责任，给予法律制裁，这也是不对的，也会导致社会主义法制的破坏。因此，当前十分需要加强立法工作，制定各项社会主义法制，使人民群众有法可循，国家机关执法有据。如果单纯地依据社会主义道德观念来办案，就会发生失出失入、畸重畸轻的混乱现象，不利于加强社会主义法制。至于个别的人根本不把社会主义法制放在眼里，而是凭自己头脑里的封建的、资产阶级的道德观念来办案，这更是社会主义法制所不能允许的，也是完全违反社会主义道德的。

(1988 年)

法律与政策

社会主义法律与党的政策有着极为密切的内在联系，同时，它们各自具有不同的特点，主要是：

首先，法律和党的政策都是工人阶级和广大人民的意志和利益的体现，但是，法律是国家意志，而党的政策本身不是国家意志，正如同党是我们国家的领导核心，而党本身并不是国家政权一样。斯大林说得好："党是政权的核心。但它和国家政权不是而且不能是一个东西。"① 如果把党和国家政权看成是一个东西，那就会得出这样的结论：无产阶级组成自己的政党，有了自己的先锋队，也就有了自己的国家政权，因而就不再需要去进行革命斗争，夺取政权了。显然，这是极端错误的。同样，如果把政策和法律看成是一个东西，只要政策，不要法律，那么，立法机关和司法机关也都可以不要，而由党委来包办代替一切。这样做，显然是不对的。事实表明，没有完备的法律，就会使社会主义事业受到损失。因此，必须把党的一部分政策通过最高国家权力机关，制定成为法律，上升成为国家意志。

---

① 《斯大林全集》第8卷，第40页。

其次，法律和政策都是在党的统一领导下制定的。但是，制定的机关、程序、实现的方法和作用的范围等都不相同。党的政策是由党中央及其所属的有关领导机关提出和制定的。一项正确的政策，一经决定，并通过全党和全国人民的共同努力，见之于行动后，会变成改造社会的巨大的物质力量，因此，政策的制定和执行是非常重要的。但是，党的政策本身不具有国家的强制性，贯彻执行党的政策，主要是靠宣传员，说服教育，靠各级党组织和党员的模范行动，而不是国家的强制力。对于违反政策的行为，主要是进行批评教育或给予纪律处分。当然，如果同时违反了法律的，也要依法予以制裁。至于法律，则是由最高国家权力机关制定的，它一经公布施行，就以国家强制力为后盾，对于任何违法行为，都必须依法制裁。从这个角度说，法律在实现工人阶级和广大人民的意志和利益方面，是更加有力的一种手段，决不能弃置不用。

再次，法律和党的政策都具有指导或约束人们的行为的作用，但是，有些政策有一定的适用范围，不具有普遍的约束力。例如，党的章程只要求党的各级组织和全体党员遵守，而不要求非党群众遵守。法律则不同，它作为行为规范，具有普遍的约束力。只要是中国的公民，那么，就不分民族、种族、性别、职业、家庭出身、宗教信仰、教育程度、财产状况、居住期限，也不论是党员还是非党群众，毫无例外地都要遵守，而且在适用法律上一律平等。所以，党的许多政策，有的已经制定成为相应的法律，有的将陆续制定成为法律。这样，法律就成为贯彻党的政策的有力工具。没有政策，法律就失去灵魂；没有法律，政策就不能得到有效的贯彻。因此，二者是缺一不可的。

最后，政策和法律，都是以经济为基础，都是适应社会主义建设事业发展的需要而制定的，但是，政策和法律的表现形式是不同的。法律是通过一定的文字形式表达出来的，它结构完整，含义确切，文字严谨，表述肯定。例如，我国的宪法、刑法、刑事诉讼法、选举法、婚姻法等等就是这样的法律文件。至于党的政策，虽然有的也以文字形式来表达，如党的协议、党发布的口号等等，但并不一定要通过正式的文件表现出来，它具有一般的号召性，原则的指导性和较大的灵活性。有些政策还具有很强的时间性，要随着形势的发展而变化。一般地说，法律比政策有更大的稳定性。当然，政策的灵活性和法律的稳定性都是相对的，不是绝对的。任何政策都不能不断地变来变去，任何法律也不能总是原封不动。政策和法律都是从实践中产生，并在执行过程中接受实际的检验。

总之，党的政策和国家的法律，是既有联系又有区别的。它们各自有适用的范围、方式和特点。没有政策不行，没有法律也不行，谁也代替不了谁。任何轻视政策，不认真贯彻执行政策的想法和作法都是错误的；任何轻视法律，认为政策可以代替法律的想法和作法也是错误的。

党的十一届三中全会指出：为了保障人民民主，必须加强社会主义法制，使民主制度化、法律化，使这种制度和法律具有稳定性、连续性和极大的权威，做到有法可依，有法必依，执法必严，违法必究。加强社会主义法制，需要在党的领导下进行。中国共产党在国家政治生活中的领导地位和作用，在我国的宪法中已有明确的规定。中国共产党是全国人民的领导核心，工人阶级经过自己的先锋队——中国共产党实现对国家的领导。十分清楚，要加强社会主义法律，就必须依靠党的领导，这是不容置疑的。

但是，党的领导并不意味着党组织可以不遵守宪法和法律，可以越出宪法和法律的范围而活动。恰恰相反，党组织必须遵守宪法和法律，在宪法和法律的范围之内活动。宪法规定："一切国家机关和武装力量、各政党和各社会团体、各企业事业组织都必须遵守宪法和法律。一切违反宪法和法律的行为，必须予以追究。""任何组织或者个人不得有超越宪法和法律的特权。"党的十二大通过的党章规定："党必须在宪法和法律的范围内活动。"宪法和党章的这些规定，对于加强社会主义法制具有十分重要的意义。

中国共产党是我们国家的执政党，它是依靠其正确的纲领、政策，来对国家实行领导的。但是，光有党的纲领、政策还不行，还必须有宪法和法律来规定国家的性质，国家的政治制度和经济制度，公民的基本权利和义务、国家机构的组织和活动原则，以及国家和社会生活中各个方面的具体的行动规则，以便全体公民共同遵循，并且由国家强制力保证其实施。只有这样，才能组织好、管理好和建设好国家。

在我国，共产党的纲领和政策是工人阶级和广大人民群众的根本利益的科学表现，是制定宪法和法律的依据；宪法和法律则是党的纲领、政策的条文化和定型化。所以，宪法和法律所反映的就不仅是作为工人阶级先锋队和在国家中居于领导地位的党的主张，同时也是工人阶级和广大人民的国家意志。党在宪法和法律的范围内活动，实质上就是为了广大人民群众的最大利益而活动。因此，可以这样说，党的任何一个组织和党员，在宪法和法律的范围内活动，这同贯彻和执行党的纲领和政策，承认和遵守党的章程，不但是完全一致的，没有任何矛盾，而且是互相促进、互为保证的。

但是，也有一些党员，甚至还有一些党的干部，只知道应该遵守党的纲领和方针、政策，不知道应该遵守国家的宪法和法律，甚至把党的纲领和方针、政策同国家的宪法和法律对立起来。他们认为，党的纲领和方针、政策是必须执行的，不执行就会犯错误；至于宪法和法律，只是用来管普通老百姓和违法犯罪的人的，对党组织和党的活动没有什么约束力。这种思想是非常错误的，必须坚决纠正。

我国的宪法和法律，都是在党的领导下，由全国人民代表大会及其常务委员会制定的。党领导人民制定宪法和法律，也应该领导人民遵守宪法和法律。这是因为，中国共产党是执政党，在全国各个地区、各条战线、各个部门里，党都处于领导的地位。如果执政党的组织和成员不守法，不严格依法办事，那怎么能要求其他政党、团体和全体公民守法呢？在维护宪法和法律的尊严，保证宪法和法律的实施方面，党的组织负有特别重要的责任。实践已经表明，一旦党的组织和党的活动置宪法和法律于不顾，我们的宪法和法律就会形同虚设，国家生活和社会生活就会处于不正常的状态。在"文化大革命"期间，不通过由全国人民选举产生的最高国家权力机关和正常的法律程序，在党的会议上便打倒了经过全国人民代表大会选举产生的国家主席，神圣的中华人民共和国宪法变成了一纸空文。接着，又在全国各地出现了将法律踩在脚下，到处"造反"、"夺权"的局面。其结果，是延续达十年之久的内乱，至今我们仍然还能感到它的某些影响。由此可见，如果国家的宪法和法律没有极大的权威，不能得到全国上下一致的切实遵守和执行，尤其是如果党组织的活动不在宪法和法律的范围内进行，那么，就会对社会主义民主和社会主义法制造成极大的破坏，就会使社会主义建设事业不能顺利地进行，就会给全国人民带来严重的损失。

马克思在 1871 年起草的《国际工人协会共同章程》中曾经指出："工人阶级的解放斗争不是要争取阶级特权和垄断权，而是要

争取平等的权利和义务，并消灭任何阶级统治。"① 他还把权利和
义务的关系精辟地概括为："没有无义务的权利，也没有无权利的
义务。"② 我国的宪法充分地体现了马克思提出的这个原则，它明
确规定："任何公民享有宪法和法律规定的权利，同时必须履行宪
法和法律规定的义务。"这个原则，对于社会主义国家的公民和一
切国家机关、政党团体、企业事业组织都是同样地适用的。中国
共产党在国家中的领导地位是得到宪法的确认和保障的，这就是
说，全国各族人民和各种社会组织都必须接受和服从党的领导；
而党在行使自己的领导权时，也担负着忠实地代表全国人民的利
益，充分尊重他们的意志和愿望的崇高责任。我国工人阶级和广
大人民的根本利益和意志是反映在国家的宪法和法律里面的，因
此，遵守宪法和法律，自觉地坚持在宪法和法律的范围内活动，
就不仅成为党组织和党员必须履行的义务，而且也是全国人民对
党组织和党员的要求。宪法中关于"任何组织或者个人都不得有
超越宪法和法律的特权"的规定，也正是这种要求的制度化、法
律化的体现。如果某个党组织或党员的活动，凌驾于国家之上，
超越于宪法和法律之外，那么，这种活动就不仅破坏了党的章程，
违背了工人阶级和广大人民的根本利益和意志，而且也是为国家
的宪法和法律所绝对不能容许的。

中华人民共和国成立后，我国曾颁布过 4 部宪法。其中 1954
年宪法和 1978 年宪法只规定国家机关工作人员和公民必须遵守宪
法和法律，没有谈到政党；1975 年宪法只规定公民必须服从宪法
和法律，对国家机关工作人员和政党等社会组织的守法问题，都
没有谈到。1982 年的新宪法不仅规定了公民和一切国家机关有遵

---

① 《马克思恩格斯选集》第 2 卷，第 136 页。

② 同上书，第 137 页。

守宪法和法律的义务，同时，还规定了各政党也必须遵守宪法和法律，以宪法为根本的活动准则。这在我们国家的宪法史上，还是第一次。

党的十一届三中全会以来，在党中央的正确领导下，我国扭转了立法工作长期停顿的局面，制定了一系列重要的法律。这些法律是实现新时期的总任务和建设高度文明、高度民主的社会主义国家的重要保障，是我们国家发展社会主义民主、健全社会主义法制的重要标志，同时也为党在宪法和法律范围内的活动提供了根本的依据。我们每一个党组织，都必须做到在宪法和法律的范围内活动，并教育党员要努力学习和掌握宪法和法律，不断增强社会主义法制观念，提高守法的自觉性，做遵守宪法和法律的模范，切实保障"党必须在宪法和法律的范围内活动"这一原则的贯彻执行。

（1988 年）

法律关系

一　法律关系的性质

（一）法律关系是一种特殊的社会关系

什么是法律关系呢？法律关系是国家的法律规范在调整人们行为的过程中所形成的一种特殊的社会关系，也就是法律上的权利和义务的关系，而权利的行使和义务的履行是由国家的强制力来保障的。

我们每个人都经常地生活和活动在许许多多的现实的法律关系里。例如，顾客到书店买书时，他有权从书店得到他所需要的书，同时，书店有权利向顾客收取书款。反过来，书店有义务向顾客出售书籍，顾客有义务向书店交付书款。顾客和书店的这种买卖关系，就是一种法律关系。又如，男女双方自愿登记结婚，成为夫妻。依照我国婚姻法的规定，夫妻双方在人身和财产关系方面有平等的权利和相互的义务，他们之间的夫妻关系，就是一种婚姻法律关系。再如，根据我国刑事诉讼法有关条文的规定，法院、检察院和公安机关有权向有关公民收集、调取证据，有关公民则有义务作证。同时法院、检察院和公安机关也有义务在收集，调取证据时，严格依法办事，而如果审判，检察和侦查人员侵犯公民的诉讼权利或者对公民有人身侮辱行为时，公民有权对他们提出控告。有关公民同法院、检察院和公安机关的这种关系，就是诉讼法律关系。

了解法律关系的知识，对于我们更加自觉地按照国家的法律规范的要求进行正常的生活和活动，正确地行使法律所赋予的各种权利，严格地履行法律所要求承担的义务，做一个遵守法律的干部和公民，为建设社会主义物质文明和精神文明作出贡献，有着十分重要的意义。

（二）法律关系是一种思想社会关系

列宁曾经指出：“社会关系分成物质关系和思想关系。”[①] 物质关系是经济关系，即生产关系，它是社会的基础。思想关系是法律关系、政治关系、道德关系等等，它们是物质关系的上层建筑，归根到底取决于社会的经济基础，它们的形成要通过人们的意识。

首先，任何法律关系都反映着统治阶级的意志。法律关系都是由于法律规范调整和规定某种社会关系而形成的。我们知道，法律规范是统治阶级的意志的反映，所以法律关系也都体现着统治阶级的意志。统治阶级的意志正是借助于法律关系才在人们的生活中得到实现。

其次，每一个具体的法律关系的产生，通常总是要通过这一法律关系的参加者（单方、双方或多方）的意志表示。例如，由于签订合同而产生的法律关系，必须通过签订合同的各方的意志表示；由于遗嘱的生效而产生的继承法律关系，至少必须通过一

---

① 《列宁选集》第 1 卷，第 18 页。

方的意志表示，法律关系才能产生。

　　但是，在某些情况下，某种具体的法律关系的产生，并没有通过它的参加者的意志表示，而是由于某一意外事件的发生而产生的。例如，由于某种自然事件（一个婴儿的出生，一个人的死亡，等等）而产生的法律关系，由于当事人的一方并非由于故意而是由于过失损害了另一方的财产而产生的法律关系，有关各方往往没有相应的意志表示。但是，即使在这种情况下，要使这一法律关系的参加者行使权利或履行义务，也必须通过他们的意志行为才能完成。

　　由此可见，一切法律关系，无论是怎样产生的，不管它是按照所有参加者的意志所产生的，还是按照其中一方的意志所产生的，或者完全不通过其中任何一个参加者的意志而产生的，但在实现当事人的权利和义务的时候，都要求这一法律关系的参加者作出相应的意志表示。

　　有些资产阶级学者认为，法律关系不一定是人与人之间的关系，它也可以存在于人与牲畜、人与物之间，这种观点是十分荒谬的。资产阶级学者曲解法律关系的目的，在于他们想说明法律关系不是意志社会关系，不是人与人之间的关系，因而也不必从人们的意志和社会利益的角度去认识它，从而掩盖资产阶级社会中法律关系的实质。

　　当然，我们说法律关系是一种思想社会关系，并不意味着否定法律关系具有不以人们的意志为转移的客观基础。马克思曾经指出："法的关系正像国家的形式一样，既不能从它们本身来理解，也不能从所谓人类精神的一般发展来理解，相反，它们根源于物质的生活关系。"① 马克思在分析资本主义社会中的资本家和

――――――――――

　　① 《马克思恩格斯选集》第 2 卷，第 82 页。

工人之间的雇佣劳动法律关系时，就是从资本主义经济出发的。在资本主义制度下，被剥夺了生产资料的工人不得不出卖自己的劳动力，受雇于资本家，资本家和工人之间的这种雇佣劳动法律关系，正是根源于资本主义的经济关系。因此，只有深入分析法律关系的客观经济内容，才能真正理解它的实质。

（三）法律关系是由法律规范所规定和调整的社会关系

法律关系是同现行法律规范密切地联系在一起的。某种社会关系之所以能够成为法律关系，是以存在着规定和调整这种社会关系的法律规范为前提的。如果不存在相应的法律规范，那么，这种社会关系就不会具有法律关系的性质。例如，友谊关系、爱情关系等等，一般都不由法律规范来调整，而是由道德规范来调整。由于这些关系没有在法律上加以规定，因此，就不具有法律上的权利和义务的性质，也就是说，这些关系不是法律关系。

至于父母和子女的关系，则是另一种情况。这种关系除了由道德规范加以调整之外，通常还要制定相应的法律规范，由法律规范进行调整，即规定他们相互之间法律上的权利和义务。例如，我国婚姻法规定，父母有抚养子女的义务，子女有赡养父母的义务。这些权利的行使和义务的履行，由国家的强制力来保障。举例说，一个人不履行赡养父母的义务，那么，他不仅要受到社会舆论的谴责，而且有关的国家机关还应该根据法律的规定强制他履行；对于虐待父母情节严重构成犯罪者，还要追究他的法律责任。

由此可见，法律关系不同于其他思想社会关系，它同法律规范有着密切的联系。法律关系以存在着规定这一关系的产生的法律为前提。由于国家制定了法律规范，规定了公民、社会团体和国家机关的权利和义务，从而使它们之间的关系具有了法律上的性质。法律关系实际上是法律规范在实际生活中的体现。一方面，法律关系不可能没有法律规范而存在；另一方面，法律规范也需要通过法律关系而实现。

法律规范和法律关系是统一的整体，不能形而上学地把它们对立起来或分割开来。但是，这并不是说，法律规范的全部作用都归结为形成法律关系。在某些情况下，法律规范的作用可以表现为仅仅规定义务。例如，刑法规范规定流氓行为应受惩罚，这就使全体公民有抑制这种行为的义务，但是在这种犯罪行为实施以前，并不产生任何法律关系。在某些情况下，法律规范的作用可以表现为规定某种状态。例如，我国宪法规定，"中华人民共和国首都是北京"，这就不能用权利和义务的关系来解释，但是因为它是法律所规定的一种状态，所以也为国家的强制力所保护，任何人都无权去改变这种状态，否则是法律所不容许的。又如，我国森林法规定，"森林资源包括林木、竹子和林地，以及林区范围内的植物和动物"，同时，还根据森林的不同效益，将森林划分为防护林、用材林、经济林、薪炭林、特殊用途林5类，并分别作了解释。这种规定也不产生任何法律关系。

（四）社会主义法律关系具有不同于任何剥削阶级社会的法律关系的本质和特征

由于法律关系是建立在一定经济基础之上的上层建筑，是由体现统治阶级意志的法律规范所规定和调整而形成的特殊的思想关系，所以，各种不同类型的社会中的法律关系有各不相同的本质和特征。社会主义法律关系虽然保留有历史上各种类型的法律关系所共有的那些标志，但它是一种完全新的类型的法律关系。

这表现在以下 3 点：

1. 社会主义的法律关系是由社会主义的生产关系决定的，以生产资料的社会主义公有制为基础；剥削阶级社会中的法律关系是由奴隶制的、封建制的或资本主义的生产关系决定的，以生产资料的私有制为基础。

2. 社会主义的法律关系是社会主义社会的上层建筑。它反映着社会主义法律观点、政治观点和道德观点的特征；剥削阶级社会中的法律关系是私有制社会的上层建筑，它反映着剥削阶级的法律观点、政治观点和道德观点。

3. 作为思想关系的社会主义法律关系，是由体现广大人民意志的社会主义法律规范所规定和调整的人们之间的相互关系，它巩固和发展社会主义的社会秩序，为建设社会主义和实现共产主义制度服务；剥削阶级社会中的法律关系，是由体现在社会中占统治地位的剥削阶级的意志的法律规范所规定和调整的人们之间的相互关系，它维护剥削阶级的利益，保护私有财产制度。

目前，我国的社会主义法制尚不十分完备，在一些方面尚无明确的法律规范。随着我国社会主义法制的逐步完备，我国的社会主义法律关系也将得到进一步的发展。

二　社会主义法律关系的主体

（一）什么是法律关系的主体

法律关系的主体就是法律关系的参加者，通常也称为权利主体。由于法律关系性质的不同，具体的法律关系的主体的人数有多有少，但不能少于两个。法律关系主体各方在法律体系中的法律地位也各不相同，它可以是一定权利的享有者，也可以是一定义务的承担者，但在通常的情况下，法律关系的主体在享有一定的权利的同时，承担一定的义务。所以，法律关系的参加者，就是在法律关系中享有权利并承担义务的人或组织。

某些剥削阶级的法学家把法律关系主体这个概念分割为两个独立的概念，即权利主体和义务主体。他们所谓的权利主体，是指只享有权利而不承担义务的人；义务主体，是指只承担义务而不享有权利的人。这种划分在一定程度上反映了剥削阶级社会中法律关系的特点。因为在剥削阶级社会中，往往把整个义务重担压在被剥削的劳动群众身上，只给他们一些形式上空洞的权利；对于剥削者，则千方百计地保护他们的各种权利，甚至赋予他们法外的特权，而保护他们规避各种应尽的义务。

关于什么人可以成为法律关系的主体的问题，由各国的法律加以规定。由于一个国家的法律之所以作出某种规定，是由这个国家的生产关系所决定的，因此，归根到底，法律关系主体的范围是由这个国家的社会制度性质所决定的，是由这个国家的生产关系的类型所决定的。

在奴隶制社会中，只有奴隶主和自由民才能成为法律关系的主体，而奴隶则不被当作人看待。奴隶制的法律把奴隶当作物，当作"会说话的工具"。奴隶不是法律关系的主体，而是法律关系的客体，他可以被主人任意买卖、租让和虐待，甚至杀死。

在封建社会中，封建地主享有一切权利，但由于封建等级森严，封建制法律确定了封建的等级特权，对各种不同等级，不同类型的人，规定了不同的权利。至于广大的农民，则经常处于地主的专横和对地主的人身依附之下，地主固然无权杀死依附于他的农民，但农民的权利受到极大的限制，从法律上看，农民是不完全的权利主体。

在资本主义社会中，废除了封建的等级划分，宣布了法律面前人人平等的原则。但是，这种所谓权利平等，仅仅是形式上的平等。因为在资本家和雇佣工人之间，尽管在雇佣契约上都是权利平等的当事人，但实际上，资本家占有一切生产资料，工人则一无所有，不得不出卖劳动力，忍受资本家的剥削，他们之间根本没有也不可能有真正的平等权利。

在社会主义社会中，法律关系的主体的情况与任何剥削阶级社会不同。社会主义社会的法律第一次彻底地消灭了对法律关系主体的一切限制。在我国，一切公民，不分民族、种族、性别、职业、家庭出身、宗教信仰、教育程度、财产状况、居住期限，在法律面前一律平等，任何公民都享有宪法和法律规定的权利，同时必须履行法律规定的义务。这就是说，他们都是平等的法律关系的主体。公民的权利和义务完全一致，权利和义务是统一的、不可分割的，没有无权利的义务，也没有无义务的权利。从此，公民在法律面前一律平等的原则，才有了真正实现的可能。

（二）我国法律关系主体的种类

社会主义法律关系的主体，在我国有以下几种：

1. 中华人民共和国公民是我国社会主义法律关系的主体。公民是多种法律关系的参加者，例如，公民之间可以发生各种民事法律关系（如婚姻家庭法律关系、房屋租赁法律关系、借贷法律关系），公民同企业之间可以发生劳动法律关系，公民同国家机关之间可以发生行政法律关系，等等。

居住在我国的外国侨民和无国籍人也可以成为我国某些法律关系的主体。他们能够参加哪些法律关系，由我国的有关法律和我国同有关各国签订的国际条约来规定。

2. 中华人民共和国的国家机关、企业事业单位和其他组织，也可以是法律关系的主体。它们能够参加哪些法律关系，应该享受什么权利和履行什么义务，都要由国家的法律规范加以规定。国家权力机关、行政机关，国家的工业、农业、交通、商业等经济机关和企业以及国家的各种科学、教育组织都可以是国家法律关系、行政法律关系、财政法律关系、民事法律关系、劳动法律关系等法律关系的主体。法院和检察院在进行诉讼活动的过程中，可以成为诉讼法律关系的主体。

3．中华人民共和国的各种社会团体依照法律规定可以是各种法律关系的主体。我国的社会团体的范围很广，包括下列各种：（一）人民群众团体：指从事广泛群众性社会活动的团体，如工会、农民协会、工商业联合会、妇女联合会、青年联合会、学生联合会等。（二）社会公益团体：指举办社会公益事业的社会团体，如中国福利会、中国红十字会等。（三）文艺工作团体：指从事文学、美术、戏剧、音乐等文艺工作的社会团体，如文学艺术界联合会、戏剧工作者协会、美术工作者协会等。（四）学术研究团体：指从事某种专门学术研究的社会团体，如自然科学工作者协会、社会科学工作者协会、医学会等。（五）宗教团体：指从事宗教活动的社会团体，如基督教协会、天主教协会、佛教协会、伊教兰教协会等。（六）其他团体：指其他依照法律组织而不包括在上述5种之内的社会团体。在我国，社会团体被广泛地吸引参加各种政治活动、社会活动和经济活动，因此，它们可以是各种法律关系的主体。

4．中华人民共和国作为国家这个整体，是某些特殊的法律关系的主体。在国际法上，国家是国际法律关系的主体。在国内法上，国家是国有财产的所有权的承担者。但是，在一些具体的法律关系中，国家作为法律关系的主体，一般都通过相应的国家机关，并以这些机关的名义来实现。例如，国家的审判权就是通过法院，并以法院的名义来实现的。

在谈到法律关系的主体时，还必须了解什么叫做自然人和法人。我国许多机关、企业、事业单位、团体和其他组织，都可以作为民事法律关系的参加者，享受民事权利和承担民事义务。在法学中，通常把参加民事法律关系的公民叫做自然人，而把参加民事法律关系的机关、团体和其他组织叫做法人。但是，并不是任何一个机关、团体和组织都能成为法人。所谓法人，是指有一定的组织机构和独立的财产，能够以自己的名义取得民事权利和承担民事义务，能在法院起诉和应诉，并且依照法定程序核准成立的国家机关、企业、事业单位、团体和其他组织。

（三）权利能力和行为能力

公民作为法律关系的主体，具有权利能力和行为能力。

所谓权利能力，是指能够成为法律关系的主体的能力，也就是能够享有一定的权利和承担一定的义务的能力。权利能力可以分为一般的权利能力和特殊的权利能力两种。一般的权利能力，是指全体公民一般都享有的权利能力，如公民取得财产的能力。特殊的权利能力，是指享有某种特定的权利的能力，如国家机关工作人员根据法律的规定而具有行使一定职权的能力。

权利能力还可以分为民事上的（财产上的）权利能力和政治上的权利能力。在我国，全体公民，不分民族、种族、性别、职业、家庭出身、宗教信仰、教育程度，从出生的时候起到死亡的时候止，都具有民事上的权利能力，可以享受民事权利和承担民事义务。至于政治上的权利能力，则可能因为没有达到法定年龄而受到限制，例如，根据选举法的规定，只有年满18岁的公民才有选举权和被选举权；也可能由于被剥夺政治权利而丧失，例如，法院依法判决剥夺反革命分子和某些严重破坏社会秩序的犯罪分子的政治权利，等等。

　　公民的权利能力是他们享受权利和承担义务的前提，但是，具有权利能力的人并不一定都具有行为能力。所谓行为能力，是指能够通过自己的行为取得权利和履行义务的能力。这种能力，同行为人是否能意识到自己的行为的意义有重大的关系。按照各国法律的规定，通常都把本国公民分为有行为能力的人，限制行为能力人和无行为能力人三种。所谓有行为能力人，就是按照法律规定可以通过自己的行为取得权利和承担义务的人、这通常指成年人。所谓限制行为能力人，就是行为能力受到一定限制的人。他们在某些场合具有行为能力，可以通过自己的行为取得权利和承担义务，其行为在法律上是有效的。但在另一些场合下，他们又没有行为能力，不能通过自己的行为去取得权利和承担义务，而必须通过他们的父母或其他法定代理人代理，或者征得法定代理人的同意后进行，否则其行为在法律上是无效的。这通常是指已满一定年龄，但尚未成年的人。所谓无行为能力人，就是不能通过自己的行为去取得权利和承担义务的人，他们的行为在法律上是无效的。这通常是指未成年人中年龄较小的那一部分人，他们所享有的民事权利和承担的民事义务，应当由他们的父母或其他法定代理人代理。另外，患有精神病或其他精神失常不能独立处理自己事务的人，经过法定手续，可以由法院宣告为无行为能力人，他们的民事权利和民事义务，应当由他们的监护人代理。至于划分这三种人的具体年龄界限，由于各国情况不同，所以有各种不同的规定。我国民法通则规定，年满18周岁的公民是成年人，具有完全民事行为能力。不满10周岁的未成年人，是无民事行为能力人。10岁以上不满18周岁的未成年人，是限制民事行为能力人。16周岁以上不满18周岁的未成年人，如果以自己的劳动收入为主要生活来源的，可以视为完全民事行为能力人。

　　至于法人的民事权利能力和民事行为能力，则从核准成立之日起产生，到终止时消灭。法人在法律规定或主管机关批准的业务范围内享有民事权利能力。法人的权利和义务，依其章程由其领导机构和负责人代表行使。

（四）主体的权利和义务

法律关系是法律关系的主体相互之间在法律上的一种权利和义务关系。在每一个具体的法律关系中，它的参加者都是一定的权利和义务的承担者。

法律上的权利，是指法律规范所规定的、法律关系主体所享有的某种权能。它可以表现为享有权利的人有权自己作出一定的行为，例如，享有选举权和被选举权的公民有权自由行使自己的选举权，任何人不得加以妨碍；它也可以表现为享有权利的人有权要求他人作出一定的行为，例如，根据买卖合同，买方有权要求卖方交付商品，卖方有权要求买方支付价款。有权人要求他人作出的行为，既包括作为，也包括不作为。所谓作为，就是作出一定的举动；所谓不作为，就是不作出一定的举动。例如，所有权的享有者，有权要求他人不得作出妨碍他行使其所有权的行为，这就是一种不作为。法学上通常把作为称为积极的法律行为，把不作为称为消极的法律行为。

法律上的义务，是指法律规范所规定的、法律关系主体所承担的某种必须履行的责任。它可以表现为负有义务的人必须按照有权人的要求作出一定的行为，也可以表现为负有义务的人必须抑制一定的行为。例如，在买卖关系中，买方有支付价款的义务，卖方有交付商品的义务；在所有权关系中，任何人都负有不得作出妨碍所有权的享有者行使其所有权的行为这样一种义务。

由于法律关系错综复杂，权利主体往往是多种法律关系的参加者，因此，有时会出现这样的情况：权利主体的某种行为，就一种法律关系来说是权利，就另一种法律关系来说则是义务。例如，国家税务工作人员依法向纳税人征税，就税务工作人员同纳税人之间的关系来说，是税务工作人员行使其权利（职权）；就税务工作人员同国家之间的关系来说，则是税务工作人员应尽的义务（职责）。

社会主义法律关系中的权利和义务，具有以下3个特点：

1. 权利与义务密切地联系在一起，两者是一致的。谁享有权利，同时就负有义务；谁负有义务，同时就享有权利。例如，依照我国劳动法规的有关规定，作为劳动法律关系一方主体的厂矿职工，有权向该法律关系的另一方主体——厂矿行政单位要求工作任务，供给工具、材料、设备和必要的劳动保护，有权要求支付劳动报酬，厂矿行政单位有义务予以满足。同时，职工有义务认真负责地工作，遵守厂矿的劳动纪律和工作制度，爱护国家的或集体的财产，厂矿行政单位有权进行监督，并在必要时对违反这些义务的职工给以行政处分或经济处罚。

2. 法律关系主体行使权利和履行义务都是以国家的强制力来保障的。例如，我国宪法规定："社会主义的公共财产神圣不可侵犯，国家保护社会主义的公共财产。禁止任何组织或者个人利用任何手段侵占或者破坏国家的和集体的财产。"由于宪法的这些规定，就使得我们国家内所有组织和个人与国家和集体之间都产生了财产所有权法律关系。在这种法律关系中，国家和集体分别对其财产享有占有、使用和处分的权利。这种权利的行使是受到法律保障的。同时，任何组织和个人，都负有不得侵占或者破坏国家的和集体的财产的义务，如果违反这种义务，就会受到法律的制裁。

3. 社会主义法律关系中的权利和义务最终都是服务于一个目的，即保证社会主义建设事业的不断发展，以及满足广大人民日益增长的物质和文化的需要。社会主义的整个法律关系的体系既反映和实现着整个社会主义国家的和集体的利益，同时也反映和实现着公民的个人利益。在法律关系中，公民是为了国家的和集体的利益而行使其权利和履行其义务的，同时，公民的个人利益也在法律关系中得到满足。由于我国公民是作为摆脱了剥削的社会主义社会成员而参加法律关系的，因此，不可能有那种把一个人侵占另一个人的劳动产品的社会关系固定下来的法律关系。

三　社会主义法律关系的客体

（一）什么是法律关系的客体

法律关系客体的内容和范围，是由法律规范的社会性质所决定的。在不同类型的国家里，对法律关系客体的观念和法律规定有着各不相同的情况。在奴隶制社会里，奴隶不是权利主体，而是权利客体。在封建社会里，农民虽然在某些法律关系中可以作为权利主体，但是，由于他们对地主的人身依附关系，实际上接近于权利客体。在资本主义社会里，形式上不再承认人是权利客体，而实际上，雇佣工人与厂主不可能是平等的权利主体，工人仅仅是资本家的雇佣奴隶。马克思和恩格斯曾经非常深刻地指出：资产阶级"把人的个人尊严变成了交换价值"，"它使人和人之间除了赤裸裸的利害关系即冷酷无情的'现金交易'之外，再也找不到任何别的联系了。"[①] 在金钱万能的资本主义社会中，一切东西都商品化了，连人身、人格都可以成为买卖关系的客体。

社会主义社会的法律关系的客体同剥削阶级社会的法律关系

---

① 《马克思恩格斯全集》第4卷，第468页（本书所引均为第1版，下同）。

的客体的本质区别在于，在任何情况下，社会主义法律关系的客体都不能是人身，不能是人格。社会主义国家的法律规范严格禁止把人身、人格当作法律关系的客体。

（二）我国法律关系客体的种类

社会主义法律关系的客体，在我国有以下几种：

1．物。所谓物，是指在法律关系中可以作为财产权利对象的物品和其他一切物质财富。大多数民事法律关系都与物有密切的联系。在我国，并不是一切物质财富在一切法律关系中都可以作为法律关系的客体。某些物质财富只有在特定的法律关系中才可以作为法律关系的客体，例如，矿藏、水流、森林、山岭、草原、荒地、滩涂等自然资源，都属于国家所有，这就是说，它们只能是国家所有权的客体。由法律规定属于集体所有的森林和山岭、草原、荒地、滩涂，则是集体所有权的客体。

2．同人身相联系的非物质财富。所谓同人身相联系的非物质财富，就是精神财富，它们是脑力劳动者在科技、文化等精神领域内创造的产品，包括各种科学发明、设计、理论著作、文艺创作等等。国家保护公民和法人的著作权、发明权、发现权等权利。

3．行为。在许多法律关系中，行为往往是法律关系的客体。这种行为包括人的一定的作为和一定的不作为（即对一定的行为的抑止）。例如，我国婚姻法规定：父母对于子女有抚养教育的义务；子女对于父母有赡养扶助的义务；双方均不得虐待或遗弃。根据这一规定，在父母与子女的家庭法律关系中，父母对子女的抚养教育行为（作为），子女对父母的赡养扶助行为（作为），以及双方对虐待或遗弃行为的抑止（不作为），都是法律关系的客体。

四　法律事实

（一）法律关系的产生、变更和消灭

法律关系同其他任何社会现象一样，经常处在不断的发展变化之中。社会中经常有某些法律关系的产生，而另一些法律关系在变更或消灭。法律关系产生、变更和消灭的法律根据是法律规范。但是，作为一般行为规则的法律规范本身，并不能引起法律关系的产生、变更和消灭。只有当法律规范的假定部分所规定的情况出现时，才引起法律关系的产生、变更和消灭。例如，婚姻法规定了夫妇的权利和义务，但是，这一规定本身并不构成具体的婚姻法律关系。只有当符合法律规定的结婚条件的男女双方进行了婚姻登记以后，在他们之间才发生夫妇的权利和义务关系。

具体的法律关系的产生、变更和消灭，是同社会生活中所发生的某种现象联系在一起的。但是，社会生活中有各种各样的现象，它们并不都具有法律上的意义。只有当法律规范所规定的现象出现时，才能引起具体的法律关系的产生、变更和消灭。

（二）法律事实的种类

凡是法律规范所规定的，能够引起法律关系的产生、变更和消灭的现象，在法学中称为法律事实。法律事实常常必须依法经过有关的国家机关的证明。例如，户籍登记、婚姻登记、选民登记、颁发毕业文凭等等。对已经发生违法行为的证明，是主管机关通过一定的程序所发布的文件，如法院的判决、行政机关的决定等等。

法律事实有各种各样的形式，通常按照法律事实是否以人们的意志为转移而分为两大类，一类是事件（即不以人们意志为转移的事实），另一类是行为（即以人们意志为转移的事实）。

1. 事件。所谓事件，就是一种客观现象，它由于法律规范的规定而同法律关系的产生、变更和消灭联系在一起，并且不以当事人的意志为转移而发生。例如，人的死亡就是一种事件，它引起一系列法律关系的产生（如继承遗产、领取人寿保险金、领取抚恤金等法律关系），也引起一系列法律关系的消灭（如婚姻、劳动合同等法律关系）。又如，地震也是一种事件，它可能造成房屋倒塌，引起所有权法律关系或租赁法律关系的变更或消灭。

2. 行为。行为就是人们自觉的举动。凡是法律规范所规定的、能够引起法律关系产生、变更和消灭的行为，在法学上称为法律行为。法律行为必须具备两个条件：（一）这种行为必须是人们从外部表现出来的举动。个人的心理状态不产生法律上的后果，不能视为法律行为。（二）这种行为必须是有自觉的意识或意志的举动。无意识能力的幼年人、精神不健全的人的举动，都不能成为法律行为。

法律行为可以分为合法行为和违法行为两种：

1. 所谓合法行为，就是符合法律规范所要求的行为。首先，合法行为包括法律文件，法律文件是直接为了产生、变更或消灭法律关系而作出的意思的表示，其中有：（一）行政文件，即国家行政机关的文件（如计划、关于某些具体问题的决定等等）；（二）审判文件，即法院的判决等等；（三）许多有关财产关系、家庭关系、劳动关系和其他关系的法律文件，如合同、遗嘱、声明等等。其次，合法行为还包括这样一些行为，这些行为由于一定的客观结果，引起法律关系的产生、变更和消灭，而不管这些合法行为是否行为人直接的意志表示。例如，一部文艺作品的创作引起有关著作权法律关系的产生，一项发明的成功引起有关发明权法律关系的产生，等等。

2. 所谓违法行为，就是实施法律规范所禁止的行为，或不实施法律规范所要求的行为。各种违法行为可能引起各种不同的法律关系的产生、变更和消灭。例如，实施犯罪，就引起了罪犯与被害人之间、罪犯与法院之间法律关系的产生。违反合同、延误交货，就必须交付违约金或赔偿损失，购货者也可能拒绝收货；在供应的商品质量不合标准时，购货者可以拒绝接受，或贬价接受。这样，就引起了法律关系的变更或消灭。

（1988 年）

论集会自由和结社自由

集会自由和结社自由是公民的基本权利。所谓集会自由，是指公民享有法律所赋予的聚集在一定场所讨论、研究问题，开展某种活动或表达意愿的自由。所谓结社自由，是指公民享有法律所赋予的为了进行某种活动而结成一定的社会团体的自由。这就是说，集会是临时性的，而结社则是永久性的。这两者虽然有区别，但都要采取会议的形式，也就是都要举行有组织有领导地商议事情的会议，因此，这两者又是密切相关的。

早在 1949 年 9 月，中国人民政治协商会议第一届全体会议通过的《共同纲领》第五条就对集会自由和结社自由作了明确的规定。1954 年 9 月，第一届全国人民代表大会第一次会议通过的《中华人民共和国宪法》第八十七条不仅明文规定中华人民共和国公民有集会自由和结社自由，而且规定："国家供给必需的物质上的便利，以保证公民享受这些自由。"但是，在"文化大革命"时期，我国的宪法遭到了林彪、江青反革命集团的践踏，公民的集会自由和结社自由也被他们肆意蹂躏。

以林彪为首的反革命集团和以江青为首的反革命集团，都是以夺取党和国家最高权力为目的而进行阴谋活动的反革命集团。

这两个反革命集团有共同的推翻我国人民民主专政即无产阶级专政（包括国家机构、军事机关，以及上述机构的领导力量中国共产党）的犯罪动机和目的，有共谋的犯罪行为，形成了一个反革命联盟。当时，国家的政治生活陷于极不正常的状态，社会主义法制受到严重的破坏。林彪、江青反革命集团凭借他们当时所窃取的地位和权力，一方面亲自组织或假借群众组织的名义举行各种规模的集会，为搞乱全国，乱中夺权，进行反革命宣传和组织活动；另一方面，他们把人民群众聚集在一起议论反对林彪、江青一伙的各种倒行逆施的举动，诬陷为组织反革命集团或进行反革命宣传。在这种情况下，凡是敢于坚持实现自己的民主权利、捍卫真理的人轻则被扣上各种帽子，重则被关押起来，造成了许多冤狱。许多正当的、合法的社会团体被迫停止了活动，代之而起的是各式各样名目繁多的"战斗队"、"造反总部"等派性组织。其结果是，社会秩序混乱不堪，正常的工作、学习、生活得不到应有的保障。于是，很多人对集会和结社不感兴趣，而且从内心感到厌恶，宁愿当"逍遥派"，有的人被迫参加，只得勉强敷衍，言不由衷。在林彪、江青反革命集团的暴政下，公民的集会自由和结社自由被剥夺殆尽。

以上的事实，无可辩驳地说明，公民的集会自由和结社自由，必须有社会主义法制的保障才能实现。粉碎了"四人帮"以后，我国公民的集会自由和结社自由不仅再次由宪法加以确认，由有关法律加以具体规定，而且，国家还积极创造条件，切实保证公民行使这些自由权利。现在，在全国各地，不仅各种原有的社会团体恢复了活动，而且许多学会、研究会等纷纷建立起来，对社会主义经济建设和文化建设起了有益的作用。随着我国社会主义现代化建设事业的顺利发展，我国人民的集会自由和结社自由，必将得到进一步的充实和发展，也必将有更雄厚的物质保证和更健全的法律保障。

但是，社会上有一些人，由于不理解自由的真正涵义，误以为只要几个人在一起串联一下，想在哪里开会就在哪里开会，想结成什么团体就结成什么团体，想开展什么活动就开展什么活动，别人管不着，国家也管不得。否则，就是干涉了他们的集会自由和结社自由。还有人认为，在资产阶级国家里，集会自由和结社自由是一种"纯粹自由"或"绝对自由"，因而，他们就羡慕资产阶级国家。这种看法是不对的，是同实际情况大相径庭的。资产阶级启蒙思想家孟德斯鸠曾经说过："在一个有法律的社会里，自由仅仅是：一个人能够做他应该做的事情，而不被强迫去做他不应该做的事情。""自由是做法律所许可的一切事情的权利；如果一个公民能够做法律所禁止的事情，他就不再有自由了，因为其他的人也同样会有这个权利。"① 1789 年的法国《人权宣言》第四条也规定："自由就是指有权从事一切无害于他人的行为。因此，各人的自然权利的行使，只以保证社会上其他成员能享有同样权利为限制。此等限制仅得由法律规定之。"

现代资产阶级国家，通常都在宪法中规定公民享有集会自由和结社自由。但是，这种自由并不是没有任何限制的。例如，意大利宪法第十七条规定："在公共场所举行集会时，须通知当局，而当局只有根据维护公共安全和预防社会不幸事件的充分理由，始得禁止集会。"第十八条规定："所有公民均有不经许可而自由结合之权利，但其所追求的目的应以未为刑事法律所禁止者为限。秘密团体及借助军事性组织间接追求政治目的之团体，得禁止之。"又如，德意志联邦共和国基本法第八条规定："（1）所有德国人均可在不携带武器的情况下有和平集会的权利。（2）如进行

---

① 孟德斯鸠：《论法的精神》，上册，第 154 页。

露天集会，此权利将受法律限制或依法予以限制。"同时，又在第十八条规定，如任何人滥用集会自由和结社自由，"此种滥用法定权利与自由、民主的基本法令相抵触，即丧失上述各种基本权利"。再如，瑞士宪法第五十六条规定："公民有结社的权利，但其目的及其行使的方法不得对于国家有违法或危害的事，各州得以法律规定必要的措施，以防止滥用此项权利。"

在社会主义国家，集会自由和结社自由的性质同资产阶级国家中集会自由和结社自由的性质是不同的。但是，社会主义国家中的集会自由和结社自由也不是绝对的自由。例如，南斯拉夫宪法第一百六十七条规定了集会自由和结社自由，同时又在第二百零三条规定："任何人不得利用本宪法确定的自由和权利来破坏本宪法确定的社会主义自治民主制度的基础，威胁国家的独立，侵犯本宪法保障的人和公民的自由和权利，威胁和平和平等的国际合作，煽动民族、种族和宗教的仇恨或不和，或者教唆犯罪，也不得以违反公共道德的方式利用这些自由。在何种情况和何种条件下，以违反本宪法的方式利用这些自由将导致限制或禁止利用这些自由，由法律规定。"罗马尼亚宪法第二十九条也规定，集会自由"不得用于与社会主义制度和劳动人民利益敌对的目的"，"一切法西斯性质的或者反民主性质的结社概行禁止。参加此种结社和法西斯性质的或者反民主性质的宣传，受法律惩罚。"

我国是社会主义国家，公民在行使自己的集会自由时，必须符合法律的规定。一切违法的集会，是不可能得到法律的保障的。至于触犯刑律的集会，则应依照《中华人民共和国刑法》的有关规定，追究刑事责任。例如，刑法规定，以反革命为目的，煽动群众抗拒、破坏国家法律、法令实施的，以反革命标语、传单或者其他方法宣传煽动推翻无产阶级专政的政权和社会主义制度的，都要判处刑罚。根据1952年公布的《管制反革命分子暂行办法》

第四条的规定，对被管制分子，应剥夺包括集会自由在内的政治权利。根据 1957 年公布的《治安管理处罚条例》第九条的规定，对组织群众性集会，不采取相应的安全措施，有发生人身伤亡危险，经指出不加改善的，应处以拘留、罚款或者警告。对扰乱公共秩序的行为，都应按照《治安管理处罚条例》予以处理。根据 1951 年公布的《保守国家机密暂行条例》第八条的规定，凡重要会议，须依据工作需要确定出席列席人员，并须经一定机关审查批准。对协助会议工作的人员亦须严格审查并进行保密教育。会议场所须严密布置警卫。会议文件须由主管人员审查批准，始得印登，非经允许应予会后缴回，非经允许不得摘抄；不需收回的文件亦须登记清楚。非经允许个人不得记录。会议情况，不准对外泄露。会议内容需要传达时，须指定专人负责传达，并须确定传达内容与传达之对象。凡利用国家机密进行投机取利者，送司法机关或军事法庭依法惩处。凡因疏忽泄露国家机密或遗失国家机密材料者，应视其情节轻重予以处分。

同样地，我国公民在行使结社自由时，也必须符合法律的规定。一切违法的结社，当然不可能得到法律的保障。触犯刑律的结社，则应追究刑事责任。例如，刑法规定，组织、领导反革命集团的，其他积极参加反革命集团的，组织、利用封建迷信、会道门进行反革命活动的，都要判处刑罚。根据《管制反革命分子暂行办法》第四条的规定，对被管制分子，应剥夺包括结社自由在内的政治权利。

根据 1950 年公布的《社会团体登记暂行办法》，凡是社会团体，都必须依照这个办法的规定，向人民政府申请登记，但下列各团体不在登记范围之内：（1）参加中国人民政治协商会议的各民主党派和人民团体；（2）中央人民政府另有法令规定的团体（3）机关、学校、团体、部队内部经其负责人许可组织的团体。

《社会团体登记暂行办法》第四条规定："凡危害国家和人民利益的反动团体，应禁止成立；其已登记而发现有反动行为者，应撤销其登记并解散之。"申请成立登记时，应记载下列各事：（1）名称；（2）目的；（3）地址；（4）章程；（5）活动地区及业务范围与计划；（6）登记人及主要负责人的姓名、性别、年龄、籍贯、住址、职业、社会活动及简历；（7）组织情况及参加团体人员数目；（8）附属机构的名称和概况及各地方分设团体的名称；（9）经济状况及经费来源；（10）其他应行登记事项。申请登记时应行记载的事项，如有隐匿增减或捏造等情事，得视其情节之轻重，分别予以警告、停止登记或撤销登记。

社会团体的范围很广，包括下列各种：一、人民群众团体：指从事广泛群众性社会活动的社会团体，如工会、农民协会、工商业联合会、民主妇女联合会、民主青年联合会、学生联合会等。二、社会公益团体：指举办社会公益事业的社会团体，如中国福利会、中国红十字会等。三、文艺工作团体：指从事文学、美术、戏剧、音乐等文艺工作的社会团体，如文学艺术界联合会、戏剧工作者协会、美术工作者协会、音乐工作者协会等。四、学术研究团体：指从事某种专门学术研究的社会团体，如自然科学工作者协会、社会科学工作者协会、医学会等。五、宗教团体：指从事宗教活动的社会团体，如基督教、天主教、佛教等。六、其他合于人民政府法律组成的团体：指其他依照人民政府法律组织而不包括在上述五种之内的社会团体。

根据1951年公布的《社会团体登记暂行办法施行细则》的规定，社会团体应该接受该管人民政府对工作上的指导，并协助人民政府进行经济、文化、国防等各项建设。各级人民政府对已经依法登记或备案之各社会团体，应保障其一切合法权益。社会团体举行代表会议、代表大会、或全体大会、以及其他重要会议时，应先行呈报该管人民政府备案。社会团体应定期将工作计划，财政经济概况，及业务进行状况等呈报该管人民政府备查。社会团体对外募捐，须呈请该管人民政府批准。社会团体活动，不得违反政府政策法令，亦不得逾越登记批准的业务范围及活动地区，违者得视其情节轻重，分别予以警告或撤销登记，必要时并得予该社会团体负责人以惩处。

所有这些规定，同集会自由和结社自由的精神是完全一致的。在国家没有制定出新的有关法规之前，上述各种法规仍然有效，应该严格执行。

有人可能会说，不给反革命分子以集会自由和结社自由，是可以理解的；但人民内部的集会自由和结社自由，就不一定要依照法律来实现，不然，就是限制集会自由和结社自由，甚至是取消集会自由和结社自由。这种看法是不正确的。我国的法律是为保障人民的民主、自由权利，为维护国家和社会的公共利益服务的。法律按照人民的根本的和长远的利益，给人们规定了明确的行为规则。在我国，法律所许可和保障的集会自由和结社自由，是非常广泛而真实的。任何一个关心国家前途和人民利益的人，都不会感到自己的集会自由和结社自由受到了什么限制，更不会感到自己丧失了集会自由和结社自由，因为公民的集会自由和结社自由是受到法律保障的。在我们的社会里，绝大多数人是懂得这个道理的。对于绝大多数人来说，依照法律来实现集会自由和结社自由，是一种很自觉的事情。只有极少数人，把集会自由和结社自由曲解为不顾国家和人民的利益的为所欲为、言所欲言的自由。这些人的所谓集会自由和结社自由，超出了法律许可的范围。对于这种集会和结社，我国的法律理所当然地要加以限制，不能听之任之。否则，正常的政治生活就会受到干扰，社会秩序就要发生混乱，安定团结的局面就会被他们破坏，这对国家和人民都是不利的。

　　发展社会主义民主,健全社会主义法制,这是党的十一届三中全会所确定的一项坚定不移的方针。在这个方针中,就包括公民充分享受集会自由和结社自由以及从法律上切实保障集会自由和结社自由的内容。在我国的社会主义民主进一步发展的基础上,公民的集会自由和结社自由必将得到相应的发展,在社会主义法制进一步健全的基础上,公民的集会自由和结社自由的实现必将得到更有效的保障。

（1981 年）

言论自由必须依法实现

　　言论自由是公民的基本权利之一。所谓言论自由，是指公民享有法律所赋予的通过言论的方式来发表自己的思想和见解的自由。如谈话、发言、演讲以及演剧、广播、电视、电影、绘画等等，凡是属于表现人们的思想和见解的各种形式，都属于言论自由的范畴。由于各种出版物（书籍、报纸、杂志等）是发表言论的最广泛的形式，所以，言论自由也包括出版自由。

　　在"文化大革命"时期，林彪、江青反革命集团控制宣传舆论工具，一方面连篇累牍地发表许多讲话和文章，为搞乱全国，乱中夺权，进行反革命宣传煽动；另一方面把广大群众反对"四人帮"、悼念周总理的革命言论，诬陷为"发表反革命演说和反革命口号"。在这种情况下，凡是敢于谔谔直言的人，轻则被扣上各种帽子，重则被关押起来，造成许多冤狱。很多人钳口结舌，敢怒而不敢言，公民的言论自由被剥夺殆尽。这就无可辩驳地说明，公民的言论自由，必须有社会主义法制的保障才能实现。粉碎"四人帮"以后，我国公民的言论自由不仅再次由宪法加以确认，由有关法律加以具体规定，而且，国家还积极创造条件，切实保证公民行使这项自由权利。我们相信，随着我国社会主义现代化建设事业的顺利发展，我国人民的言论自由，必将得到进一步的充实和发展，也必将有更雄厚的物质保证和更健全的法制保障。

但是，社会上有一些人，由于不理解言论自由的真正涵义，误以为言论自由是不受任何约束的，是一种"纯粹自由"或"绝对自由"。这种看法，是不对的。言论自由不是想说什么就说什么，爱说什么就说什么。孟德斯鸠曾说过："在一个有法律的社会里，自由仅仅是：一个人能够做他应该做的事情，而不被强迫去做他不应该做的事情。""自由是做法律所许可的一切事情的权利；如果一个公民能够做法律所禁止的事情，他就不再有自由了，因为其他的人也同样会有这个权利。"① 1789 年的法国《人权宣言》第 11 条也规定："自由传达思想是人类最宝贵的权利之一；因此，各个公民都有言论、著述和出版自由，但在法律所规定的情况下，应对滥用此项自由负担责任。"

现代资产阶级国家，通常都在宪法中规定公民享有言论自由。但是，这种自由并不是没有任何限制的。例如，意大利宪法第 21 条规定："每人均有以口头、书面及他种传布思想之方法自由表达其思想之权利"。同时又规定："违反善良风俗之出版物、演出和其他各种表达形式，均予禁止。法律在防止和消除破坏行为方面，可规定适当的预防措施。"又如，德意志联邦共和国基本法第 5 条规定："人人有用口头、书面和绘画自由地表达和传播自己意见的权利。"同时又在第 18 条规定："如任何人滥用自由表达的权利，……此种滥用法定权利与自由、民主的基本法令相抵触，即丧失上述各种基本权利。"

我国是社会主义国家，公民在行使自己的言论自由时，也必

---

① 《论法的精神》上册，第 154 页。

须符合法律的规定，一切违法的言论，是不可能得到法律的保障的。例如，根据 1955 年 11 月 8 日全国人民代表大会常务委员会通过的《关于处理违法的图书杂志的决定》，凡有下列情形之一的图书杂志，都是违法的：（一）反对人民民主政权，违反政府现行政策和法律、法令的；（二）煽动对民族和种族的歧视和压迫，破坏国内各民族团结的；（三）妨碍邦交、反对世界和平，宣传帝国主义侵略战争的；（四）泄露国家机密的；（五）宣扬盗窃、淫秽、凶杀、纵火以及其他犯罪行为，危害人民身体健康，败坏社会公德，破坏公共秩序的；（六）其他违反宪法和法律、法令的。对于上述违法的图书杂志，各级主管机关可以按照它们的违法情节，分别作停止发行、停止出卖、停止出租或者没收等处理。在国家没有制定出新的有关法规之前，上述决定仍然有效，应该严格执行。至于触犯刑律的言论，则应依照《中华人民共和国刑法》的有关规定，追究刑事责任。例如，刑法规定，以反革命为目的，煽动群众抗拒、破坏国家法律、法令实施的，以反革命标语、传单或者其他方法宣传煽动推翻无产阶级专政的政权和社会主义制度的，都要判处刑罚。我国刑法还规定，凡捏造事实诬告陷害他人，公然侮辱他人或者捏造事实诽谤他人，情节严重的，都要给予刑事处分。这些规定，同言论自由的规定的精神是完全一致的。

有人可能会说，不给反革命言论自由，是可以理解的；但人民内部的言论自由，就不一定要依照法律来实现，不然，就是限制言论自由，甚至是取消言论自由。这种看法是不正确的。我国的法律是为保障人民的民主、自由权利，为维护国家和社会的公共利益服务的。法律按照工人阶级和广大人民的意志，按照人民的根本的和长远的利益，给我们指出了一条清楚而明确的轨道（即行为规则）。在我国，法律所许可和保障的言论自由，是非常广泛而真实的。任何一个关心国家前途和人民利益的人，都不会感到自己的言论自由受到了什么限制，更不会感到自己丧失了言论自由，因为他的言论是受到法律保障的。在我们的社会里，绝大多数人是懂得这个道理的。对于他们来说，依照法律来实现言论自由，是一种很自觉的事情。只有极少数人，把言论自由曲解为不顾国家和人民的利益的言所欲言、为所欲为的自由。这些人的所谓言论自由，超出了法律许可的范围。对于这种言论，我国的法律理所当然地要加以限制，不能听之任之，不然，绝大多数人的言论自由就要受到破坏。

发展社会主义民主，健全社会主义法制，这是党的十一届三中全会所确定的一项坚定不移的方针。在这个方针中，就包括让人民充分享受言论自由和从法律上切实保障言论自由的内容。我们一定要继续贯彻执行这一方针，在我国的社会主义民主进一步发展的基础上，使公民的言论自由权利得到相应的发展；在社会主义法制进一步健全的基础上，使公民的言论自由这项权利的实现得到更有效的保障。

（1981 年）

法　律　意　识

一　法律意识是人们对法律现实的反映

意识是高度完善、高度有组织的特殊物质——人脑的机能，是人的头脑对于客观现实的反映。对物质来说，意识是第二性的。正如马克思所说："不是人们的意识决定人们的存在，相反，是人们的社会存在决定人们的意识。"[①] 意识不仅是自然的产物，而且是社会的产物。自从阶级社会产生以来，人们都在一定的阶级地位中生活着和斗争着。因此，反映社会现象的各种意识形态，都有阶级性，即为一定的阶级利益服务。意识对物质的反映是能动的。意识使人能够从客观现实中引出概念、思想、计划等等来指导自己的行动，使行动具有目的性、方向性和预见性。因此，意识能反过来对物质发展过程起巨大的促进作用或阻碍作用。

人们的社会意识有各种各样的形式和内容，如政治意识、法

---

① 《马克思恩格斯选集》第 2 卷，第 82 页。

律意识、宗教意识、美学意识等等。法律意识是社会意识的一种，它是人们头脑对于法律现实的反映。人们对客观现实的认识可以分为感性认识阶段和理性认识阶段，与此相适应，人们的法律意识也可以大体上分为两个阶段：第一个阶段是人们的法律心理，第二个阶段是人们的法律思想。

法律心理是人们对法律现象不系统地、自发地形成的感觉、情绪、体验等等，是法律意识的低级阶段，它对法律现象的认识是比较表面的、直观的，还没有提到理论概括的高度。人们的法律心理对人们的行为起着重大的作用。例如，对贪污盗窃、行贿受贿或其他犯罪所引起的愤怒情绪，是巩固社会主义法制的积极的法律心理；产生贪污盗窃、行贿受贿或其他犯罪的贪财图利、满足私欲的情感，则是破坏社会主义法制的消极的法律心理。这些情感不是下意识地形成的，而是完全被意识到的、受理智支配的心理。

法律思想是在法律心理的基础上产生的，比法律心理处于更高的认识阶段。法律思想是人们的法律心理的系统化和理论化，其内容包括对法律的本质和作用的看法、对法律的要求和态度、对行为是否合法的评价，等等。法律思想是法律意识的高级阶段。在法律意识中处于主导地位，它对人们的行为起着指导作用。在一切社会中，占支配地位的法律思想，只能是统治阶级的法律思想。统治阶级的法律思想除了表现为法律观点和法律理论的形式之外，还体现在国家的法律制度之中，它直接维护社会的阶级关系和阶级统治。被统治阶级也在阶级斗争的发展过程中形成自己的法律思想，这种思想是为破坏反动的法律制度，夺取国家政权，建立自己的阶级统治和制定自己的法律制度服务的。在无产阶级走上阶级斗争的政治舞台的同时，无产阶级的法律思想也产生了，它起着动员劳动人民为争取自己的解放而斗争的重大作用。但是，只有在无产阶级夺取了国家政权，建立了自己的法律制度以后，无产阶级的法律思想才取得了统治地位。

法律意识是法律心理和法律思想的总和。作为社会意识的一种形式，法律意识与其他社会意识有许多共同点，这表现在：一、它们都是由社会存在所决定，并且随着社会存在的改变而改变。正如马克思所说："不是人们的意识决定人们的存在。相反，是人们的社会存在决定人们的意识。"① 二、它们都对社会存在起反作用。旧的腐朽的意识，对社会的进步起着阻碍作用。新的进步的意识，反映社会上先进的力量和利益，有助于同旧的腐朽的力量作斗争，有助于社会的前进。三、它们在发展过程中有历史的继承性。在历史上起过某些进步作用的阶级，在它们的上升时期，它们的某些社会意识（包括法律意识），也可能在一定程度上反映了社会发展的要求和人民群众的利益，因而具有一定的积极作用。社会意识的发展，总是批判地继承了人类文化的一切优秀成果，从而越来越丰富。四、社会意识都有相对的独立性，它们在某种程度上可以落后于社会的存在和发展，在某种社会存在消失以后，由它所产生的社会意识还会独立地存在一定的时间，甚至相当长的时间。

法律意识同其他社会意识有着密切的联系，而且相互地起着作用。但是，决不能把法律意识同其他社会意识混淆起来。特别需要指出的是，不能把法律意识同政治意识混同起来。政治意识是人们对政治现实的反映，特别是对国家政权机构的现实的反映。列宁曾经指出："马克思主义认为，只有当阶级斗争不仅属于政治范围，而且抓住政治中最本质的东西即国家政权机构时，才是充

---

① 《马克思恩格斯选集》第 2 卷，第 82 页。

分发展的、'全民族的'阶级斗争。"① 在政治斗争中，因而也在政治意识中。主要的问题是国家机构、国家政权问题，是阶级统治问题。统治阶级的政治意识在社会意识中起支配的和指导的作用，对法律意识的形成和发展有着直接的、决定性的影响。但是，政治意识并不就等于法律意识，因为两者内容是各不相同的。正如董必武同志所说："法律仍有它本身的范畴，不能说党把群众的政治意识提高了，就等于把群众的法律意识也提高了，所以那种把政治和法律完全混淆起来的看法也是不对的。"②

　　法律意识可以分为个人的法律意识和社会的法律意识两种。个人的法律意识与社会的法律意识有着紧密的联系。个人的法律意识是一定社会的产物，是在社会的法律意识的影响下形成的。同时，社会的法律意识也在许多方面依赖于个人的法律意识，从个人的法律意识中吸取那些典型的、有代表性的东西。个人的法律意识同社会的法律意识之间的关系，是个别与一般的关系，既不能把他们对立起来，也不能把它们等同起来。一般不能离开个别而存在，社会的法律意识的丰富和发展，也离不开个人的法律意识。另一方面，社会的法律意识居于领先的地位，它往往把基本的法律原则和原理，灌输到个人的法律意识之中。有的时候，个人的法律意识，甚至统治阶级代表人物的法律意识，也可能同该阶级或该社会的法律意识相矛盾，它可能超越于社会的法律意识，也可能落后于社会的法律意识。

　　在分裂为对抗阶级的阶级社会中，没有统一的法律意识，剥削阶级的法律意识与被剥削阶级的法律意识有根本的区别。占统治地位的剥削阶级的法律意识，与剥削阶级国家的法律之间存在

---

　①　《列宁全集》第 19 卷，第 107 页（本书所引均为第 1 版，下同）。

　②　董必武：《论社会主义民主和法制》，第 78 页。

着直接的联系。法律反映统治阶级的意志，并且保证捍卫它的利益。剥削阶级的法律意识一方面依赖于这种法律，以它为根本的出发点；另一方面，剥削阶级的法律意识又影响法律的发展，并保证根据剥削阶级的利益来适用法律。剥削阶级的法律意识接受和赞同剥削阶级的法律，因为它反映了这一阶级的意志，并保护这一阶级的利益。因此，剥削阶级法律得到剥削阶级法律意识的支持。当然，剥削阶级的个别集团由于自己的特殊利益，可能以不同的态度来对待某些法律。

被剥削阶级对剥削阶级国家的法律持根本否定的态度，因为这种法律保护的不是他们的利益，而是当权的剥削阶级的利益。被剥削阶级的这种法律意识，不是立即就能达到的。因为长期以来，他们的法律意识受到剥削阶级法律意识的种种影响，随着阶级斗争的发展，被剥削阶级理解到，剥削阶级的法律是为当权的剥削阶级的利益服务的，因而必须同这种法律作斗争，并争取建立自己的法律。

社会主义法律意识是一种完全新的类型的法律意识，它是工人阶级和广大人民群众的法律心理和法律思想的总和。社会主义法律意识与剥削阶级的法律意识在原则上有根本的区别。这主要表现在以下几个方面：

1. 社会主义法律意识是工人阶级和广大人民群众法律要求的体现，它是在工人阶级团结广大人民群众同剥削阶级的斗争中，在把马克思主义灌输到工人运动的过程中形成的。工人阶级和广大人民取得政权后，建立了自己的法律，社会主义法律意识也有了进一步的发展。

2. 社会主义法律意识有广泛的群众基础，它是在社会主义民主的基础之上发展起来的法律意识。社会主义民主的发展，直接影响到社会主义法律意识的发展，同时，社会主义法律意识的发展，又为社会主义民主的发展提出了方案和途径。

3．建立和健全社会主义法制是社会主义法律意识的主要思想，它要求有法可依，有法必依，执法必严，违法必究，不容许以任何借口逃避法律的规定，要求加强社会主义立法，健全社会主义法制，毫不松懈地监督对法律的遵守，坚决制止对社会主义法制的任何破坏。

4．社会主义法律意识的内容由社会主义的经济制度所决定。社会主义法律意识要求反对一切剥削、压迫现象和任何特权，主张在政治、经济和文化生活等各方面权利和义务平等。社会主义法律意识的发展，对保障和促进社会主义建设事业的顺利进行起着十分重要的作用。

5．社会主义法律意识有着深刻的道义基础，它是人类历史上第一次把人类进步的思想家所提出的各类进步的原则作为指导思想的法律意识，从而它也是提高人们精神文明、培养人们的守法精神、树立良好的社会风尚的法律意识。

在社会主义条件下，社会主义法律意识随着社会的经济结构和阶级结构的变化而发展和变化。当社会上还存在着剥削阶级的时候，社会主义法律意识不可能成为社会上统一的法律意识。社会主义改造的完成、社会主义经济的建立和巩固、尤其是剥削阶级的消灭，为在我国确立统一的社会主义法律意识创造了条件。但是，我们必须看到，人们的法律意识往往落后于社会存在，尤其在我国，封建的法律意识根深蒂固，很不容易清除，资产阶级的法律意识也在一些人的思想中有着一定的影响。因此，我们必须在马克思列宁主义、毛泽东思想的指导下，坚持不懈地同一切剥削阶级的法律意识作斗争，大力培养社会主义的法律意识，使社会主义法律意识在加强社会主义法制中发挥更大的作用。

二　法律意识与精神文明

社会主义法律意识是社会主义精神文明的重要组成部分，属于上层建筑中意识形态领域的范畴，它与社会主义精神文明的其他部分有着十分密切的联系。

在改造客观世界的同时，人们的主观世界也得到改造，社会的精神生产和精神生活得到发展，这方面的成果就是精神文明，它表现为教育、科学和文化知识的发达和人们思想、政治、道德水平的提高。精神文明不仅是人类改造主观世界的产物，同时也是人类社会进步的标志。在历史的长河中，只有那些对社会进步和发展有益的思想文化，才是人类精神产品的积极成果，才属于精神文明的范畴。社会主义的法律意识，同社会主义的政治思想、社会主义道德、工人阶级的世界观等一样，是在马克思列宁主义的科学共产主义思想指导下产生和发展起来的思想体系，反映了工人阶级和广大人民的法律方面的愿望和要求，代表着历史的发展方向，具有无限的生命力。因此，社会主义法律意识作为一个整体，是社会主义精神文明的重要组成部分，而不是超越于精神文明范畴之外的思想意识。与此不同的是，在剥削阶级法律意识中，只有那些对社会生产力和生产关系的发展起推动作用，能够促进社会历史发展的部分，才属于精神文明的范畴。剥削阶级的法律意识是以生产资料私有制为基础的，仅仅是少数人的阶级利益和愿望的反映。因而，无论剥削阶级的法律意识如何进步，总有相当大的一部分不属于人类的精神文明的范畴。

社会主义精神文明建设包括文化建设和思想建设两个方面的内容。文化方面的建设主要指教育、科学、文学艺术、新闻出版、广播电视、卫生体育、图书馆、文化馆、博物馆等各项文化事业的发展和人民群众知识水平的提高。它是提高人民群众思想觉悟和道德水准的客观条件，也是加强人们社会主义法律意识的重要前提。思想建设方面的主要内容，是马克思主义和工人阶级的世界观及科学理论，是共产主义的理想、信念、道德、情操和修养，是同社会主义公有制相适应的主人翁思想和集体主义思想，以及同社会主义政治制度相适应的权利和义务观念、组织纪律观念、为人民服务的献身精神和共产主义的劳动态度，等等。它同社会主义法律意识的形成和发展是互相促进和互相补充的。

社会主义法律意识与社会主义精神文明思想建设的其他组成部分有如下的共同特征：

第一，它们是在同剥削阶级进行斗争中产生和发展起来的。在工人阶级夺取政权以后居于统治地位。

第二，它们是建立在社会主义生产资料公有制基础之上的上层建筑，其内容是由社会主义的物质生活条件决定的。

第三，它们都具有一定的相对独立性，能够在一定程度上预见社会的发展趋势，成为社会实践的向导，可以超越或者落后于社会的发展，对历史上的优秀文化遗产能够批判地继承。

第四，它们对社会主义经济基础的发展和社会主义物质文明建设，有一定的反作用。

第五，在阶级社会中，它们都有鲜明的阶级性。

与此同时，社会主义法律意识又有它的特殊性，主要表现为：

第一，社会主义法律意识与社会主义精神文明思想建设的其他方面相比，其作用的范围不尽相同。例如，马克思主义的科学理论，不仅是社会主义物质文明建设的强大思想武器和社会主义意识形态领域的灵魂，同时也是社会主义法律心理和法律思想的理论基础。社会主义法律意识则主要是在社会主义国家的立法、司法、守法的活动中起着重要的作用。又如：社会主义道德提倡人们爱祖国、爱人民、爱劳动、爱科学、爱集体、文明礼貌、助人为乐、尊老爱幼、为人民服务，提倡先公后私、公而忘私等，以此培养人们的共产主义信念和情操，建设以共产主义思想为核心的社会主义精神文明。社会主义法律意识也要求人们努力做到这些。但是，社会主义法律意识更多的是用法制观念和法律理论来评价和要求人们的行为，强调人们应该做什么，不应该做什么，以及应该怎样做的最低起点。所以，社会主义法律意识所要求的范围就不如社会主义道德所要求的那样宽广，它所体现的程度也没有社会主义道德所体现的那样高深。社会主义法律意识要求人们树立权利和义务一致的观念，而社会主义道德则倡导人们对社会多尽义务、舍己为公。当然，它们也不是矛盾的。凡是社会主义法律意识要求禁止的行为，也必然是社会主义道德所谴责的行为；凡是社会主义法律意识要求鼓励的行为，也必然是社会主义道德所倡导的行为。

第二，社会主义法律意识与社会主义精神文明思想建设的其他方面相比，其存在只限于一定的历史时期。社会主义精神文明思想建设的其他组成部分在阶级社会中有十分鲜明的阶级性，但是，阶级的属性并不伴随它们于始终。在阶级、阶级斗争、国家和法律消亡之后，共产主义道德、马克思主义的科学理论、工人阶级的世界观等，仍将在共产主义社会中发挥巨大的作用，它们不会因为阶级、阶级斗争、国家和法律的消亡而消亡。社会主义法律意识是人类社会最高形式的法律意识，它是以社会主义条件下阶级、阶级斗争、国家和法律的存在为前提的，它仅仅是工人阶级和劳动人民为了实现向共产主义过渡，完成自己的历史使命而形成的具有历史性的思想意识。在社会主义历史阶段，工人阶级和广大人民群众必须运用法律在人民内部实行充分的民主，对阶级敌人实行专政，保障社会主义经济建设的进行，创造消灭阶级、消灭国家、解放全人类的物质和精神条件，最终建立共产主义社会。在这一阶段上，社会主义法律意识是与社会主义精神文明思想建设的其他方面同步发展的。当社会主义法律消亡之时，社会主义法律意识就失去它存在的条件和意义，而共产主义道德和共产主义思想等仍将在未来的共产主义社会继续指导人们的行为。

社会主义法律意识的发展，与社会主义精神文明的其他部分的发展，是相互作用和相互促进的。由于各种社会现象之间是密切联系而不可分割的，所以，任何一种社会理论、思想、观念和意识都不可能脱离一定的经济基础和上层建筑而孤立存在，它总是与社会意识形态领域的其他理论、思想、观念和意识在一定条件下相辅相成、彼此作用、相互影响、共同发展的。社会主义法律意识需要以马克思列宁主义的科学理论和共产主义思想为基础，以共产党的政策为指导，这样，社会主义法律意识才能真正体现工人阶级和人民群众的根本利益，反映社会主义社会中公民权利与义务一致的特征，从而推动社会主义国家及时地制定法律，推动各级司法机关公正地执行法律，推动人民群众自觉地遵守法律，无畏地同一切违法犯罪分子作斗争。例如，党的政策集中地反映了社会发展的客观规律，指导社会主义国家的政治和经济活动，为全体人民指明前进的道路和目标，因此，就决定了十一届三中全会关于健全社会主义民主和加强社会主义法制的政策成为社会主义法律意识中的主要思想。当前，随着经济体制的改革和国民经济的发展，有越来越多的经济关系和经济活动准则需要用法律形式固定下来，中共中央关于经济体制改革的决定指出："国家立法机关要加快经济立法，法院要加强经济案件的审判工作，检察院要加强对经济犯罪行为的检察工作，司法部门要积极为经济建设提供法律服务。"这就是当前形势下社会主义法律意识所应有的重要内容。又如，社会主义道德崇尚襟怀坦白、廉洁奉公，社会主义法律意识就要求司法人员秉公执法、刚直不阿、不徇私情、不贪私利。社会主义道德鞭挞损人利己、损公肥私的思想和行为，社会主义法律意识就要求国家制裁那些贪污盗窃、投机倒把、走私贩私、行贿受贿的严重经济犯罪分子。共产主义思想倡导爱国主义与国际主义相结合的精神，社会主义法律意识就要求维护国家主权、领土完整和安全，维护国家的统一和民族团结，制裁一切勾结外国、阴谋颠覆政府、分割国家、推翻人民民主专政政权的反革命罪犯；同时，保护因拥护正义事业而受到迫害的外国人，给予他们受庇护的权利。社会主义精神文明的其他方面以多种形式潜移默化地、积极地影响人们的法律心理，使之形成一种要求社会主义民主制度化、法律化，使这种制度和法律不因领导人的改变而改变，不因领导人的看法和注意力的改变而改变的观念，指导人们建立系统的具有中国特色的社会主义法律理论。

社会主义精神文明文化建设方面的发展，对社会主义法律意识的形成和发展起着积极的推动作用。一般说来，文化事业越发达，人们的知识水平越高，人们对现行的法律制度的理解也就越深刻，越容易形成系统的法律观念，建立完整的法律理论。反之，文化事业越落后，人们的知识水平越低，人们的法律意识也就越淡薄。因此，加强社会主义精神文明文化方面的建设，大力发展教育事业、新闻出版事业、广播电视事业和图书文化事业，开展法制宣传和法制教育，可以使人们的社会主义法律意识得到不断的提高和加强。

社会主义法律意识的发展对社会主义精神文明建设其他组成部分的发展起着积极的推动作用。人们的法律意识提高了，就能分清合法行为与非法行为的界限，在社会生活中自觉地遵守社会公德和国家的法律，同一切违法犯罪活动作斗争，维护社会主义法律秩序，这就是我国社会主义精神文明建设发展的重要标志。同时，工人阶级和广大人民为了使自己对社会主义精神文明建设的基本要求在法律上得到体现和保障，总是要使这些要求在社会主义法律意识中反映出来，并表现为法律动机的形成，即提出制定新的法律或修改、废除过时的法律的要求。社会主义法律意识的发展是一个不断完善的过程，人们对社会主义精神文明建设的认识同样是一个不断完善的过程。在这个认识过程中，工人阶级和广大人民总结了我国社会主义革命和建设的经验教训之后，深刻地认识到，建设社会主义不仅需要有高度的物质文明，而且需要有高度的精神文明。这个认识一旦转化为人们的法律心理和法律思想，很快就在国家的根本大法和其他有关法律中得到体现。我国宪法第24条规定："国家通过普及理想教育、道德教育、文化教育、纪律和法制教育，通过在城乡不同范围的群众中制定和执行各种守则、公约，加强社会主义精神文明建设。"这充分表明，社会主义法律意识在使社会主义精神文明建设的基本内容得到法律的肯定和保障中起到了积极的作用。

三　法律意识在加强社会主义
法制中的作用

在法律领域内，人们的一切活动，都是在一定的法律意识支配下进行的。社会主义法律意识在社会主义国家的立法、司法、守法的活动中，起着重大的作用。大力培养和提高全体人民的法律意识，是加强社会主义法制必要的心理条件和思想条件。

社会主义法律意识在加强社会主义法制中的重大作用，主要表现在以下几个方面：

（一）社会主义法律意识是促进社会主义立法工作的开展和完善的重要条件

社会主义法律意识是社会主义国家制定法律规范活动的直接渊源。工人阶级和广大人民群众为了使自己的意志在法律上得到反映，首先要使这些要求反映在社会主义法律意识中，然后提出颁布新法律或修改、废除过时的法律的要求。人民群众根据客观形势发展的需要，提出立法问题的建议，法律工作者在各种报刊和会议上对立法问题发表的观点，这些都是社会主义法律意识的各种表现。在立法过程中，只有走群众路线，倾听人民群众的意见，才能从实际出发，及时对法律进行制定、修改或废除。反之，如果无视人民群众的要求和意见，则会脱离实际，在客观形势迫切需要而又时机成熟的情况下，对一些法律迟迟不予制定和修改，或者只凭主观想象，闭门造车，生搬硬套，以致制定的法律不符合实际的需要。

立法机关成员的法律意识，对法律的制定具有特殊重要的作用。法律条文的增删、修改和最后通过，同立法机关的成员的法律意识有着最直接的关系。我国立法机关的成员是由人民选举并对人民负责的，他们在讨论法律草案和通过法律时，反映了人民的意志，表达了人民的法律意识，从而"使法律成为人民意志的自觉表现"。[①]

（二）社会主义法律意识是正确适用社会主义法律的必要因素

社会主义法律意识是国家机关工作人员，尤其是司法人员准确地理解法律，正确、合法、及时地适用法律规范，保证社会主义法律贯彻执行的必要因素之一。

①　《马克思恩格斯全集》第 1 卷，第 184 页。

在民事案件的审判工作中，社会主义法律意识对司法人员来说，意义十分重要。民事案件大多是关于财产关系和人身非财产关系方面的纠纷。这些案件十分复杂，双方当事人往往各执一端，而处理这些纠纷又应以调解为主，因此，司法人员是否具有高度的社会主义法律意识，是能否正确处理民事案件的必要因素。

在刑事案件的审判工作中，司法人员要正确地处理案件，也必须具有高度的社会主义法律意识。例如，刑事案件的证据，必须是与案件有必然联系的客观存在的事实。司法人员只有根据社会主义法律意识，按照法定程序，忠实于事实真相，全面地收集证据，实事求是地分析和研究证据，认定案件事实，才能作为定案的证据。反之，如果司法人员的头脑中有封建主义刑讯逼供和资产阶级自由心证理论的影响，那就不可能在审判工作中重证据，重调查研究，坚持以事实为根据，以法律为准绳的原则。

社会主义法律意识在法律规范的类推适用中，作用更为明显。由于社会生活的复杂性和多样性，法律的规定无论多么详尽，也不可能把社会生活中的一切现象都包括进去。在这种情况下，司法人员就要按照法律规定的原则，比照最相类似的法律条文进行类推。例如，我国刑法第79条规定："本法分则没有明文规定的犯罪，可以比照本法分则最相类似的条文定罪判刑，但是应该报请最高人民法院核准。"司法人员在适用类推时，只有具备社会主义法律意识，才能处理得当，裁判公正。

（三）社会主义法律意识是公民遵守法律的基本保证

要使法律能够得到完全的贯彻，成为每个公民在实际生活中必须遵循的行为规则，不能单靠国家的强制力量，重要的是要使守法成为人们自觉的行动。只有提高公民的社会主义法律意识，才能使他们从内心深处理解加强社会主义法制的必要性，懂得哪些行为是合法的，哪些行为是非法的，知道任何违法行为都要受到法律处分。社会主义法律意识使公民能明确地意识到自己根据国家的法律可以享受什么权利和应该履行什么义务，并提高公民的政治积极性，从而积极地参加国家的管理，对国家工作人员遵纪守法进行有效的监督、并同一切违法乱纪行为作坚决的斗争。

在实际生活中，有些人之所以违法犯罪，有的是明知故犯，他们并非不懂法律，但就是不把法律放在眼里，甘愿以身试法；有的人则虽然在口头上承认要守法，但并不懂为什么要守法；还有的人是因为无知而违法犯罪。由于我们的法制宣传教育工作在有些地区和部门做得很不够，一些人的社会主义法律意识比较淡薄。例如，有的人发生家庭纠纷或其他民事纠纷，本应妥善解决，但由于不懂法律，结果把事态闹大，走上违法犯罪的道路。有的在犯罪后，本应投案自首，争取宽大处理，但由于对法律的无知，犯罪后逃匿，最后导致从严处理。还有的人在其人身权利或民主权利受到非法侵犯后，本应通过正常途径据理力争，使问题得到合理的解决，或者按法律程序控告，使违法犯罪者受到应有的惩罚。但由于他们的社会主义法律意识不强，没有那样做，而是采用暴力手段进行报复，结果触犯了刑律，受到法律制裁。这就表明，加强培养社会主义法律意识，对于公民遵守法律是十分重要的。

四 法律意识的培养

社会主义法律意识包括法律心理和法律思想两个阶段。法律心理处于低级阶段，要使它上升到高级阶段，必须进行有目的地、有针对性地培养，决不能期待人们自发地形成完整的、有系统的社会主义法律意识。同时，个人的法律意识的强弱，一方面既受他自己的各种因素的影响，另一方面也直接受整个社会的法律意识水平的影响。因此，要提高个人的社会主义法律意识水平，首先就必须提高整个社会的法律意识的水平。如果整个社会的法律意识水平不高，一般说来，个人的法律意识水平也必然有限。

大力培养整个社会的社会主义法律意识，对于刚刚推翻剥削阶级统治而取得了政权的工人阶级和广大人民来说，是极其重要的任务。由于旧社会的法律，是掌握在剥削阶级手中的剥削和压迫工人阶级和广大人民的工具，因此，工人阶级和广大人民对旧社会的法律有着极端不信任和仇恨的心理。工人阶级和广大人民群众为了摆脱剥削和压迫，在推翻剥削阶级的统治的同时，必须摧毁旧的法律制度，破坏旧的法律秩序。但是，工人阶级和广大人民在取得政权以后，情况发生了根本的变化。为了建设社会主义，必须制定社会主义法律，坚决维护社会主义法律秩序。要做到这一点，并不是很容易的。一方面，被推翻的剥削阶级还会千方百计地破坏社会主义法律的实施；另一方面，人民的地位虽然发生了根本的变化，但是那种对法律不信任甚至仇恨的心理往往很难立刻就能改变，而且在革命过程中摧毁一切旧的法律秩序，在人民的心理上也有一定的副作用。正如董必武同志所指出："人民对旧的统治者的反动法律是仇视和不信任的，这种心理继续到革命胜利以后，那就是很不好的一种现象。"[1] "由于群众的革命运动是不依靠任何旧的法律的，并且在我们发动群众的时候，也只能讲明政策而不能以法律的严格规定来束缚群众的手足。因此也就产生了群众对他们自己创造的、表现自己意志的法律有时也不大尊重的副作用。"[2] "要想办法使人民从不信法、不守法变成为信

---

[1]　董必武：《论社会主义民主和法制》，第78页。

[2]　同上书，第80页。

法、守法"。① 这就是说，对于取得了政权的工人阶级和广大人民来说，自觉地认识到必须努力培养社会主义法律意识，具有特别重要的意义。

为了在人民群众中培养社会主义法律意识，必须采取一系列的措施，主要有以下几项：

（一）加强社会主义法制，为培养社会主义法律意识创造良好的社会环境

人的社会意识，是受社会环境所影响的。社会主义法律意识的发展，在很大程度上受社会主义法制的完善和发展程度的影响。如果社会的现实是无法可依、有法不依、执法不严、违法不究，这就必然会造成人们产生不重视法律的心理。有了健全的社会主义法制，在实际生活中真正做到有法可依、有法必依、执法必严、违法必究，才能在人们的意识中真正提高社会主义法律的威信，培养出人们遵守法律的自觉性。现实的教育是最生动实际的教育，培养社会主义的法律意识，需要有一个遵守法律的良好的社会环境。只有加强社会主义法制，才能扭转人们不重视法律的错误态度，使人们的社会主义法律意识逐步地提高起来。

（二）开展法制宣传是培养社会主义法律意识的重要措施

人们要守法，首先就要知法、懂法。如果人们不知法、不懂法，就谈不到守法。而如果人们不守法，做不到有法必依，那么，法再多再完善，也无异于一叠废纸。要做到人们知法、懂法、守法，就必须在人民群众中间反复地进行法制宣传教育。最近几年来，我们做了不少的法制宣传工作，人民群众的法律意识有了明

---

① 董必武：《论社会主义民主和法制》，第78页。

显的提高。但是，毋庸讳言，无论在干部还是在群众中，仍然还有相当一部分人对法律的了解很差。有的人主观上并没有违法的恶意，但由于不知法、不懂法，往往不自觉地违法，违了法自己也不知道，甚至受到法律处罚后还不知道为什么受罚。有鉴于此，必须在人民群众中广泛地深入地开展法制宣传教育，使人民群众不断增加法律知识，逐步增强社会主义法律意识，养成自觉守法的习惯，使已经制定的法律起到应有的作用。

法律宣传教育必须坚持不懈地、深入持久地、反复不断地进行。这决不是抓一阵子就可以放下，一劳就可以永逸的事。人们的法律知识正如其他科学文化知识一样，不是一朝一夕就可以学好的。人们的守法习惯也和其他生活习惯一样，需要在长期的生活中逐步养成。最近几年来，各报刊发表了大量的法制宣传文章，许多人民群众团体、企业事业单位都举办了各种类型的法制宣传教育讲座，学校也开始把法律常识作为学生的必修课，这对于普及法律知识，培养人民群众的社会主义法律知识，起了不小的作用。但是，法制宣传教育工作决不能到此止步，必须把法制宣传教育工作作为一项经常性的工作来抓，而不能当作一件临时性的任务来处理。同时，还要不断提高法制宣传教育工作的水平，不断由浅入深地发展，帮助人民群众更多地掌握法律知识，进一步提高社会主义法律意识。

（三）加强法律教育和法学研究是培养社会主义法律意识的重要途径

社会主义法律意识的发达与否，同法律教育是否发达有着密切的联系。如果法律教育不发达、不普及、法律意识决不可能发达。

无产阶级的革命导师一贯十分重视法律教育工作。十月革命胜利后不久，列宁在斯维尔德洛夫共产主义大学亲自讲授《苏俄国家法》的课程。这门课程分为两个部分，第一部分是《马克思主义关于国家和法的学说的一般理论问题》，第二部分是《苏维埃宪法原理》。列宁原定要讲几次课，后来因故只讲了两次。其中的第一次课，就是 1919 年 7 月 11 日所作的著名的《论国家》的讲演。在 1927 年毛泽东同志亲自主持的中央农民运动讲习所里，曾开设《法律常识》一课。1958 年，毛泽东同志提出要学点法学。

我国的法律教育规模本来很小，而且一度曾被完全取消，这就必然影响我国社会主义法律意识的正常发展。粉碎"四人帮"以后，法律教育开始恢复和发展。但是，我国法律教育的现状远远不能适应实际的需要。邓小平同志在 1980 年 1 月指出："现在我们能担任司法工作的干部，包括法官、律师、审判官、检察官、专业警察，起码缺一百万。可以当律师的、当法官的、学过法律、懂得法律，而且执法公正、品德合格的专业干部很少。"① 这里还没有把立法机关、各级行政机关和企业事业单位所需要的大量法律专业人才计算在内。因此，必须作极大的努力，通过各种途径，加强法律教育，培养法律专业人才。

开展法学研究，总结我国社会主义法制的实践经验，使之深入一步，提高到理论的水平，这对于培养社会主义法律意识是十分重要的。"文化大革命"十年混乱时期，我国的法学研究实际上被取消了。粉碎"四人帮"以后，法学研究开始恢复和发展。1977 年 8 月 8 日，邓小平同志在讲到科研工作时指出："文科也要有理论研究，用马克思主义观点研究经济、历史、政法、哲学、文学等等。"② 1979 年 3 月 30 日，邓小平同志又指出："政治学、

---

① 《邓小平文选》第 2 卷，第 263 页。

② 同上书，第 53 页。

法学、社会学以及世界政治的研究，我们过去多年忽视了，现在也需要赶快补课。"① 在党的领导和重视下，近几年来我国的法学研究取得了一定的成绩，在培养社会主义法律意识方面，起到了应有的作用。今后，还要进一步加强法学研究工作，这是培养社会主义法律意识的一项极为重要的措施。

（1988 年）

---

① 《邓小平文选》第 2 卷，第 180—181 页。

法律的适用

一　概述

法律在制定以后，必须付诸实施，才能使它的作用得到充分的发挥。如果法律在制定以后不认真予以实行，而是将它束之高阁，那么，它便会成为一纸空文，不能发挥任何作用，体现在法律中的统治阶级的利益和意志也就不可能得到保障。因此，法律的制定和颁布仅仅是事情的开始，重要的是使法律的规定在社会的实际生活中得到实现。毛泽东同志在谈到我国 1954 年第一部宪法草案时曾经说过："这个宪法草案是完全可以实行的，是必须实行的。……通过以后，全国人民每一个人都要实行，特别是国家机关工作人员要带头实行"。① 但是，在林彪、"四人帮"横行时期，他们肆意践踏社会主义宪法和法律，不仅使国家机关不能依法行使职权，而且使公民不能依法行使自己的权利和履行自己的义务。党的十一届三中全会指出："为了保障人民民主，必须加强

---

① 《毛泽东著作选读》（下册），第 710 页。

社会主义法制，使民主制度化、法律化，使这种制度和法律具有稳定性、连续性和极大的权威，做到有法可依、有法必依、执法必严、违法必究。"这就是说，不仅要制定法律，而且要使法律得到实施。十一届三中全会以来，邓小平同志一再强调指出："我们要学会使用和用好法律武器"，"严格实行社会主义法制"，"任何人都不许干扰法律的实施。"

所谓法律的实施，就是国家机关及其工作人员以及社会团体和广大公民在自己的实际活动中使法律规范得到实现。法律规范的实现有各种方法，概括起来，基本上有两种方法。一种方法是不经过某种法律关系而使法律规范得到实现。例如，人们不实现某种违法行为，这时虽未产生具体的法律关系，但法律规范已经得到了实现。同时，人们也可以以积极的行为来行使法律规范所规定的权利和履行法律上的义务，但不产生具有法律意义的后果。例如，公民依法行使宪法规定的自由和权利，参加了一次集会，发表了一些言论，等等，这些行为并不引起具体的法律关系的产生，然而却使法律规范得到了实现。另一种方法是经过某种法律关系而使法律规范得到实现。在不同的场合下，这种法律关系具有不同的性质。其中有些法律关系是双方当事人平等的法律关系，如签订合同、进行买卖等。也有一些法律关系是一方服从另一方的法律关系，如判处徒刑、决定罚款等。

由于法律规范具有不同的表现形式，因此，法律规范在社会生活中实现的方式也有所不同。

法律规范的第一种表现形式是禁止性规范，它禁止人们作出一定的行为，要求人们抑制一定的行为。例如，我国刑法规定什么行为是犯罪，并用刑罚的方法去禁止人们作出这样的行为，这些规范就属于禁止性规范。禁止性规范在社会生活中实现的方式是法律的遵守。

　　法律规范的第二种表现形式是义务性规范，它责成人们承担一定的积极作为。例如，我国宪法中关于公民基本义务的规定，婚姻法中关于夫妻之间、父母和子女之间的义务的规定，都属于义务性规范。义务性规范在社会生活中实现的方式是法律的执行。

　　法律规范的第三种表现形式是授权性规范，它授予人们可以作出某种行为或要求他人作出或不作出某种行为的能力。例如，我国宪法和法律中有关公民享有政治、经济和文化等各方面的权利的规定，都属于授权性规范。授权性规范在社会生活中实现的方式是法律的运用。

　　以上三种法律规范实现的方式的共同点在于，人们可以独立地、不通过专门的国家机关来实现法律规范。但是，法律规范的实现还有另外的方式，这就是需要经过专门的国家机关的一定的活动，才能使法律规范在社会生活中得到实现。例如，未经专门的国家机关的决定，公民不得自行取得国家勋章和荣誉称号，不得自行对罪犯采取刑罚手段，等等。只有专门的国家机关和被授权的公职人员，才能以国家的名义，按照法定的职权，将法律规范适用于具体的人或组织。

　　法律的适用是法律规范在社会生活中得到实施的一种重要的方式。从广义上说，法律的适用是国家权力机关、国家管理机关、国家司法机关及其公职人员实施法律规范的活动。从狭义上说，法律的适用专指司法机关及其他依法行使其管辖权的行政机关根据法律规范处理各种案件的活动。不论从广义上或是从狭义上来理解，法律的适用都是国家机关及其公职人员的活动，他们以国家的名义实施法律规范，因此，法律的适用具有强制性，它既不同于公民个人依照法律的规定行使权利和履行义务的活动，也不同于一般的国家机关和社会团体遵守法律、执行法律和运用法律的行为。例如，一般的国家机关认购国库券，这是法律的执行，而不是法律的适用。

诚然，无论是法律的适用，或是法律的执行和运用，都离不开法律的遵守，同时，遵守法律并不仅仅归结为消极地不实施违法行为，而是同积极地贯彻法律的各种要求联系在一起的。但是，从实施法律规范的主体和实施法律规范的方式来看，将它们区别开来是十分必要的。

法律的实施有各种方式，那么，在什么条件下，法律需要由专门的国家机关来适用呢？

第一，当公民、社会团体和一般的国家机关在行使法律所规定的权利和义务需要取得有专门权限的国家机关的支持的情况下，必须由有专门权限的国家机关来适用法律。例如，公民有选举权和被选举权，但是，如果没有选举委员会主持本级人民代表大会代表的选举和进行一系列的工作，如登记选民、确定选举日期和地点、确定选举结果等等，公民就实际上不可能行使选举权和被选举权。又如，公民有依照法律服兵役的义务，但是，如果没有有关的专门机关适用兵役法的各种规定，公民就实际上不可能履行服兵役的义务。

第二，当公民、社会团体和一般国家机关在相互关系中发生争议，不可能自己解决时，必须由有专门权限的国家机关来适用法律。例如，法院就负有解决民事纠纷的任务。

第三，当公民、社会团体和一般的国家机关在其活动中发生各种违法行为时，必须由有专门权限的国家机关适用法律，对违法行为进行制裁。例如，省、自治区、直辖市的国家权力机关如果制定了同宪法、法律和行政法规相抵触的地方性法规和决议，必须由全国人民代表大会常务委员会予以撤销。又如，逮捕人犯，必须经过人民检察院批准或者人民法院决定，由公安机关执行。

第四，当某些行为和事实特别重要，必须核实其真实性和合法性，以保护公共财产、保护公民的权利和合法利益时，必须由有专门权限的国家机关适用法律，予以证明。例如，公证处就是认证一般国家机关、团体和公民的法律行为的国家机关。

同实施法律的其他方式相比，法律的适用具有以下几个特点：

第一，法律的适用是由专门的国家机关及其公职人员以国家的名义实施法律，具有正式的、官方的性质，它不以被涉及的公民、社会团体或一般国家机关及其负责人的意志为转移，不受他们的干涉。法律的适用以国家的强制力为保证，所有的人都必须坚决服从。

第二，法律的适用是国家管理活动的一种形式，但它不是一般的管理，而是一种特殊的管理。一切管理活动都要经过三个重要阶段，即接收信息、采取措施、保证实施，与此相适应，法律的适用也要经过这三个主要阶段。但是，法律的适用还有不同于其他管理活动的地方。这主要是：适用法律的机关并不是简单地一接收到信息就采取措施，而是要以法律规范为根据来采取措施。

第三，法律的适用具有政治性。被授予专门权限的国家机关是代表人民利益进行活动的，法律适用的根本目的，在于维护社会主义法制，保护公民的合法权利和利益，保护社会主义财产，巩固社会主义制度，巩固人民民主专政。为了达到这个目的，必须广泛吸引人民群众参加国家机关的这一活动，如实行陪审制，采用调解的方法以解决纠纷等等。

第四，法律的适用具有创造性。法律规范不可能对社会生活中的一切事实不分巨细全部规定无遗。因此，适用法律的机关在活动中必须从具体情况出发，以法律规范为根据，充分发挥创造性，而不能机械地适用法律。

第五，法律的适用具有专业性。适用法律的工作是一件十分复杂细致的工作，不是任何人都能胜任的。由于法律的适用对于国家和人民的利益十分重要，因此，对适用法律的专门机关及公职人员必须提出严格的要求。只有具备丰富的专门知识，受过严格的训练，并具有高度责任心的人，才能适应这项工作的需要。

二　适用法律的基本原则

为了使法律得到正确的适用，在总结建国三十多年来司法实践的基础上，我国人民法院组织法、人民检察院组织法、刑事诉讼法、民事诉讼法和其他法律确定了一系列适用法律的基本原则。这些原则主要是人民法院和人民检察院适用法律的基本原则，但也可以作为国家行政机关适用法律的一般原则。

这是基本原则主要有：

(一) 司法独立

司法独立原则主要是指：1.只有人民法院才能依照法律规定行使审判权，只有人民检察院才能依照法律规定行使检察权，其他任何机关、团体和个人都无权行使审判权和检察权。2.任何行政机关、团体和个人都不能对法院和检察院的审判工作和检察工作进行非法干涉和施加非法影响。当然，如果司法机关的活动和所作出的决定确实有不合法的地方，任何机关、团体和个人都有权按照合法手续提出意见和批评，直至提出控告，这同进行非法干涉和施加非法影响，是完全不同的两回事。3.人民法院行使审判权，人民检察院行使检察权，只服从法律。当然，这并不是说，法院和检察院在自己的工作中，可以不听取来自各个方面的意见和建议；而是说，法院和检察院办理各种案件，必须严格执行

"以事实为根据，以法律为准绳"的原则。凡是有利于搞清案件的事实真相，有助于正确适用法律的意见和建议，都应该采纳。

(二) 民主原则

民主原则主要体现在以下几个方面：1. 公开审判。这是指在开庭审判前要公布案由和被告人姓名以及开庭的时间和地点，允许群众旁听，进行公开审理并公开宣布判决，新闻记者可以对审判情况公开报道。那些属于不宜公开审理的案件，其判决也应公开宣布。2. 被告人有权获得辩护。这是指被告人对自己是否实施了犯罪行为和事实与情节的真伪与轻重，以及对他适用法律是否恰当等等，有权为自己进行辩解。根据我国法律的规定，被告人除自己进行辩护外，有权委托律师为他辩护，可以由人民团体或者被告人所在单位推荐的或者经人民法院许可的公民为他辩护，可以由被告人的近亲属、监护人为他辩护。人民法院认为必要的时候，也可以指定辩护人为他辩护。3. 合议制。人民法院审判第一审案件，由审判员组成合议庭或者由审判员和人民陪审员组成合议庭进行；简单的民事案件、轻微的刑事案件和法律另有规定的案件，可以由审判员一人独任审判。人民法院审判上诉和抗诉的案件，由审判员组成合议庭进行。合议庭组成人员享有平等权利，按少数服从多数的原则决定问题。4. 回避制度。这是指与案件有某种利害关系的审判人员、检察人员、侦查人员，以及书记员、翻译人员和鉴定人，不能参与对本案的侦查、起诉和审判工作的一项制度。所谓有利害关系，主要是指：是本案的当事人或者是当事人的近亲属；本人或者他的近亲属和本案有利害关系；担任过本案的证人、鉴定人、辩护人或者附带民事诉讼当事人的代理人；与本案当事人有其他关系，可能影响案件的公正处理。5. 两审终审制。这是指一个案件要依法经过两级人民法院的审判才能终结的一种审判制度。这就是说，地方各级人民法院审判第一审案件所作出的判决和裁定，如果当事人不服，可以依法向上一级法院上诉；如果检察院不同意第一审判决，可以依法提出抗诉。上一级人民法院审理上诉和抗诉案件所作出的判决和裁定，是终审的判决和裁定，不能再行上诉或抗诉。最高人民法院是国家最高审判机关，凡是由它作出的判决和裁决，都是终审的判决和裁定，不得上诉或抗诉。

（三）公民在适用法律上一律平等

公民在适用法律上一律平等，其具体内容和含意，是指司法机关在审理案件的过程中，在适用法律的时候，对于一切公民，不分民族、种族、性别、职业、社会出身、宗教信仰、教育程度、财产状况、居住期限，一律按照平等的原则办事，即把法律的同一尺度，一视同仁地适用于一切公民身上。它一方面要求，所有公民的各项权利和利益，在遭到侵害的时候，一律平等地受到法律的保护；另一方面又要求，对所有公民的违法或犯罪行为，必须平等地追究法律责任，依法给予同等的制裁。

（四）以事实为根据，以法律为准绳

"以事实为根据"是实事求是、一切从实际出发的辩证唯物主义观点的体现。无论是刑事还是民事案件，与案件有关的客观事实，只有在被公安人员、检察人员和审判人员收集和认定以后，才具有法律意义，才能作为审判案件的证据。公安人员、检察人员和审判人员必须依据法定程序收集证据，不依法定程序收集的证据没有法律效力，不能作为判决或调解的证据。"以法律为准绳"就是严格地依法办事，做到"有法必依，执法必严，违法必究"。法律作为全国上下一体遵行的行为规则，不是针对某一具体

事实、具体案件制定的，而是针对普遍的、一般的情况制定的。社会现象千变万化，错综复杂，同一性质的案件在具体情节上也是千差万别，各自有各自的特征。要准确地适用法律，就既要尊重案件的客观事实，又要深刻地领会和贯彻法律的精神实质。

适用法律的总的原则，是以事实为根据，以法律为准绳。只有坚持这一总的原则，才能保证在法律的适用时符合社会主义法制的要求，符合国家和人民的利益。

三　适用法律的过程

法律的适用是一个不间断的过程。在适用法律时要以事实为根据，但是，社会生活中存在着各种各样的事实，适用法律时要根据的事实，并不是全部事实，而是有法律意义的事实。因此，在分析事实时，必须同时研究法律规范。另一方面，国家制定了大量的法律规范，适用法律时要以法律为准绳，这并不是要求从全部法律规范出发，而是要求选择最适当的法律规范来适用。所谓最适当的法律规范，就是与某一具体事实存在着根本联系的法律规范。因此，在分析法律规范时，必须精确地了解事实的真相。由此可见，法律的适用是一个越来越深入和越来越丰富的过程。在这个过程中，分析客观事实和选择法律规范是互相交叉和互相依存的，两者不能截然分开，更不能把它们对立起来。从根本上来说，它们是统一的，紧密地联系在一起的。但是，为了对法律的适用进行更细致的研究，有必要把法律的适用划分为若干个阶段，以便分别进行考察。

第一，分析事实。

无论适用什么法律规范，都必须查明事实真相。如果事实本身受到歪曲或者尚未查清，就贸然适用法律，那必然会犯错误。因此，必须反复调查研究，查对事实，收集各种证据，反对主观主义、唯心主义、提倡实事求是、尊重科学的工作作风。

查明事实真相以后，还必须研究这些事实是否具有法律意义，即研究这些事实是否应该以法律规范来调整。法律是调整人们行为的一种社会规范。但是，社会规范是多种多样的，不能仅仅归结为法律。除了法律以外，伦理道德、风俗习惯、社会团体的章程等等，也都对调整人们的行为起着重大的作用。它们之间存在着相互的联系，不能混为一谈。例如，如果查明，一个人确实犯了过错，但是这种过错是道德上的过错，而不是违反了法律，就是说，经过核实的事实并没有法律上的意义，那么，就不能适用法律规范。

第二，选择适当的法律规范。

在选择适当的法律规范时，需要对经过核实的事实进行法律上的评价，也就是研究这一事实具有什么法律意义。这一阶段可以分为三个步骤。首先，要确定应该由什么法律部门来调整，也就是确定某种事实在法律上的性质。例如，它具有刑事的性质、行政的性质、民事的性质，等等。其次，要确定由什么法律或其他法规来调整。最后，还要确定应该由什么具体的法律规范来调整。例如，破坏广播电台、电报、电话或其他通讯设备，危害公共安全的，是犯罪行为，应该适用刑法。但是，在这些犯罪行为中，有的造成了严重的后果，有的是一般的犯罪，还有的是过失犯罪，应该区别不同的情况，适用不同的法律规范。

第三，检查法律规范的正确性。

在适用法律规范时，应该使用正式出版的机关刊物上公布的文件，如《全国人民代表大会常务委员会公报》、《国务院公报》，等等。一般的书报刊物上刊登的法律文件可能有遗漏或错排之处，如果使用这些书报刊物，应该检查它的内容是否符合原本。有时，有些书报刊物因为法律文件发生错漏，后来又予以改正或重新刊登，在适用法律规范时必须注意。例如，由于新华社工作的疏忽，在1983年3月6日播发的《全国人民代表大会常务委员会关于县级以下人民代表大会代表直接选举的若干规定》中有重要的错漏，首都各报已于3月7日予以刊登。后来，新华社将这个文件重新播发，首都各报于1983年3月8日重新刊登。如果在适用法律规范时不注意这一点，就会发生错误。此外，还要检查该法律文件是否经过正式的修改和是否已经被废除。有时，书店中出售的或图书馆出借的法律文本已经过时，如果在适用法律规范时不注意这一点，也会发生错误。

第四，检查法律规范的合法性。

法律规范必须是有权颁布这类规范的机关在其职权范围内颁布的，才是合法的。在颁布时，必须遵守法定的程序，并采取合法的形式。同时，一切法律、行政法规和地方性法规都不得同宪法相抵触，下级机关的法律规范不得同上级机关的法律规范相抵触。

有时，某一问题由两种或两种以上的法律规范所调整，它们之间并不一致，甚至互相矛盾。这时，适用法律规范的原则应该是：一、如果这些规范是由级别不同的机关发布的，则应该适用其上级机关发布的规范。二、如果这些规范是由同一机关先后发布的，则应适用后来发布的规范。三、如果这些规范是由同一级别的不同的机关发布的，则应暂不适用，由它们的上级机关对这些法律规范进行审查并作出决定后再予适用。

第五，检查法律规范的效力范围。

法律规范的效力范围，包括法律规范在时间上、空间上和对人的效力。正确理解法律规范的效力范围，是适用法律的重要条件。

第六，对法律规范的含义作出确切的解释。

为了正确地适用法律，必须弄清法律规范的含义。为此，需要对它作出确切的解释。但是，法律适用时所作的解释并不包括一切法律解释。

第七，对适用法律作出最后的决定。

这个阶段是适用法律的决定性阶段，它具有以下几个特点：一、适用法律是应用形式逻辑三段论法的过程。三段论法是客观事物的最一般最普遍的关系在思维中的反映，适用法律必须正确地应用三段论法。实际上，引用法律规范就是三段论的大前提，事实就是三段论的小前提，最后的决定就是三段论的结论。二、适用法律又是一种创造性的活动的过程。法律本身固然包括了最合理的解决问题的各种方式，正确地适用法律就是最合理地解决问题。但是，法律不可能预见到每一种情况的一切特点，它通常为人们留下一定的余地，使人们可以从法律规定的一定的幅度内选择最合理的方法。因此，适用法律时要反对形式主义，反对官僚主义，必须以党的政策为指导，根据具体的时间、地点和各种具体的情况来适用法律。三、适用法律是专门的国家机关的活动，它在作出决定时必须严守一定的程序。例如，全国人民代表大会在选举中华人民共和国主席、副主席、决定国务院总理、副总理、国务委员、各部部长、各委员会主任、审计长、秘书长的人选时，必须依照宪法和全国人民代表大会组织法的各项规定进行。各级人民法院在审判刑事案件和民事案件时，必须依据刑事诉讼法和民事诉讼法的各项规定进行。

第八，制定适用法律的文件。

在适用法律时，必须形成正式的文件，这种文件是适用法律的文件，不同于规范性文件。首先，它是针对具体的对象的，是把一般的法律规范适用于具体的、个别的情况，因而它不能成为以后适用法律规范的根据。适用法律规范的专门机关在适用法律规范时，必须以规范性文件为根据，而不能以从前的适用法律规范的文件为根据。其次，它能产生法律后果，能成为法律事实，可以引起法律关系的产生、变更或消灭。有些适用法律规范的文件虽然不一定引起法律关系的产生，但它确定法律关系的存在，或证明某种事实的法律意义，因而也与法律关系有重要的联系。最后，凡是适用法律规范的文件，应该遵守一定的格式，其内容应当包括文件的名称、编号、颁发的单位、日期、地点以及决定的事项，等等。

第九，将适用法律的结果通知有关人员。

适用法律的结果涉及国家的、集体的和人民群众的权利和利益，必须及时将适用的结果通知有关的人员。例如，国家权力机关依照法律规定的权限任免国家机关工作人员，应当在有关的刊物或文件上公布。在刑事诉讼中，当庭宣告判决的，应当在五日以内将判决书送达当事人和提起公诉的人民检察院；定期宣告判决的，应当在宣告后立即将判决书送达当事人和提起公诉的人民检察院。

四　法律规范的适用范围

我国社会主义法律规范的适用范围包括三个方面的内容，即法律在空间上的效力范围、法律在时间上的效力范围以及法律对人的效力范围。

（一）我国的法律在空间上的效力范围

法律在空间上的效力范围，是指法律适用的地域范围。我国从国家主权和领土完整以及国家统一的原则出发，规定了法律在空间上的效力范围。在我国，制定法律规范的机关不相同，法律规范生效的地域范围也不相同。宪法和法律在我国全部领域内生效。国务院制定的行政法规及其所属各部、各委员会发布的规章，都在我国全部领域内生效，但不得与宪法、法律相抵触。这里所说的我国全部领域，包括我国的全部领土（即国境以内的陆地）、领海（即国境以内的水域和与其他国家之间的界水的一部分）、领空，此外还包括延伸意义上的领域，如驻外使馆以及我国航行或停泊于国境外的飞机或船舶。在我国，省、自治区、直辖市和较大的市制定的地方性法规以及民族自治地方制定的自治条例和单行条例，都是在它们管辖的范围内生效。

我国法律在空间上的效力范围，不仅依其制定的机关不同而不同，而且依其调整的领域不同而不同。

在刑法方面，我国刑法第3条规定："凡在中华人民共和国领域内犯罪的，除法律有特别规定的以外，都适用本法。"这里所说的特别规定，主要是指下面的情况：第一，对享有外交特权和豁免权的外国人的规定；第二，对少数民族地区的特别规定。由此可见，无论是中国人还是外国人，只要在中华人民共和国领域内犯罪，都适用我国刑法。我国刑法关于外国人在我国领域内犯罪适用我国刑法的规定，体现了我国的主权原则。中华人民共和国成立以后，取消了帝国主义侵略中国人民的"领事裁判权"，不允许外国人对中华人民共和国及中国公民进行任何犯罪活动，如有犯罪活动发生，必须依我国刑法予以惩处。在适用刑法的属地原则时，如果犯罪的行为地与结果地不在一个国家，在这种情况发生的时候，就产生了由行为地所在国还是由结果地所在国行使管辖权的问题。我国刑法从维护国家统一和国家主权原则出发，规定凡犯罪的行为或者结果有一项发生在中华人民共和国领域内的，就认为是在中华人民共和国领域内犯罪。这一规定具有重大的政治意义和现实意义。它表明，只要是我国刑法所列举的犯罪行为，无论是在我国开始而在他国完成，或者在他国开始而在我国完成，我国法院都可以行使管辖权。这对于打击和制裁针对我国进行的颠覆、破坏和间谍活动，是很有必要的。

在民法方面，我国公民和法人在中华人民共和国领域内所发生的民事关系，除法律特别规定的以外，都适用我国民事法律的规定。我国公民和法人在国外所发生的民事关系，依照中华人民共和国的法律和中华人民共和国签订的国际条约或者依照国际惯例，应当适用本国法的，也适用我国民事法律的规定。外国人、无国籍人和外国机构在中华人民共和国领域内所发生的民事关系，除中华人民共和国的法律和中华人民共和国所签订的国际条约另有规定的以外，适用我国民事法律的规定。这些规定维护了我国的主权，同时也是符合国际惯例的。

（二）我国的法律对人的效力范围

我国宪法规定，中华人民共和国公民在法律面前一律平等。同时，宪法还规定，中华人民共和国保护在中国境内的外国人的合法权利和利益，在中国境内的外国人必须遵守中华人民共和国的法律。

我国的刑法只适用于自然人，法人不负刑事责任。我国的刑法对人的效力范围有一系列的规定。这些规定大致分为以下三种情况：

第一，我国公民在我国领域内犯罪如何适用刑法的问题。我国刑法第3条规定："凡在中华人民共和国领域内犯罪的，除法律有特别规定的以外，都适用本法。"这就是说，我国的任何公民，不论其家庭出身、社会地位、文化程度、财产状况如何，只要在我国领域内犯了罪，都要受我国刑法处罚，我国的公民在适用法律上一律平等。

第二，我国公民在国外犯罪如何适用刑法的问题。我国的一小部分公民侨居国外，他们和国内的公民一样，受国家法律的保护。同时，侨居在国外的我国公民，除了要遵守所在国的法律以外，还有服从我国管辖、遵守我国法律的义务。因此，我国刑法规定，我国公民在我国领域外犯罪的，原则上也适用我国刑法。但是，由于各国法律规定不同，我国认为是犯罪的，外国不认为是犯罪的，或者我国不认为是犯罪的，外国却认为是犯罪，这都是可能发生的。因此，我国刑法对我国公民在国外犯罪追究其刑事责任的规定，是根据罪犯所犯罪的性质及其严重程度而定的。对犯有同国家安全或利益密切相关的罪行，如反革命罪、伪造国家货币罪、伪造有价证券罪、贪污罪、受贿罪、泄露国家机密罪、冒充国家工作人员招摇撞骗罪、伪造公文、证件、印章罪等8种罪，适用我国刑法追究其刑事责任。对于犯有其他罪者，仅追究其行为和后果较为严重的，即根据我国刑法，所犯的罪应处最低刑为3年以上有期徒刑的人的刑事责任。

我国公民在国外犯罪，依属人原则（即按国籍所属确定适用刑法的原则）应由我国法院追究其刑事责任，但依属地原则又应由其所在国法院追究其刑事责任，在这种情况发生的时候，应当以既维护我国的主权又尊重他国的主权为原则，根据两国间的条约、协定及实际情况予以妥善处理。从各国司法实践来看，通常都是适用属地原则，这是因为犯罪人一般都在犯罪地被捕，适用属地原则对收集证据和审判罪犯都比较方便。如果适用属人原则，罪犯所属国必须通过引渡犯罪分子回国，然后进行审判，这在收集证据等方面存在很多困难。在我国司法实践中，对于某些具体案件，曾经有过通过与外国交涉、协商，将犯罪分子引渡回国处理的情况。但是，在更多的情况下，则是由于事先没有与其他国家签订这类条约或协定，我国司法机关对在我国领域外犯罪的我国公民按我国刑法判决以后，法律文书不能送达，判决无法执行。为了提高我国法律的严肃性和权威性，对我国公民在国外犯罪的刑事管辖问题必须认真地进行研究。

第三，外国人在我国领域内或在我国领域外对我国家或公民犯罪如何适用刑法的问题。对于在我国领域内犯罪的外国人适用我国法律，我国刑法已作了明确的规定。凡是享有外交特权或豁免权的外国人的刑事责任问题，通过外交途径解决。这是根据国家之间的互相平等原则和国际惯例而规定的，它同基于不平等条约产生的"领事裁判权"有着根本的区别。同时还需指出，享有外交特权的外国人，我国法律不是对其已构成犯罪的行为不认为是犯罪，或者一概都免除其刑事责任，而只是规定其犯罪行为的刑事责任问题通过外交途径解决，由其所在国处理。对于不享有外交特权或豁免权的外国人的犯罪问题，应由我国法院依据我国刑法对其追究刑事责任。

我国刑法还规定："外国人在中华人民共和国领域外对中华人民共和国国家或者公民犯罪，而按本法规定的最低刑为三年以上有期徒刑的，可以适用本法；但是按照犯罪地的法律不受处罚的除外。"刑法的这一规定在执行中有许多复杂的问题。本着尊重他国主权的原则，我们不能到他国去逮捕和拘禁人犯或行使审判权，但是我国刑法中有了这一规定，对于保护我国在外工作人员、留学生、侨民的合法利益，仍然具有实际意义。我国刑法还规定，凡在我国领域外犯罪，依照本法应负刑事责任的外国人，虽然经过外国审判，仍然可以依照本法处理；但是在外国已经受过刑罚的，可以免除或者减轻处罚。这既维护了我国的主权，又尊重了国际上的惯例。

　　我国的民法不仅适用于自然人，而且适用于法人。在我国，法人是指具有一定的组织机构和独立的财产，能够以自己的名义进行民事活动，享受民事权利和承担民事义务，依照法定程序成立的组织。

　　在适用法律时，如果把一项对于某些人适用的法律适用于另外一些人，就不能使法律达到原定的调整某种社会关系的目的，而且会发生各种错误。因此，认真审查法律规范对人的效力范围，对于保证法律规范的正确适用是非常重要的。

（三）我国的法律在时间上的效力范围

　　法律在时间上的效力范围是指法律的生效和效力终止的时间，以及法律对它公布以前的行为是否有追溯既往的效力的问题。

　　法律规范的生效时间有下列三种情况：第一，法律条文明确规定该法律生效的日期。例如，《中华人民共和国国籍法》第18条规定："本法自公布之日起施行。"第二，法律的公布是法律施行的前提，为了作好法律施行的准备工作，有的法律在公布以后并不立即施行，而是另行规定施行日期，例如，1979年7月第五届全国人大第二次会议上通过的7个重要法律，除《中外合资经营企业法》自公布之日起施行外，其他6个法律均从1980年1月1日起施行。第三，有的法律要经过试行，如《中华人民共和国民事诉讼法（试行）》，《中华人民共和国食品卫生法（试行）》就是这样。按照立法愿意，试行并不是可执行可不执行，而是必须执行。立法机关所以要规定试行，目的在于在试行过程中，发现法律规定中存在的问题，然后由立法机关修改或补充后再正式公布施行。但是，我国公布的几个试行法律中并没有规定试行期限，这将使法律的权威性和稳定性受到影响和削弱。为了维护法律应有的严肃性，今后似宜在该项法律中明文规定试行的期限（如

1 年或 2 年),而不宜长期试行。

法律规范一经正式生效就应遵守执行,否则就会丧失其应有的权威,不能发生任何作用。但是,法律并不是一成不变的,因为社会生活是千变万化的,作为调整社会关系的法律必须适应已经发生变化的形势,以新法代替旧法,或对现行法作修改补充,这样,原来的法律或某些条文就会终止其效力。法律规范效力的终止一般是在下列三种情况下发生的:第一,法律本身规定有终止生效的日期,这个法律到时就失去法律效力。第二,新的法律公布以后,旧法就失去法律效力。例如,《中华人民共和国婚姻法》第 37 条第 2 款规定:"1950 年 5 月 1 日颁行的《中华人民共和国婚姻法》,自本法施行之日起废止。"《中华人民共和国标准化管理条例》第 40 条规定:"本条例自颁布之日起施行,原《工农业产品和工程建设技术标准管理办法》停止执行。"第三,颁布特别的决议、指示将旧法废除。

我国三十多年来所制定的法律,除了已明令废除、已有新的法律代替或与现行法律相抵触的以外,现在仍都继续有效。我国立法机关曾两次作出决议,明确规定法律的时间效力问题。第一次是 1954 年 9 月 26 日第一届全国人民代表大会第一次会议关于中华人民共和国现行法律、法令继续有效的决议,在这个决议中指出:"中华人民共和国宪法已由第一届全国人民代表大会第一次会议通过,颁布全国。所有自 1949 年 10 月 1 日中华人民共和国建立以来,由中央人民政府制定、批准的现行法律、法令、除开同宪法相抵触的以外,一律继续有效。"第二次是 1979 年 11 月 29 日第五届全国人民代表大会常务委员会第十二次会议通过的关于建国以来制定的法律、法令效力问题的决议,在这个决议中规定:"从 1949 年 10 月 1 日中华人民共和国建立以来,前中央人民政府制定、批准的法律、法令;从 1954 年 9 月 20 日第一届全国人民代表大会第一次会议制定中华人民共和国宪法以来，全国人民代表大会和全国人民代表大会常务委员会制定、批准的法律、法令，除了同第五届全国人民代表大会制定的宪法、法律和第五届全国人民代表大会常务委员会制定、批准的法令相抵触的以外，继续有效。"建国以来，国家制定了大量的法律、法令和其他法规，哪些法律、法令或哪些条文与现行法律相抵触，需要经过认真的整理、广泛的调查研究、细致的分析，才能搞清楚。为了加强社会主义法制，准确地适用法律，法规的整理工作是十分重要的。

法律的溯及既往力，是指一个新的法律制定颁布以后，对它生效以前的行为是否适用的问题。在一般情况下，法律没有溯及既往的效力，法律只适用于其生效后所发生的事项和行为，这对于保持社会关系的稳定和保护公民的权利与自由是必要的。但是，当人民的利益和当时形势需要法律追溯既往时，立法机关也可以在法律中作出有追溯力的规定。例如，在建国初期，我国所制定的一些单行刑事法规，就有溯及效力的规定。《惩治反革命条例》第18条规定："本条例施行以前的反革命罪犯，亦适用本法规定。"在《惩治贪污条例》正文中，虽然没有关于溯及效力的规定，但在条例草案说明中指出："这个条例，对于过去犯本条例之罪的，是要加以追究的。"这些规定，对于打击犯罪活动起了很大的作用。

建国三十多年来，我国政治、经济、文化各方面的情况有了很大的变化，所以我国刑法对中华人民共和国成立以后、刑法颁布以前的行为基本上采取不溯及既往的原则，但刑法对行为人处罚更轻时例外。当然，在特定的情况下，根据形势发展的需要，也可以对某些刑事案件采取溯及既往的原则。

总之，审查法律的效力范围是适用法律过程中的十分重要的阶段，深入理解关于法律的效力范围的各种问题，对于正确地适用法律，加强社会主义法制，保障社会主义现代化建设的顺利进行，有着十分重大的意义。

（1988 年）

法律的解释

一　概述

法律的解释就是阐明法律规范的含义和目的，帮助国家机关工作人员和全体公民确切地理解法律规范的内容，即体现在法律规范中的统治阶级的意志，从而保证法律规范在现实生活中得到准确的实施，以求收到立法者所预期的实际效果。

法律的解释之所以必要，是由于以下各方面的原因。首先，法律条文的规定总是比较原则的，反映社会生活中典型的、一般的特征和标志，具有深刻的立法意图。但是，在实施法律规范的过程中，遇到的却是一些具体的事实和关系，它们所具有的特点往往不是丝毫不差地与法律的规定相符合。为了使法律规范的本意与实际情况相结合，就必须进行法律的解释。其次，在我国，作为国家领导核心的共产党的政策是法律的灵魂，对法律的实施有指导作用。法律比较稳定，不能朝令夕改，为了适应时势变迁的需要，为了发挥党的政策对法律的实施的指导作用，就必须依据党的政策进行法律的解释。再次，任何法律都不是孤立地存在的，而是相互之间有着密切的联系，或者是实体法与程序法之间的关系，或者是一般法与特殊法之间的关系，等等。由于彼此牵涉，互相关联，有时就不免发生冲突或重叠情况，在这种情况发生时，必须借助解释予以解决。最后，我国地域辽阔，民族众多，各地区各民族的政治、经济和文化状况各不相同，因而对法律的专用词汇、术语、法律条文本身的含义的理解往往不尽一致，如果不进行必要的解释，就会影响法的统一实施。

第五届全国人民代表大会第二次会议通过几个法律以后，各地和各部门不断提出一些法律问题要求解释。同时，在适用法律的过程之中，由于对某些法律条文理解不一致或者不准确，也影响了法律的正确实施，发生过一些该捕而不捕、该判而不判或者重罪轻判的现象。例如，有的把刑法第 132 条规定的"故意杀人罪"解释为仅指有预谋的杀人，而把没有预谋的故意杀人，以"事先没有杀人意图"作为"理由"，不按故意杀人而按故意伤害致人死亡罪判处；有的把刑法第 139 条规定的"强奸罪"，解释为必须女方有反抗行为，而对于那些在罪犯威胁下被害妇女不敢反抗而被强奸的，不按强奸罪判处；有的把刑法第 153 条盗窃犯"抗拒逮捕"应按抢劫罪判处，解释为仅指抗拒司法人员依法逮捕的，而对行凶、抗拒群众捉拿的犯罪分子不按抢劫罪判处。还有一些类似的情况。这些情况说明，加强法律解释工作，对于正确实施法律，健全社会主义法制，具有重要的作用。

建国以来，我国宪法和法律对法律解释问题有过多次规定。1949 年的中央人民政府组织法第 7 条规定，由中央人民政府委员会制定并解释国家的法律。1954 年宪法第 31 条规定，由全国人民代表大会常务委员会解释法律。1982 年宪法第 67 条规定，由全国人民代表大会常务委员会行使解释宪法和解释法律的职权。

全国人民代表大会常务委员会对国家机关解释法律的权限曾

先后两次作过决议。1955 年 6 月 23 日，第一届全国人民代表大会常务委员会第十七次会议通过了《关于解释法律问题的决议》，其中规定："一、凡关于法律、法令条文本身需要进一步明确界限或作补充规定的，由全国人民代表大会常务委员会分别进行解释或用法令加以规定。二、凡关于审判过程中如何应用法律、法令的问题，由最高人民法院审判委员会进行解释。"同年 7 月 16 日，彭真同志在第一届全国人民代表大会第二次会议上作《常务委员会工作报告》时，谈到法律解释问题，也阐述了以上的内容。第五届全国人民代表大会常务委员会第十九次会议在 1955 年关于法律解释的规定的基础上，又增加了新的内容，于 1981 年 6 月 10 日通过了《关于加强法律解释工作的决议》，这些新增加的内容是：凡属于检察机关检察工作中具体应用法律、法令的问题，由最高人民检察院进行解释。最高人民法院和最高人民检察院的解释如果有原则性的分歧，报请全国人民代表大会常务委员会解释或决定；不属于审判和检察工作中的其他法律、法令如何具体应用的问题，由国务院及主管部门进行解释；凡属于地方性法规条文本身需要进一步明确界限或作补充规定的，由制定法规的省、自治区、直辖市人民代表大会常务委员会进行解释或作出规定。凡属于地方性法规如何具体应用的问题。由省、自治区、直辖市人民政府主管部门进行解释。

　　法律的解释如同它的制定和实施一样，有着鲜明的阶级性，在法律的解释中充分地表现了统治阶级的法律意识。资产阶级对他们的法律所进行的解释，是加强资产阶级统治的一种手段，正如列宁所说的："他们能把法律解释得使工人和一般农民永远逃不出法网。"① 社会主义法律解释是运用社会主义法律意识对法律所

---

① 《列宁选集》第 3 卷，第 660 页。

进行的解释，是贯彻广大人民意志的措施，它不仅不失立法的本意，而且可以保证广大人民的意志得到更充分的实现。

法律解释的形式是各种各样的，按照法律解释的效力，可以分为具有法律效力的解释和不具有法律效力的解释两种。按照法律解释时间的先后，可以分为事先解释和事后解释两种。按照法律解释的方法，可以分为文法解释、逻辑解释和历史解释三种。按照法律解释的结果，可以分为字面解释、扩大解释和限制解释三种。

二　法律解释的效力

在我国，法律解释的主体可以是国家机关、公职人员、社会团体和公民。但是，这些主体对法律解释具有不同的法律意义。根据解释的主体的不同和效力的不同，法律解释主要可以分为有法律效力的解释和不具有法律效力的解释两种。

具有法律效力的解释又称法定解释、有权解释、正式解释，这种解释只能由特定的国家机关作出。在我国，可以对法律进行具有法律效力的解释的国家机关是最高国家权力机关、最高国家司法机关、最高国家行政机关、省级地方国家权力机关和省级地方国家行政机关。这些解释可以分为立法解释、司法解释和行政解释三种。

1. 立法解释

立法解释是指享有立法权的国家机关对法律、法规所进行的解释，这种解释同它所解释的法律、法规本身一样，具有法律上的约束力。在我国，立法解释可以按解释机关的不同，分为以下两种：

第一种是最高国家权力机关对宪法和法律所进行的解释，这种解释在全国范围内有法律约束力。例如，1955 年 3 月 10 日，第一届全国人民代表大会常务委员会第八次会议曾就第一届地方各级人民代表大会任期问题和省、县、乡改变建制后本届人民代表大会名额问题作出决定，进行了解释。1956 年 5 月 8 日第一届全国人民代表大会常务委员会第三十九次会议通过的《关于被剥夺政治权利的人可否充当辩护人的决定》，也是立法解释。

第二种是省、自治区、直辖市一级的地方国家权力机关对地方性法规所进行的解释，这种解释不能违背国家的宪法、法律和行政法规，而且只在本行政区域内发生法律效力。

2．司法解释

司法解释的第一种形式是审判解释。审判解释就是最高人民法院对法律所作的解释。这种解释的目的在于，在阐明法律的含义的基础上，保证各级审判机关对法律作统一的适用。审判解释有两种情况：第一种情况是最高人民法院对在审判过程中如何具体应用法律问题所作的解释，这种指导性的解释，对下级法院具有普遍的约束力。例如，最高人民法院关于人民法院审判严重刑事犯罪案件中具体应用法律的若干问题的答复等等，这些文件或者对法律术语进行解释，或者对法律条文作补充性的说明，它们都对下级法院的审判活动有约束力。审判解释的第二种情况是将一般的法律适用于具体案件时所作的解释，这种解释只对该具体案件有效，没有普遍约束力。有人把这种解释称作判例解释。最高人民法院在处理具体案件时所作的解释，仅对这个具体案件有效。例如，沈阳市中级人民法院将关庆昌、黄素珍盗窃 800 两黄金案以贪污罪论处，并分别判处死刑和死缓，报辽宁省高级人民法院，辽宁省高级人民法院没有异议。最高人民法院复核此案时，认为沈阳市中级人民法院适用法律不当。人民法院决定，对 800 两黄金案不能适用惩治贪污条例，而应适用刑法，因为发案在

1960 年，但终止作案是在 1980 年，即在刑法施行之后。关虽然是国家工作人员，但作案时并不是利用职务之便，所以应定为盗窃罪，而不应定为贪污罪；黄虽然利用了职务之便，但她不是国家工作人员，所以也应以盗窃罪论处。最高人民法院针对这一案件所作的解释具有法律约束力，在将此案发回沈阳市中级人民法院更审后，这个解释就成为沈阳市中级人民法院改判的法律依据。

司法解释的第二种形式是检察解释。检察解释是指最高人民检察院在检察工作中就如何具体应用法律问题进行的解释。最高人民检察院对法律所作的解释对下级人民检察院具有普遍约束力。在过去的立法中没有这样的规定，为了加强社会主义法制，适应新的历史时期的需要，五届人大常委会第十九次会议作了补充规定，这是完全必要的。

我国在实践中，在适用法律的过程中对如何具体应用法律的问题，存在着最高人民法院、最高人民检察院、公安部和司法部共同进行解释的情况，这种解释既具有司法解释的性质，又具有行政解释的性质。例如，1981 年 4 月 27 日最高人民法院、最高人民检察院、公安部、司法部发布的《关于律师参加诉讼的几个具体规定的联合通知》，是就如何具体运用刑事诉讼法和律师暂行条例所作的解释。它对刑事诉讼法的解释具有司法解释的性质，对律师暂行条例的解释具有行政解释的性质。

3. 行政解释

国家行政机关在行使职权时对法律进行的解释叫做行政解释。行政解释分为两种形式：第一种形式是由国务院及主管部门对不属于审判和检察工作中的其他法律如何具体应用的问题所作的解释。这种解释又有两种情况：一种是国务院授权主管部门进行解释，例如，1979 年 6 月 30 日经国务院批准由国家经委颁发的《中华人民共和国优质产品奖励条例》第 13 条规定："本条例解释权，归国家经济委员会。"另一种是由国务院另行颁布实施细则，以解释法律。例如，1981 年 5 月 20 日公布的《中华人民共和国学位条例暂行实施办法》对 1980 年 2 月 12 日公布的《中华人民共和国学位条例》如何具体应用进行了解释。

行政解释的第二种形式是由省一级地方人民政府及其主管部门对地方性法规所进行的解释。这种解释不是任何地方主管部门都可以进行的，只有那些制定了地方性法规的省一级地方人民政府及其主管部门才能对它所制定的地方性法规的具体应用问题进行解释。这种解释只能在本地区所辖范围内发生约束力，而且不能同宪法、法律、行政法规的精神相抵触。

不具有法律效力的解释又称学理解释、非正式解释。这种解释可以由国家宣传机构、学术和文化教育机关、法律工作者等作出。

彭真同志在 1955 年 7 月 16 日第一届全国人民代表大会第二次会议上作的常务委员会工作报告中指出："关于要求解释法律、法令问题的来信中，属于学术性或常识性的问题，因为在法律上并无约束力，决定交由中国科学院进行解释，或者交由人民日报社商同有关部门进行解释。"王汉斌同志在 1981 年 6 月 10 日第五届全国人民代表大会常务委员会第十九次会议上作的关于三个有关法律的决议、决定（草案）的说明中指出："决议没有规定的一些有关法律的学术性和常识性的解释问题，可以由人民日报、新华社、中央人民广播电台等宣传机构进行解释，一些专家、学者和法律工作者也可以对法律进行宣传解释，但这些宣传解释在法律上没有约束力，不能作为执行法律的依据。"由此可以看出，国家宣传机构，学术和文化教育机关，法律工作者和从事法学研究、教学工作的人，都可以从理论上、学术上对法律进行没有法律约束力的解释。这种解释一般都是学理解释，它虽然在法律上没有约束力，但是对于国家机关正确地适用法律，有着重要的帮助和启发作用，对于法制建设有很大的参考价值，同时也是推动法学发展的重要因素。

学理解释有以下三种形式：

第一种是词汇解释，如《法学词典》（上海辞书出版社1979年版）、《辞海（政法法学分册）》（上海辞书出版社1978年版）、《中国大百科全书（法学卷）》（中国大百科全书出版社1984年版），都是对法律词汇进行的解释。《人民日报》、《中国法制报》等报刊通常在一个新的法律颁布的时候，配合法制宣传，对一些法律词汇进行解释。例如，1981年12月13日《中华人民共和国经济合同法》颁布以后，《人民日报》在12月17日对"法人"、"标的"等词汇进行了解释。《中华人民共和国民事诉讼法》颁布以后，《中国法制报》对"诉讼当事人"、"拘传"等词汇分3次进行了解释。

第二种是条文解释，即对某一法规的法律条文逐条进行解释。例如，《中华人民共和国刑法注释》（欧阳涛、张绳祖等著，北京出版社1980年版）、《中华人民共和国宪法注释》（王德祥、徐炳著，群众出版社1984年版）。条文解释不仅可以帮助国家机关工作人员和公民了解某一条文的具体含义，而且有助于对整个法规的含义的理解，从而促进法律的正确实施。

第三种是案例解释，即对案例所适用的法律的解释。例如，《继承案例选编》（北京大学法律系，1980年版），《婚姻案例汇编》（北京政法学院民法教研室，1980年版），通过具体案情的分析，解释所适用的法律的含义，对于提高国家机关工作人员和公民的法律知识水平，有着重大的作用。

三　法律解释的时间

法律解释可以按照解释时间的先后，分为事先解释和事后解释两种。

事先解释是指在法律实施之前预先进行解释，其目的在于预防法律实施过程中发生各种疑义。事先解释有两种方法，一种方法是在同一法律中对所用的词汇加以解释，以确定其含义。例如，《中华人民共和国刑事诉讼法》第 58 条规定："本法下列用语的含意是：（一）侦查是指公安机关、人民检察院在办理案件过程中，依照法律进行的专门调查工作和有关的强制性措施；……"又如，《中华人民共和国刑法》第 83 条规定："本法所说的国家工作人员是指一切国家机关、企业、事业单位和其他依照法律从事公务的人员。"另一种方法是在施行细则之类的法规中解释法律。例如，1981 年 12 月 13 日第五届全国人民代表大会第四次会议通过的《中华人民共和国外国企业所得税法》第 1 条第 1 款规定："在中华人民共和国境内，外国企业的生产、经营所得和其他所得，都按本法的规定缴纳所得税。"第 1 条第 2 款规定："本法所称外国企业，除第十一条另有规定者外，是指在中华人民共和国境内设立机构，独立经营或者同中国企业合作生产、合作经营的外国公司、企业和其他经济组织。"1982 年 2 月 17 日经国务院批准由财政部于 1982 年 2 月 21 日公布了《中华人民共和国外国企业所得税法施行细则》，对外国企业所得税法中的一些词汇以及具体实施办法作了解释。例如，施行细则第 2 条第 1 款规定："税法第一条所说的设立机构，是指外国企业在中国境内设有从事生产、经营的机构、场所或营业代理人。"第 4 条规定："税法第一条所说的生产、经营所得，是指外国企业从事工、矿、交通运输、农、林、牧、渔、饲养、商业、服务以及其他行业的生产、经营所得。"第9条规定："应纳税所得额的计算公式如下：……"

事后解释是指在法律实施过程中发生疑义时由有关机关加以解释。例如，全国人民代表大会常务委员会办公厅给最高人民法院的一个文件中有这样的内容："根据第五届全国人民代表大会常务委员会第十九次会议《关于死刑案件核准问题的决定》的精神，在1983年以前、被判死刑缓期执行的罪犯，在死缓执行期间，抗拒改造，情节恶劣，查证属实，应当执行死刑的，属于《决定》第一项所列举的罪犯，应由省、自治区、直辖市高级人民法院核准；属于反革命犯和贪污犯等，应由最高人民法院核准。"再如，《江苏省人大常委会关于少数案情复杂的刑事案件办案期限问题的决定》中规定：根据五届人大第二十次会议所通过的《关于刑事案件办案期限问题的决定》的精神，决定"1981年1月1日以后受理的刑事案件，一般应依照刑事诉讼法规定的办案期限办理；少数案情复杂的刑事案件，不能按照刑事诉讼法规定的关于侦查、起诉、一审、二审的期限办理的，在1981年至1983年内，可适当延长办案期限。"对法律条文在实施中出现疑义时作事后解释，能够体现立法的本意，达到立法者所预期的目的，因此是非常必要的。

四　法律解释的方法

法律解释的方法很多，主要有文法解释、逻辑解释和历史解释三种。

文法解释是在法律本身文字表达不很明确的情况下进行的，它主要是从语法结构和文字排列方面来阐明法律的内容。文法解释之所以必要，首先是因为我国幅员辽阔，各地的语言习惯有很大的差别。但是，立法机关在制定法律时，必须使用表达该法律的语言的通用规则和词汇的通用意义。因此，就有可能存在一些人对法律中所用的词汇在意思上不很明确的情况，必须对法律从文法上加以解释。其次，法律语言都比较概括，有时未能把某一词语的确切含义完全表达出来。因此，必须对法律进行文法解释，以便人们准确地理解法律和实施法律。

法律的逻辑解释是通过对它的内容的逻辑分析来确定它的含义。逻辑解释常常表现为对法律的相反解释。例如，刑法第15条规定："间歇性的精神病人在精神正常的时候犯罪，应当负刑事责任。"这条规定同时也就表明，间歇性的精神病人在精神不正常的时候犯罪，不负刑事责任。逻辑解释还表现为对法律的含义和概念所作的具体的解释，以阐明某一概念与法律的内在联系。例如，有些人认为"公民在法律面前一律平等"的原则抹煞了法律的阶级性。为了说明这个问题，必须对这一原则产生的历史背景、我国为什么把它作为司法原则、这一原则的现实意义何在等方面进行分析，只有这样，才能阐明这一原则的含义，保证这一原则的正确适用。

历史解释是研究某一法律制定时的历史条件，按立法机关对该项法律所作的草案报告和报刊上的讨论情况所作的解释。例如，全国人民代表大会常务委员会法制委员会副主任顾明在五届人大第三次会议上作的《关于〈中华人民共和国中外合资经营企业所得税法（草案）〉和〈中华人民共和国个人所得税法（草案）〉的说明》中指出："我国中外合资经营企业法公布施行以来，外商前来洽谈合资经营的日益增多，而我国还没有相应的税法，一些外国政府、驻华使馆、外国公司企业和民间团体，经常向我探询中外合资经营企业所得税法、个人所得税法何时公布，税率多少，对投资者给哪些优惠等等。国内有关部门、企业也感到无章可循，迫切要求尽快制定、公布，以利于工作开展。"历史解释的另一种情况是把某项法律或其中的某些条文与已经废止了的同类法律进行比较，以阐明法律的含义，消除人们的疑义、保证法律的实施。例如，全国人民代表大会常务委员会法制委员会副主任武新宇在五届人大第三次会议上作的《关于〈中华人民共和国婚姻法（修改草案）〉和〈中华人民共和国国籍法（草案）〉的说明》中指出："关于旁系血亲间禁止结婚问题。原婚姻法规定，'其他五代内的旁系血亲间禁止结婚的问题，从习惯'。许多地方、部门都提出，旁系血亲间结婚生的孩子，常有某些先天性缺陷，现在推行计划生育，孩子少了，更应讲究人口质量，要求在婚姻法中明确规定禁止近亲通婚。据此，草案改为'三代以内的旁系血亲'禁止结婚。"

五　法律解释的结果

法律解释的结果有三种，即字面解释、扩大解释和限制解释。

字面解释是指严格按照法律规范文字的字面所表达的意思进行解释。也就是说，这种解释对法律规范文字的字面所表达的意思既不予以扩大，也不予以缩小。字面解释是最常见的一种解释。

扩大解释是为了符合立法的原意而对法律所进行的解释，其含义比它在字面上表达的含义更广泛。例如，我国宪法规定，公民必须遵守宪法和法律。这里所说的法律，不仅指全国人民代表大会及其常务委员会制定的法律，而且还包括国务院制定的行政法规及国务院各部委制定的规章，省、自治区、直辖市和较大的市的地方国家权力机关制定的地方性法规，以及省、自治区、直辖市和较大的市的人民政府所制定的规章，民族自治地方的人民代表大会所制定的自治条例和单行条例等等。因此，公民遵守宪法和法律，就是要遵守国家的一切法规。显然，这一解释比其字面含义广泛得多。

限制解释是为了符合立法原意，把法律本身的含义解释得较它的字面所表达的意思更狭窄。例如，宪法规定公民有保卫祖国、抵抗侵略，依照法律服兵役和参加民兵组织的义务。但是，这一义务并不是所有的公民都必须承担的，只有那些符合服兵役和参加民兵组织的年龄、身体状况、政治表现等条件的人，才负有这样的义务。

实践表明，在实施法律的过程中，法律解释对于提高国家机关工作人员和广大公民的社会主义法律意识，帮助他们深刻地理解和掌握法律的本意，保证法律规范在社会生活中得到实现，有着积极的作用。法律的解释是国家机关正确地适用和执行法律不可缺少的环节，为了加强社会主义法制，今后有必要进一步加强法律解释的工作。

（1988 年）

法律的遵守

一 干部和党员必须做守法的模范

我国的宪法和法律，是工人阶级和广大人民意志的体现，

许多根本问题上，明确地规定了什么是合法的，或者是法定

须执行的，又规定了什么是非法的，必须禁止的。这些规定

都是以全国人民的根本利益为依据的。因此，我国的宪法和

律，得到广大人民群众的热烈拥护，绝大多数人是能够自觉地

法的。

在守法问题上，必须特别强调干部和党员要做守法的模范

这是因为，我们的国家机关工作人员，不论职位高低，都是人

的勤务员。国家机关工作人员的职责，就是依法办事，正确地

行国家政策，保卫人民民主专政，保障人民的民主权利不受侵犯

保证国家社会主义经济建设的顺利进行。国家机关工作人员必

站稳无产阶级的立场，具有高度的政治责任感，模范地遵守宪

和法律，才能搞好自己的工作。国家机关工作人员应该处处成

人民群众的表率，以身作则，带头守法，并且带动广大群众守

大家知道，身教重于言教，国家机关工作人员只有模范地遵守宪法和法律，才能名正言顺、理直气壮地对人民群众进行守法教育，对立守法的良好的社会风尚，保证宪法和法律的贯彻执行，同一切违法行为进行坚决的斗争。如果国家机关工作人员知法犯法，不把宪法和法律放在眼里，任意违反宪法和法律的规定，而又无人制止，听其逍遥法外，鱼肉人民，那么必然会造成无法无天、秩序混乱的局面。一些坏人就会利用这种局面，混水摸鱼，破坏生产，破坏治安。在这种情况下，国家和人民的利益都会受到很大的损害。

在我们的国家机关中，绝大多数干部，由于革命的优良传统和党的教育，都能奉公守法，发扬社会主义民主，紧密联系群众，倾听群众意见，关心群众疾苦，全心全意地为人民服务，积极工作，埋头苦干，因而受到广大人民群众的赞扬。但是，我们也要看到，某些国家机关工作人员的法制观念十分淡薄，甚至自命特殊，以为宪法和法律是管老百姓的，自己可以超越于法制之外，甚至高踞于法制之上。他们之中，有的人利用职权，营私舞弊，贪污盗窃，投机倒把，侵吞国家和人民的财产；有的人假公济私，破坏政策，大开后门，为自己的子女和亲友非法地提供各种方便，走后门参军、招工、上学等现象不断地出现；有的人把自己所在的单位、部门或地区当作自己的独立王国，实行封建家长制统治，自己一个人说了算，党纪国法和群众利益都不放在眼里，压制批评，打击报复，作威作福，称霸一方；有的人执法犯法，非法捕人，刑讯逼供，大搞法西斯的审讯方式，任意侵犯公民的人身权利；有的人采取卑鄙手段，敲诈勒索，收受贿赂，窃取赃款赃物；有的人腐化堕落，甚至凭借职权、奸污女当事人。凡此种种破坏社会主义法制的行为，都严重地挫伤了人民群众的社会主义积极性，败坏了社会的风气，损害了党和国家机关的威信，后果十分严重。

在国家机关工作人员中，产生以上各种破坏社会主义法制行为的原因，除了由于受林彪、"四人帮"的直接影响外，还因为这些人不能正确地理解自己在国家生活中的地位和责任，不能正确地对待群众。有的人自以为有地位，有权力，应该与群众有所不同，国家应该对他优待一些，犯了法也可以包涵一些，不能同普通人一样看待。应该指出，地位高低，权力大小，都不是个人的特权，而是人民给的权力。人民给的权力，是给人民办事的，而不是给自己谋私利的。利用人民给的权力谋私利，侵犯人民的利益，发生了违法犯罪行为的人，丝毫没有任何理由可以得到国家和人民的宽恕。我们的国家绝没有两种法律，一种适用于有地位有权力的人，另一种适用于普通干部和老百姓。在我们的国家里公民在法律面前一律平等，人人都要守法。我们国家只有一种法律，不问是不是国家机关工作人员，更不问有多高的地位和多大的权力，都应该毫无例外地守法。作为国家机关的干部，在法律面前，不仅没有任何理由可以特殊化，而且必须成为守法的模范。如果国家机关的干部本身就不守法，那么，他就很难要求人民群众守法，更不可能领导人民群众同违法现象作斗争。

应该怎样使干部成为守法的模范呢？

第一，必须反对某些干部头脑里的封建特权思想。

我国有几千年封建统治的历史，封建主义的观念形态和传统习惯在我国根深蒂固，十分顽固地存在于一些人的头脑中。那种认为当干部可以特殊的思想，实质上是骑在人民头上的封建地主和封建王侯思想的反映。封建社会的法，是公开的特权法。在中国的封建社会里，有所谓"礼不下庶人，刑不上大夫"的说法。封建社会的法律是为统治庶人（老百姓）而制定的，王公、贵族、官僚、地主在不同的程度上可以不受法律的约束。至于皇帝，更然更不受法律的限制，而且他讲的话就是法律，别人必须一律遵守。推翻了封建统治以后，这些旧的思想和传统不可能一下子就扫除干净。因此，教育干部克服特权思想，要他们严格地遵守法律，坚决地维护法律，就成了一个关键性的问题。我们一定要同干部队伍中的特权思想进行坚决的斗争，予以无情的揭露和批判，指出它的危害，挖掘它的根源。

第二，必须组织干部认真学习和执行法律。

董必武同志早在1957年就指出："现在不守法、不依法办事的是社会上一般公民多呢？还是国家机关干部多？我看是机关干部较多。国家机关工作的人如果不守法，问题就更加严重。"① 董必武同志所指出的现象，现在仍然存在。干部不守法，不依法办事的原因，有的是明知故犯，有的是由于法制观念淡薄，法律知识缺乏。为了防止干部队伍中发生违法行为，必须组织干部认真学习和执行法律，提高干部的法制观念，增加干部的法律知识。宪法规定，一切国家机关和国家工作人员必须依靠人民的支持，经常保持同人民的密切联系，倾听人民的意见和建议，接受人民的监督，努力为人民服务。还规定，公民对于任何国家机关和国家工作人员，有提出批评和建议的权利；对于任何国家机关和国家工作人员的违法失职行为，有向有关国家机关提出申诉、控告或者检举的权利，但是不得捏造或者歪曲事实进行诬告陷害。对于公民的申诉、控告或者检举，有关机关必须查清事实，负责处理，任何人不得压制和打击报复。刑法规定，国家工作人员犯渎职罪的，要依法惩处，有的要处5年以上10年以下有期徒刑，只有情节轻微的，才由主管部门予以行政处分。这些规定，对于保证国家机关干部严格遵守法律，全心全意地为人民服务，是十分

---

① 董必武：《论社会主义民主和法制》，第154页。

必要的。除了以上这些规定之外，国家所制定的其他各种法律、法规，都是国家机关干部必须认真执行和遵守的。各级干部应该认真学习法律，通晓法律知识。有人以为，只有政法干部才需要认真学法律，其他干部学不学法律是无所谓的。这种看法，是根本不对的。当然，政法干部必须努力学习法律，但法律是每一个干部都必须通晓的。各行各业的干部，都必须深入学习与本行业有关的法律，才能做好本职工作。同时，每一个干部，都必须认真学习宪法和其他重要的法律，如刑法、刑事诉讼法、婚姻法等等，并严格执行和遵守，成为守法的模范。

第三，凡是干部发生违法行为的，必须依法处理。

五届人大以来，各地大张旗鼓地严肃处理了一批破坏社会主义法制、危害国家和人民利益、侵犯公民权利的案件，依法制裁了一批发生各种违法犯罪行为的干部，有力地打击了干部队伍中的歪风邪气，发扬了正气，鼓舞了人民群众建设社会主义的积极性。但是，至今还有少数人，仍不改邪归正，在群众中造成了十分恶劣的影响，应当引起大家的高度重视。今后，凡是国家机关干部发生违法行为的，不管他职位多么高，资格多么老，功劳多么大，后台多么硬，都必须按照情节的轻重，追究法律责任。对于干部发生违法行为已经构成渎职罪或其他刑事犯罪的，要追究其刑事责任，并一追到底，该追到谁的头上，就要追到谁的头上。对他们的罪行，要依法处刑，该处什么刑，就处什么刑，决不允许特殊化。对于这类案件，还要依法进行公开审判，把案情公之于众。这样做，不仅有利于教育犯罪者本人，教育广大干部和群众，而且有利于维护法律的尊严，体现法律面前人人平等的精神。对于那些违法行为情节较轻，尚未构成刑事犯罪的人，要依法追究其行政责任或经济责任。假如听任干部队伍中的违法犯罪者逍遥法外，或者只予以批评教育，调动一下工作岗位就算了事，而不追究其法律责任，那就很难收效。当然，这并不是说，思想教育就没有必要了，而是说，单靠思想教育不够，还要采取适当的法律手段。而且，对发生违法犯罪的干部追究法律责任，不仅对他本人来说是很大的教育，同时，也是对别人的一种教育。

广大党员，不论在哪条战线上工作，都应该在守法中起模范作用。党的十二大通过的中国共产党章程，把自觉遵守国家的法律作为党员必须履行的义务。从中央到基层，一切党组织和党员的活动都不能同国家的宪法和法律相抵触。这就是说，一切党组织和党员都必须遵守宪法和法律，不能有任何例外。中国共产党不是自外于人民的特殊组织，而是人民的一部分。党章规定："党除了工人阶级和最广大人民群众的利益，没有自己的特殊的利益。"共产党员不是自外于人民的特殊分子，而是劳动人民普通的一员。党章规定："除了制度和政策规定范围内的个人利益和工作职权以外，所有共产党员都不得谋求任何私利和特权。"一切党组织，都必须同其他政党和社会团体一样，在宪法和法律的范围内活动。一切党员，都必须遵守宪法和法律，同任何公民一样，在法律面前一律平等，不得有超越宪法和法律的特权。我国的宪法和法律是人民的意志的反映，也体现了党的路线、方针、政策。党员守法，同党章所规定的"党员个人服从党的组织，少数服从多数，下级组织服从上级组织，全党各个组织和全体党员服从党的全国代表大会和中央委员会"是完全一致的。党员守法，就是同党中央在政治上保持一致的一个重要方面；党员违法，就是背离党中央的路线、方针、政策。

中国共产党是中国工人阶级的先锋队，是中国各族人民利益的忠实代表，是中国社会主义事业的领导核心，共产党员是工人阶级的有共产主义觉悟的先锋战士。因此，各级党组织和广大党员，应该带头遵守宪法和法律，自觉地起先锋模范作用。尤其是党员干部，作为党的事业的骨干，更应该模范地履行党员的各项义务，严格地遵守宪法和法律。实践表明，哪个地方的党员尤其是党员干部能够带头遵守宪法和法律，起先锋模范作用，那个地方的工作就搞得比较好，社会上的违法现象就比较少；相反，哪个地方的党员尤其是党员干部本身行为不正，违反宪法和法律的规定，甚至蜕化变质，堕落成为犯罪分子，那个地方的工作就搞不好，社会上的违法犯罪现象就比较严重。因此，教育和监督党员尤其是党员干部模范地遵守宪法和法律，是十分重要的。

有的党员以为，只要不做违反宪法和法律规定的事，就算已经模范地遵守了宪法和法律。这种看法，是片面的，也是不正确的。遵守宪法和法律，绝不能片面地从消极方面来理解。对于任何公民来说，光是不做违反宪法和法律规定的事，并不等于很好地遵守了宪法和法律。对于党员尤其是党员干部来说，这就更加不够了。模范地遵守宪法和法律，必须从积极的方面来理解。这就是说，首先，党员应该竭尽自己的力量，模范地为实施宪法和法律的一切规定而斗争。宪法不仅在序言中指出了今后国家的根本任务，规定了坚持中国共产党的领导、坚持马克思列宁主义毛泽东思想、坚持人民民主专政和坚持社会主义道路四项基本原则，而且在条文中对如何发展社会主义民主、建设社会主义的物质文明和精神文明、切实保障公民的基本权利、实行国家体制的改革等重大问题，都作出了一系列具体的规定。要完成这些任务，除了依靠党在各方面的正确措施之外，还必须依靠党员尤其是党员干部在一切工作和社会生活中的先锋模范作用。为此，党员必须根据宪法和法律的规定，积极地开展工作，努力使宪法和法律的规定得到全面的实施。做不到这一点，就不是一个完全合格的共产党员。其次，共产党员应该勇于同一切违反宪法和法律的现象作坚决的斗争。有的党员认为，同违反宪法和法律的现象进行斗争，是国家机关的事，是政法部门的事。这种看法，也是片面的、不正确的。要保证宪法和法律的实施，单靠国家机关、政法部门是不够的，必须人人动员起来，同一切违反宪法和法律的现象进行斗争。共产党员如果听任违反宪法和法律的现象发生，这不仅不符合共产主义道德的要求，丧失了一个共产党员应有的品质，而且也是同遵守宪法和法律的精神背道而驰的。

有的党员认为，党员违反了法律，只受党的纪律处分就够了，可以不受法律处分。这种看法，是非常有害的。党章要求党员遵守党的纪律，也要求党员遵守国家的法律，这两者是完全一致的。坚决维护党的纪律和国家的法律，是党的每个组织的重要责任。每个党员，都必须自觉地接受党的纪律和国家的法律的约束。党组织对违反党的纪律的党员，应当本着惩前毖后、治病救人的精神，按照错误的性质和情节的轻重，给以批评教育直至纪律处分。同时，违反政纪国法的党员，必须受到行政机关或司法机关依据政纪或法律的处理。严重触犯刑律的党员，必须开除党籍，并受法律制裁。只有这样，才能维护党的纪律的严肃性，才能使党组织有坚强的战斗力。党员违反了法律，也就同时违反了党的纪律，当然应当给予应有的纪律处分。但是，决不能以党的纪律处分代替政纪或法律的处理。否则，就是在实际上纵容和包庇那些违法犯罪分子。公民在法律面前一律平等，任何公民违反了法律，都不能超越于法律之外而不受到处理。对于违法犯罪的党员，必须既给予党的纪律处分，又由行政机关或司法机关依据政纪或法律进行处理。只有这样，才能维护社会主义法制应有的权威。

要使党员模范地遵守宪法和法律，就要在党员中尤其要在党的各级干部中广泛地、深入地进行宪法和法律的宣传教育，使广大党员和干部掌握宪法和法律的基本知识。目前，有些党员和干部的宪法和法律知识，还是比较贫乏的，甚至根本不懂宪法和法律的党员和干部，也是不乏其人的。这些人，当然不能做到严格地遵守宪法和法律，更说不上起应有的先锋模范作用。只有知法，才能自觉地守法。如果根本不知道宪法和法律的内容，就不可能自觉地依据宪法和法律办事，维护宪法和法律的尊严。因此，需要把宪法和法律教育作为党的宣传教育的一个重要内容。各级党委除了保证本单位的干部尤其是领导干部学好宪法和法律以外，还要加强在广大群众中进行宪法和法律的宣传教育，普及宪法和法律知识。一切党员和党的干部，都必须做守法的模范，同全国人民一起，为把我国建设成为高度文明、高度民主的社会主义国家而斗争。另外，对于遵守法纪，不徇私情，全心全意地为人民服务，在自己的岗位上作出成绩的好干部，应予表扬和奖励，这样就能调动一切积极因素，造成生动活泼的政治局面，促进社会主义建设事业的胜利进行。

二　人人必须守法

公民必须遵守宪法和法律，这是宪法规定的公民义务。为什么公民必须守法呢？

第一，我们的法律，是人民自己的法律，应该自觉地遵守。

我们的法律，同旧社会的法律有着根本不同的性质。在旧社会，法律对于工人来说，是"资产阶级给他们准备的鞭子"。当工人万不得已诉诸法律时，不管他多么有理，也往往败诉于资本家。因为在旧社会，法律是代表地主、资产阶级利益的，是剥削和压迫劳动人民的工具。人民起来反对它，以至在革命胜利和夺取政权以后废除它，这是完全正义的革命行动。但是，在社会主义社会里，情况发生了根本的变化。工人阶级和劳动人民成了国家的主人，国家的宪法和法律是由人民自己选出的代表所组成的最高国家权力机关制定的，它是工人阶级和广大人民的意志的集中表现，是完全符合工人阶级和广大人民的根本利益的。如果人民自己不遵守自己的法律，那就是自己反对自己，这只会有利于敌人，而不利于人民。

列宁早就指出，人民"极小的犯法行为，极小的破坏苏维埃秩序的行为，都是劳动者的敌人立刻可以利用的漏洞"。① 许许多多的事实一再告诉我们，国内外敌人从事破坏和捣乱的毒辣手段之一，就是利用人民群众中的违法行为，或造谣惑众，兴风作浪；或背后操纵，煽风点火；或直接插手，使破坏程度升级。总之，敌人千方百计地利用人民群众违法的机会，混水摸鱼，推波助澜，尽量扩大事态，以实现其阴谋。人民群众越守法，敌人就越孤立，越容易暴露，政法机关也就可以集中精力，稳、准、狠地打击敌人。

就人民群众说来，宪法和法律是人民群众应该自觉遵守的统一的行为准则。只要大家都严格守法，切实维护法律的尊严。宪法和法律所规定的公民的权利就可以得到保障，人民群众之间的纠纷就会大大减少，即使出现纠纷，也比较容易按照统一的法律标准，分清是非曲直，正确地予以解决。

第二，人人都要守法，才能充分发挥社会主义法制的作用。

社会主义法制对于巩固人民民主专政、促进和保障经济建设、提高人民群众的思想觉悟起着重大的作用。但是，任何法律条文，都不会因为它的颁布而自然而然地得到实现。法律在制定以后，必须由国家机关切实执行，人民群众严格遵守，才能使纸面上的规定变为现实的力量，充分发挥其应有的作用。反之，如果根本不重视法律，不遵守法律，就会使法律变为一纸空文，失去其存

---

① 《列宁全集》第 29 卷，第 510 页。

在的意义。

我国的宪法和法律规定了什么是合法的、必须做的，什么是非法的、不准做的。所有这些规定，都是以社会主义建设事业的要求为依据的。因此，这些规定是每一个公民的行动指针。为了充分发挥社会主义法制的巨大作用，为了克服我们在前进道路上所必然会遇到的困难和曲折，每一个公民都必须严格地守法，按照宪法和法律所规定的目标和道路，为社会主义建设事业贡献自己的力量。因此，人人遵守法律，是同全国人民，也是同每一个人的幸福生活紧密相联的一个根本问题。只有全国人民一条心，每一个人都切实做到遵守法律，才能建立起安定团结的良好秩序，才能统一行动，有力地排除各种干扰，胜利地进行社会主义建设。因此，遵守法律，既符合全国人民的共同利益，又符合每个人的切身利益，既是全国人民对每个人的要求，同时也应该是每个人对自己的要求。

讲清楚必须遵守法律的道理是很有必要的，但是，这还不够，还必须在实践中予以贯彻。

首先，遵守法律必须成为自觉的行动。

我国是社会主义国家，人民是国家的主人，我国的法律在制定以后，除了用国家的强制力来保证其实施以外，还必须提高人民群众的觉悟水平，做到自觉地遵守法律。

在社会主义制度下，人民群众成了国家的主人翁，个人利益同整体利益、暂时利益同长远利益在根本上是一致的。在个人利益同整体利益、暂时利益同长远利益发生矛盾的时候，个人利益应当服从整体利益，暂时利益应当服从长远利益。当然，我们不是主张不要个人利益和暂时利益，但是，如果一味追求个人利益和暂时利益，而置整体利益和长远利益于不顾，那么，势必损害整体利益和长远利益，从而也就谈不上个人利益和暂时利益。我国的法律规定了什么是必须保护的，什么是必须反对的，它正确地把个人利益同整体利益结合起来，把暂时利益同长远利益结合起来，同时也明确地规定了个人利益服从整体利益和暂时利益服从长远利益的界限。所以，遵守法律，既保护了整体利益和长远利益，也保护了个人利益和暂时利益。

有人以为，遵守法律是"限制了自由"。他们不知道，我国的法律是为保障广大人民群众的自由和权利、维护国家和社会的公共利益服务的。人人遵守法律，每一个人的自由和权利就有保障。有的人把自由误解或曲解为不管大家利益，只顾个人方便的为所欲为的"自由"。我国的法律对于这种"自由"，当然应该加以制止。如果听任这种人为所欲为，违法乱纪，妨害公共利益，那么，大多数人的自由和权利就失去了保障。一切破坏法律的行为，都是把个人利益置于整体利益之上、把暂时利益置于长远利益之上的个人主义思想的反映，这是与社会主义不相容的，是与社会发展的要求背道而驰的。

有人以为，在资产阶级国家里，自由是绝对的，不受法律限制的。这种看法同实际情况大相径庭。事实上，世界上根本没有任何不受限制的绝对自由，自由从来都是有条件的和受限制的。历史上一些著名的资产阶级思想家也并不主张绝对自由，而主张以法律制约自由。洛克说过："哪里没有法律，哪里就没有自由。这是因为自由意味着不受他人的束缚和强暴，而哪里没有法律，哪里就不能有这种自由。"① 孟德斯鸠也说："在一个有法律的社会里，自由仅仅是：一个人能够做他应该做的事情，而不被强迫去做他不应该做的事情。""自由是做法律所许可的一切事情的权利；如果一个公民能够做法律所禁止的事情，他就不再有自由了，因

---

① 洛克：《政府论》下篇，商务印书馆1964年版，第36页。

为其他的人也同样会有这个权利。"[①] 资产阶级思想家的这些观点和主张，在资产阶级国家的宪法和法律中都有反映。例如，1789年的法国《人权宣言》第11条规定："自由传达思想是人类最宝贵的权利之一；因此，各个公民都有言论、著述和出版的自由，但在法律所规定的情况下，应对滥用此项自由担负责任。"又如，瑞士宪法第56条规定："公民有结社的权利，但其目的及其行使的方法不得对于国家有违法或危害的事，各州得以法律规定必要的措施，以防止滥用此项权利。"可见，在资产阶级国家里，那种所谓不受任何限制的绝对自由是不存在的。

社会主义法律是维护人民利益的工具，是对绝大多数人的自由的保证，也有利于巩固和发展人民之间的互助合作关系，这是新社会的集体生产和集体生活所必需的。没有法律，社会就要大乱，自由也就得不到保证。社会主义的法律是达到自由所必需的，要获得充分自由，就必须遵守法律。凡是具有社会主义觉悟的人，都能正确地认识和处理个人利益同整体利益的关系、暂时利益同长远利益的关系，自觉地遵守法律。他们并不感到法律对自己是一种限制，而是出于内心地依照法律办事，并积极地维护国家的法律。

其次，遵守法律的精神必须贯彻到日常工作和生活中去。

自觉地遵守法律，当然首先是遵守宪法、法律和其他法规。同时，还必须把这种守法精神贯彻到日常工作和生活中去，做到自觉地遵守公共秩序，尊重社会主义的公共生活规则。

新中国建立后，已经形成了新的社会秩序和新的公共生活规则。我们的社会面貌，已不再是旧社会那种杂乱无章、乌烟瘴气的局面，而是气象一新，发生了根本的变化。我们正在建设的社

---

① 孟德斯鸠：《论法的精神》上册，商务印书馆1961年版，第154页。

会主义社会，不仅将是一个农业、工业、国防和科学技术现代化的社会，而且将是一个最有组织、最有秩序的社会。那种混乱不堪的无政府状态，是同社会主义根本不相容的。

在社会主义社会中所形成的公共秩序和公共生活规则，有的是写在法律上的，有的是写在工厂、学校、机关、团体的章程、规则或公约上的，有的虽然没有写成文字，但已经为大家所公认。这些都建立在社会主义原则的基础上，是进行社会主义建设所必不可缺的，其中有的虽然不属于法律的范围，不是用国家的强制而是靠社会的舆论和批评与自我批评的方法来保证其实现的，但是，它们是守法的基础。一个人如果任意破坏公共秩序，破坏公共生活规则，屡教不改，我行我素，发展下去，必然会发生各种违法行为，甚至走上犯罪的道路，这在实际生活中是屡见不鲜的。因此，遵守法律的精神必须贯彻到日常工作和生活中去，不断地锻炼自己的组织性和纪律性，把自己培养成为既是积极的社会主义建设者和捍卫者，又是自觉的守法者。

（1988 年）

应重视比较法的研究

比较法本来是一门老学科，在过去，大学法律系都开过比较宪法的课程。解放后，取消了这门课程。现在，比较法这个名词，对许多人来说是很生疏的。

为了开展对比较法的研究，必须弄清楚比较法的概念、比较法的产生和发展、比较法的现状，以及研究比较法的重要意义。

一　比较法的概念

目前世界各国的法学家，对比较法的概念还没有统一的看法。有些法学家认为，比较法不是一门科学，而是一种研究科学的方法。而有的法学家则认为，比较法是一门科学。还有的法学家认为，比较法既是一种方法，也是一门科学。虽然各国法学家对比较法的概念的看法并不一致，但是，大多数法学家认为，比较法是对各国的不同法系进行比较研究，也就是对两个以上的国家的法系同时进行研究。

比较方法是通过比较来认识事物的一种方法。在自然科学中，比较方法是经常采用的。在社会科学中，比较方法也是经常采用的。例如，在法学研究领域中，马克思主义经典作家运用了比较方法，他们的结论是以不同的国家制度和法律制度的对比和分析为基础的，恩格斯的《家庭、私有制和国家的起源》和列宁的《国家与革命》、《论国家》等著作在这方面为我们作出了光辉的榜样。

比较方法可以具体地分为两种。第一种方法是对同时期的两种或两种以上的对象进行比较，例如，对不同国家或不同地区的同一时期的犯罪现象进行比较；第二种方法是对不同时期的对象进行比较。这也就是历史比较方法。例如，对一个国家或几个国家的不同历史时期的犯罪现象进行比较。这两种方法都是在法学研究中经常采用的。

过去，国外有些法学家认为，比较法是资产阶级法学采用的一种方法。这种观点，在我国也曾流行过。长期以来，有人认为，唯物辩证法是惟一的科学方法，对其他的科学方法和这些方法之间的相互关系问题以及这些方法与唯物辩证法之间的关系问题都置之不顾。事实表明，否认比较方法在法学研究中的作用，是毫无道理的。现在，我国正在制定民法，对于其他国家制定民法的经验，需要进行比较研究。

当然，我们也不能夸大比较方法的作用。在法学研究中使用比较方法，并不能保证结论完全正确。如果不正确地使用比较方法，甚至可能得出反科学的结论。关键在于进行比较研究时，必须考虑到各个国家的社会经济条件的不同。例如，在英国，未成年人犯罪案件不是由普通的刑事法院来审理，而由专门的少年法院审理，少年犯不是关押在监狱，而是送到专门的改造所。在土耳其，由于家长制的影响根深蒂固，未成年人必须绝对服从家长，有些进行犯罪活动的家长往往利用儿童来实行犯罪。因此，土耳其的立法对未成年人犯罪案件的处理，比英国的立法严厉得多。

如果不考虑两国的社会经济条件不同，在进行比较研究时就会作出不正确的结论。

有些法学家认为，对于不同社会制度的国家和法律，比较研究的首要任务是发现其区别，对于相同的社会制度的国家和法律，比较研究的首要任务是发现其共同点。还有人认为，在研究资产阶级国家的法律制度时，必须把它同社会主义国家的法律制度对立起来。这种态度，未免失之偏颇。诚然，资产阶级国家的法律制度同社会主义国家的法律制度有本质上的区别，但是决不能说资产阶级国家的法律制度就毫无可借鉴的地方。事实上，社会主义国家可以把资产阶级法律形式的一部分保留下来，并且赋予这种形式以无产阶级的内容，甚至直接给资产阶级的名称加上无产阶级的含义。因此，进行比较研究时，既要发现两种法律制度的区别，也不能故意抹煞它们之间的某些共同的特点。如果不作实事求是的分析，而是采取贴标签的简单化做法，就会失去比较法的科学性。

二　比较法的产生和发展

自从有法律和法学的历史以来，就有人研究外国的法律，并对各个国家或各个地区的不同法律制度进行比较研究。比如早在公元前6世纪初，在古希腊，雅典执政官梭伦曾经研究过许多城邦的法律，并对雅典的法律进行了一系列的改革。亚里士多德在他的名著《政治学》中，在探讨社会和政治制度时，也曾经研究过希腊和其他城邦的许多法律。亚里士多德用比较方法来研究国家的政体，对后世的政治法律思想的发展有着巨大的影响。但比较法作为一门科学的发展，是近代的事情。有些西方学者认为孟德斯鸠（1689—1755年）最早把比较方法用于对国家和法律的研究，是比较法学的创始人。孟德斯鸠对许多国家的政体和法律进行了比较研究，并且试图从比较法学中找到法律发展的规律。但是，由于时代的条件和阶级的局限性，孟德斯鸠并未能真正做到对各国的法律进行科学的考察。

德国历史法学派的代表人物胡果（1764—1844 年）、萨维尼（1779—1861 年）、普赫塔（1789—1864 年）等人对法律进行了历史的比较研究。他们认为，法律是"国民精神"的表现，而这种"国民精神"正像语言一样，是在历史过程中逐渐形成的。他们认为，立法者只是把已经形成的法律记录下来而已，因此他们极力反对通过立法手续修改现行法律。同时，他们特别推崇习惯，把它放在法律之上，以此来保卫封建制度。因此，马克思指出："有个学派以昨天的卑鄙行为来为今天的卑鄙行为进行辩护，把农奴反抗鞭子——只要它是陈旧的、祖传的、历史性的鞭子——的每个呼声宣布为叛乱。"[①] 这种所谓历史比较研究，当然也谈不到什么科学性。

法学家自觉地和系统地把比较法学作为一种科学方法或一门法律科学，是 19 世纪中叶的事。法国、英国先后设立了比较立法讲座、比较立法学会。1900 年，在法国巴黎举行了第一次国际比较法学会议。

第二次世界大战以后，随着国际交往的日益频繁，比较法得到了国际的公认，有了广泛的发展。1949 年，在联合国科教文组织的支持下，建立了国际比较法委员会，其任务是"通过在全世界普及对外国法的研究，并在法律科学中采用比较方法的办法，来鼓励各国相互了解和传播文化"（该会章程第三十四条）。后来，该会改组为国际法律科学协会。1960 年，在法国巴黎建立了国际

① 《马克思恩格斯全集》第 1 卷，第 454 页。

比较法学会，促进比较法学的开展和对外国法的研究。此外，目前还有一些国际性的比较法团体，如国际劳动法和社会保险法学会、国际刑法学会、国际法学图书馆协会等等。现在，世界各国都很重视对比较法学的研究，许多国家成立了比较法协会、研究所。

三 开展比较法学研究的重要意义

在我国，法学研究工作本来就很薄弱，在林彪、"四人帮"横行的时候，法学受到很大的摧残，当时，连公、检、法都要砸烂，对比较法学的研究就更无从谈起了。现在，我国人民正在为在本世纪内把我国建设成为具有现代化的农业、工业、国防和科学技术的社会主义强国而奋斗。为了完成这样伟大的历史任务，必须发扬社会主义民主，健全社会主义法制。因此，法学研究面临着十分重大的任务。要加强法学研究工作，就必须重视对比较法学的研究。

研究比较法学有助于提高我国法学研究的理论水平。例如，在当前我国法学界正在开展的"法治"与"人治"问题的讨论中，许多同志对我国古代的孔丘、孟轲、荀况、韩非的学说与古希腊柏拉图、亚里士多德以及近代法国资产阶级法学家孟德斯鸠、卢梭等人的学说进行了历史比较研究，这对于我们分清先秦法家主张的法治、近代资产阶级法学家主张的法治的区别，认识发扬社会主义民主和健全社会主义法制的必要性，是有益的。

研究比较法学也有助于改善我国的立法工作。例如，1979年，我国公布了环境保护法，这是一项综合性的法律，以后，还要进一步制定大气保护法、水源保护法、噪声控制法，以及有关的实施细则、条例、环境质量标准和排放标准等等。在制定环境保护法规的过程中，我们应该吸收外国的有益经验。近二十年来，工业比较发达和法制比较健全的国家都有相当完备的环境保护法规，不少国家还签订了环境保护公约。由于环境保护是各国所面临的共同问题，在许多情况下具有超出国界的共同利益，加上人类社会同自然界的关系在很大程度上由自然发展的客观规律所决定，各国在环境保护方面有许多共同性。因此，在制定环境保护法规的过程中，加强对各国环境保护法规的比较研究，相互学习，彼此借鉴，是有广泛的余地的。

　　研究比较法学也是提高我国的法律教育水平所必需的。现在，我国只有北京大学、中国人民大学、安徽大学、吉林大学、湖北财经学院，以及北京、华东、西北、西南四所政法学院设有法律系。同世界上一些国家相比，规模很小，而且课程开设不全。当然，不同国家的法律教育有不同的阶级本质，资产阶级的法律教育是为资产阶级的统治服务的，无产阶级为了维护社会主义制度，保护和发展社会主义经济，也必须加强法律教育。现在，许多国家都在大学中对中国的法律进行研究和教学，难道我国可以对别国的法律不闻不问吗？一般说来，在大学法律课程中关于比较法学的教学工作，大体上可以分为三个方面。一是开设专门的外国宪法、外国民法、外国刑法等课程；二是在外国国家与法的历史、外国政治法律思想史等课程中对外国的法律制度和思想进行综合的比较研究；三是在其他课程如劳动法、经济法、婚姻法等主要是讲述中国法的课程中对外国法进行一些比较研究。除此之外，在国家与法的理论这一门课程中可设立比较法的专题。在条件具备的情况下，还可以设立国外法学研究动态的讲座。

　　研究比较法学有助于对外国情况的了解。由于同我国建立外交关系的国家日益增多，我国同外国的国际交往日益频繁，因此，对国际法和外国法的研究就十分必要。如果不懂得国际法和对方国家的法律制度，就不能很好地同外国人士打交道，这是不言而喻的。

要开展比较法学的研究，必须在思想上打破禁区。在林彪、"四人帮"横行时期，研究外国的法律是犯禁的。我们认为，资产阶级国家的法律，从总的方面来说，当然是资产阶级专政的工具，但是，这并不排除它也有某些维护正常社会秩序和生产秩序的东西。所以，对外国的立法和法学一概抹煞，这决不是正确的态度，法律是国家制定的并以国家的强制力保证执行的人们的行为规范的概括。这种行为规范，不仅包括人与人之间的相互关系，而且，也包括人与自然之间的相互关系。对生产的业务领导是与确立生产过程的技术操作规程、劳动保护规定和生产安全技术条例相联系的。在生产过程执行技术规范中，法律规范起很大的作用。在工业、农业、交通运输业、商业等方面的法律规范中，都包括许多技术规范，法律规范可以规定有关人员遵守和完成技术规范的义务，并规定不遵守技术规范的法律责任，技术规范则是法律义务的具体内容。我们国家在制定工业、农业、交通运输业、商业等方面的法律规范中，需要参考外国经济立法的地方，可能是不少的。当然，对于任何国家的立法，我们都不能盲目地模仿，不能照抄。随着社会主义现代化建设的发展，法律规范中规定技术规范的部分将越来越增加，因而，需要学习、借鉴外国立法和法学的情况将不断增多，这也可以说是一个必然的趋势。多年来，林彪、"四人帮"把向外国学习，一概扣上"洋奴哲学"、"爬行主义"、"崇洋媚外"等等大帽子。这就堵塞了我们的视听，使我们对外国的立法和法学知之甚少。今天，这已经成为我们加强立法和开展法学研究的一个很大的缺陷，我们必须迅速扭转这种状况，才能适应社会主义现代化建设的迫切需要。

为了开展比较法学研究，必须解决许多实际问题。例如，必须有一支从事比较法研究的队伍。现在我国法学研究人员奇缺、青黄不接，已经成为一个十分突出的问题。从事比较法研究，必须具备外语的知识，因此，大力提高法学研究人员的外语水平，是十分重要的。当前，除了应该使有真才实学的原有的法学研究人员尽快归队之外，还需要培养新的人才，包括招收研究生，有计划地派遣研究人员出国考察、进修和学习，邀请外国学者来我国讲学或进行学术交流。在条件具备的情况下，应当成立比较法研究会和比较法研究所。又如，需要逐步建立起一个法学资料中心，搜集外国法律文件和法学著作，并加强国内外学术情报交流，这也是开展比较法学研究的不可缺少的条件。

（1980 年）

国外的比较法教育

　　比较法是一种法学研究的方法。法学家采用比较方法研究法学，可以了解各国法律发展的共同规律以及每个国家的法律的特点。同时，比较法也是一门学科，它虽然不是任何一个国家的部门法，但有它自己的特殊的研究对象，即对不同国家的法律进行比较研究，也就是对两个以上的国家的法律同时进行研究。因此，比较法既是一种法学的研究方法，也是整个法学中的一门学科。

　　早在 1831 年，法国的法兰西学院设立了第一个比较立法讲座。1869 年，英国的牛津大学也开设了历史比较法学讲座。第二次世界大战以后，比较法教育有了迅速的发展。这是因为，比较法有助于提高法律教育的质量。一个国家的法律教育如果只局限于讲授本国的法律，就会使学生目光短浅，知识贫乏，不能胜任将来他所要担负的工作任务。因此，现代世界各国都很重视对学生的比较法教育。

　　1950 年，在伦敦召开的国际比较法委员会及国际法学家协会联席会议上，讨论了比较法与法律教育问题。有些法学家强调，比较法是法学基础教育的一环。1956 年，在西班牙巴塞罗那召开的国际法律科学协会会议上，对大学教育中比较法的任务，作出了如下的决议："国际法律科学协会第一次比较法会议提出如下建议：(1)希望所有国家在法学研究的各个阶段，把比较法学和比较法方法作为教育的内容（尽可能列为必修课程）。(2)在未设比较法单独讲座的大学，希望设置讲座。(3)对外国人尚未设国内法入门课程者，希望设置这类课程。"1969年，在加拿大渥太华召开的比较法国际学术会议上，也通过一项提案，要求今后把比较法教育作为一个实际的问题来看待。1971年，美国哥伦比亚大学举行"今后三十年比较法教育"学术讨论会，许多法学家就比较法的基础课程的意义，进行了讨论。1978年，在匈牙利召开的国际比较法学大会上，也讨论了在大学里讲授比较法课程的问题。

现将一些国家的比较法教育情况介绍如下：

在日本，第二次世界大战以后，随着大学制度的改革，许多国立、公立、私立大学的创办，以及原有各大学法律系的增设，日本法律教育的领域随之扩大，有关比较法的讲座及各种课程一一开设，其名称有比较法、外国法等等，英美法已经取代了德国法，在比较法教育中占主要地位，而且逐渐把重点转移到美国法。此外，还开设了苏联法及中国法等课程，后来又添设了比较法概论的课程。日本北海道大学教授五十岚清认为，日本向来主要以英美法、法国法、德国法作为比较法教育的内容，战后，又加授苏联法和中国法，这是势所必然的。今后，应该逐步讲授东南亚各国法律和伊斯兰法律，以及拉丁美洲各国法律和非洲各国法律。他还建议，把比较法概论列为必修课，并作为国家考试科目。

在美国，第二次世界大战以后，比较法教育有了显著的发展。较大的一些法学院常常有若干教师讲授比较法，他们当中许多人专门研究某些法系，例如欧洲或者社会主义国家的法系。在高年级学生或者研究生中，开设比较法导论课程或者较专门的研究课程。

在法国，自从 1955 年以来，所有各大学法律系都已开设比较法概论，作为四年级的一门课程。在这门课程中，除了阐述比较法的方法以外，还概要地阐述世界的主要法系，并探讨国际上法律统一化的状况。在四年级，还开设一些更专门的课程，例如，英国法、美国法、伊斯兰法、非洲和马达加斯加的现代公法和私法制度。此外，还讲授国际商法和欧洲共同体法。有些大学还开设外国法律术语课程。从法国其他大学或者从外国来的短期讲课的教授，也常常被邀请讲授专门的课程。

在西德，比较法学会于 1951 年对各大学的比较法教育进行了调查。调查的结果表明，教育的重点是一个或几个外国的法律制度。有五所大学开设比较法总论课程，每周讲授两次。有七所大学开设比较私法研究班。现在有一些大学（如柏林、法兰克福、海德堡、科隆和汉堡大学）已经建立了拥有比较法的重要资料的图书馆。各大学为了测验应试者的法律水平，有时也出比较法方面的考试题目。

在英国，自从参加共同市场以后，加强了比较法的教育。有些大学把比较法列为必修课，只有六所大学不开设比较法课程。在比较法课程中，一般把英国、法国和西德的法加以比较，更多的是同法国法进行比较。此外，有的大学还开设苏联法、印度法等课程。

在瑞士，所有的大学都开设外国法律制度概论，作为选修课。但在法语区域，比较法课程是必修的，共讲授四个学期，每周两小时。在第一学期，开设比较法和法国、德国、意大利法律制度的总论；在第二学期，开设英美法总论；到了第三、四学期，则开设更详细的法律制度（如合同、侵权行为或婚姻）的课程。

在意大利，大多数大学在三、四年级讲授比较法。有的大学还开设比较公法、比较宪法、比较劳动法、社会主义法、英美法、欧洲共同体法等课程，作为选修课。但在一些政治理论系，比较宪法是必修课。

在奥地利，三、四、五年级讲授国际私法、国际刑法、外国法和比较法。

在瑞典，比较法在法的理论课中讲授。

据统计，选修比较法课程的学生，在瑞士苏黎世大学为百分之十至二十，在意大利罗马大学和荷兰阿姆斯特丹大学为百分之十，在奥地利维也纳大学为百分之八。许多学者认为，学习比较法的障碍是语言不通，因此，必须重视在大学法律系开设外国语的课程，加强对学生的外语训练。汉堡大学法学教授茨威格特和康斯坦大学法学教授克茨认为，从事比较法研究的经验表明：如果不能够直接接触外国的法律、判决和学术论述，对于比较法的研究是极为不利的，而且每一位教师有朝一日必须掌握比较法，以便能够第一手地搜集自己需要的各种资料。

（1982 年）

第二部分

立法的概念

"立法"二字连用，早见于我国古籍。战国时的《商君书》记载："伏羲神农教而不诛，黄帝尧舜诛而不怒，及至文武，各当时而立法。"西汉司马迁所撰的《史记·律书》说："王者制事立法。"东汉班固所撰的《汉书·刑法志》说：圣人"制礼作教，立法设刑。"荀悦所作的《汉纪》序云："昔在上圣，唯建皇权，经天纬地，观象立法。"北周庾信所作的《羽调曲》说："树君所以牧人，立法所以静乱。"这些古籍中所说的"立法"，表明了如下的基本意思：（一）立法是统治阶级的一种有目的的活动，是一个过程，它不是从来就有的，而是出现了国家之后才有的。伏羲神农、黄帝尧舜都是传说中的中国原始社会的著名酋长，那时国家还没有出现，就既不可能，也没有必要立法。及至文武，中国早已有了奴隶制的国家，自然就有了立法。（二）立法权自始控制在统治阶级手中。"王者制事立法"，这里的王是国王，是国家的最高统治者，是奴隶主和地主阶级的总代表。所以，立法活动，绝不是一般的活动，而是最重要的一项国家活动。（三）立法的目的很明确，主要是为了"治民"、"静乱"，为了使被统治阶级俯首帖耳地服从统治阶级的统治与压迫，"犯上作乱"，历来都被列为"十恶不赦"大罪的首要内容，予以最严厉的惩罚。（四）立法的实现，立法所设之"刑"、"罚"的实施，以国家强制力为后盾。没有国家有系统的暴力，既不可能有真正的立法，也不可能使立法发挥应有的作用。

立法一词基本的意思是制定法律。随着时代的发展，社会的进步，国家性质的变革，它所包含的具体内容有了很大的发展变化。所以，我们现在所说的立法与古代所说的立法，用词虽然一样，基本意思仍然是制定法律，但其具体内容，特别是立法活动的性质已经完全不同。例如，从立法机关来说，在我国的奴隶社会和封建社会中，既没有固定的立法机关，也没有严格的立法程序，国王、皇帝就是最高的立法者。在奴隶社会，王的"誓"、"诰"、"命"等就是法律的主要表现形式；在封建社会，皇帝的"诏"、"敕"、"诰"、"谕旨"等具有最高的法律效力。成文法，如各朝代最常采用的"律"，都是皇帝命一些大臣起草，由皇帝最后裁可，既无一定的立法机关，也无一定的立法程序。这种状况一直持续到 1840 年鸦片战争以后。以康有为为首的资产阶级改良派，极力提倡君主立宪，主张设立议院，"约十万户而一人，不论仕与未仕，皆得充选"，但是议院不得损害"君上之权"。这就是实行君主拥有最高权力前提下的三权分立，"以国会立法，以法官司法，以政府行政，而人主总之。"1898 年，光绪推行以上述主张为主要内容的"维新"，但就是这样极不彻底的改良，也由于封建顽固势力的极力反对，不过百日，即告失败。

由于国内革命形势的变化，清政府于 1900 年以后采取立宪骗局。1908 年，清政府颁布《钦定宪法大纲》、《议院法要领》，确定以九年为预备立宪期限。《钦定宪法大纲》规定："君上神圣尊严，不可侵犯"；君上有"钦定颁行法律及发交议案之权"；"凡法律虽经议院议决而未奉诏令批准颁布者，不得见诸施行"；"在议院闭会时，遇有紧急之事，得发代法律之诏令"。《议院法要领》中规定："议院只有建议之权"，"所有决议事件，应恭候钦定后，政府方得奉行"。由此可见，所谓"预备立宪"，是为了巩固君权，议院并无立法权，而是完全听命于君主的咨询机关。

1911 年 11 月，在革命高潮时期，清政府被迫公布《宪法重大信条十九条》，它在形式上缩小了皇帝的权力，扩大了国会的权力。"皇帝之权，以宪法规定者为限"。"宪法由资政院起草议决，皇帝颁行之"。"不得以命令代法律，除紧急命令外，以执行法律及法律所委任者为限"。"国际条约，非经国会之议决，不得缔结"。"官制官规以法律定之"。但是，仍然规定："大清帝国之皇统万世不易"，"皇帝神圣不可侵犯"。这一骗局，根本不能阻挡历史发展的潮流。就在《宪法重大信条十九条》公布后两个月，民国宣告成立，孙中山就任临时大总统。不久，清帝退位，假立宪的骗局宣告破产。

1911 年辛亥革命胜利后，成立南京临时政府。根据《临时政府组织大纲》，由各省都督府选派三名参议员组成参议院，行使立法权。南京临时政府只存在了三个月的时间，但在孙中山的领导下，颁布了一系列符合人民利益的法令，这同清朝的专制统治形成了鲜明的对比。1912 年，孙中山颁布了《临时约法》，规定参议院为立法机关，由各地方选派的参议员组成。参议院有权议决一切法律案，临时大总统公布法律。临时大总统在提出法律案、公布法律及发布命令时，必须有国务总理及各总长（统称为国务员）的副署。孙中山在制定这部临时约法时，企图以此来保卫辛亥革命的成果，束缚袁世凯的手脚。但是，袁世凯上台后，急于窃国称帝，迫不及待地撕毁了《临时约法》。它虽然规定由议员组成立法院，行使立法权，但大总统有权召集立法院和解散立法院，否决立法院议决的法律案，并有权"发布与法律有同等效力之教令"。这就使作为大总统的袁世凯拥有像专制皇帝一样的权力。1916年，袁世凯宣布实行帝制，但83天后，帝制即寿终正寝。

袁世凯垮台后，北洋军阀互相争夺权力。1923年，曹锟贿选，就任总统，并炮制了《中华民国宪法》。其特点是在民主的伪装下实行军阀独裁。宪法虽然规定由参议院和众议院组成国会行使立法权，但是总统不仅有权停止众议院或参议院的会议，而且有权解散众议院，实际上总统的权力凌驾于国会之上。由于全国人民纷纷反对，不到一年，曹锟就垮了台。

在北洋军阀的反动统治土崩瓦解的时候，国民党乘机取得了政权。1931年，制定了《训政时期约法》。它规定，政府由行政、立法、司法、考试、监察五院组成。国民虽然在形式上有选举、罢免、创制、复决之权，但是由于《训政时期约法》明文规定"训政时期由中国国民党全国代表大会代表国民大会行使中央统治权"，这就完全确认了国民党的一党专政，剥夺了人民的统治权利。1947年，国民党政权不顾中国共产党的严重警告和全国人民的坚决反对，悍然公布《中华民国宪法》，它表面上规定立法院由选举产生，为国家最高立法机关，代表人民行使立法权，然而由于国民党在立法院中占据绝对多数的席位，而且总统的权力不受任何约束，又不向任何机关负责，甚至还有发布紧急命令的特权，这就使总统拥有高于一切的专制独裁的权力。但是，这一切更加激起了全国人民的坚决反对，加速了国民党政权的灭亡。

由此可见，立法一词，虽然历史上早已存在，但在旧中国它不过是反动统治阶级运用他们所掌握的国家权力，把少数剥削者甚至一人的意志，提升为国家法律，强加在广大劳动人民头上，成为迫使广大人民遵守的行为规范，以维护少数剥削者的特权地位和反动统治，无情镇压和残酷剥削广大人民。

在中国历史上，只有从中国共产党领导人民进行革命斗争创建了革命根据地，建立了根据地人民政权，特别是在中华人民共和国成立以后，逐步开展人民的立法活动，才赋予了立法以崭新的内容。

　　我们现在所说的立法是：由占人口 99.97% 的享有选举权和被选举权的公民，通过民主选举出人民代表，组成全国人民代表大会及其常务委员会，即国家立法机关，把工人阶级和广大人民的意志，提升为国家意志，用法律形式加以条文化，使之成为具有国家强制力的、任何人都必须严格遵守的行为规范，以镇压敌人，惩罚犯罪，保护人民，保卫社会主义现代化建设事业的胜利进行。

（1984 年）

我国的立法制度

一　旧中国的立法制度

（一）奴隶制和封建制时代的立法制度的特点

"立法"二字连用，早见于我国古籍。例如，战国时的《商
书》记载："伏羲神农教而不诛，黄帝尧舜诛而不怒，及至文武
各当时而立法。"西汉司马迁所撰的《史记·律书》说："王者制
立法。"东汉班固所撰的《汉书·刑法志》说："圣人制礼作教，
法设刑。"东汉荀悦所作的《汉纪》序说："昔在上圣，唯建皇
经纬天地，观象立法。"北国庾信所作的《羽调曲》说："树君
以牧人，立法所以静乱。"这些古籍中所说的"立法"，都是制
法律的意思。

法律是随着国家的产生而产生的，法律的产生过程，虽然
同于后来的立法，但是与立法有密切的联系。包括法律产生过
在内的我国奴隶制时代的立法，是我国立法史上最早的立法，
具有以下几个特点：

1. 确认对奴隶主阶级有利的某些原始社会的习惯，使之转为以国家强制力保证执行的法律规范。

原始社会不存在法律，但有一定的社会生活规范，这就是习惯。随着奴隶制国家的形成，奴隶主阶级对这些习惯进行了选择，加进了自己的阶级意志，这样，习惯便成了法律。这种由习惯演变而来的习惯法，是我国奴隶制时代的重要的法律渊源。例如，在婚姻家庭领域，父系氏族社会形成的一夫一妻和一夫多妻的婚姻，以及同姓不婚、男尊女卑、丈夫奴役和支配妻子、甚至对妻子有生杀之权的习惯，在奴隶制时代完全被保留下来。父系氏族社会形成的按男系确定血统和继承权的制度，成为奴隶制继承法的基本原则。奴隶制时代的刑法中关于复仇和肉刑的规定，也渊源于原始社会的血族复仇、同态复仇或"象征"同态复仇的习惯。

2．君主是最高的立法者，地方诸侯也享有一定的立法权。

君主在政治上掌握国家大权，是奴隶制国家的最高权力的体现者，他的"誓"、"诰"和命令就是法律。受封诸侯在其诸侯国内、大臣在其职权范围内所发布的命令，也是法律的渊源。

"誓，用之于军旅"[1]，指君主出兵征战时所发布的誓师命令。如《甘誓》、《汤誓》、《泰誓》、《牧誓》等。

"诰，用之于会同"，指君主就有关政纲、禁令或平叛时发布的公告。如《汤诰》、《大诰》、《康诰》、《台诰》、《洛诰》、《酒诰》等。

除了"誓"、"诰"和君主、诸侯、大臣的命令之外，还有各种形式的成文法。如"夏有乱政，而作禹刑"；"商有乱政，而作汤刑"[2]。周有"刑书九篇"[3]。这些成文法都是受命于君主而制

---

① 《周礼·秋官》。

② 《左传·昭公六年》。

③ 《逸周书·尝麦解》。

定的。

3. 成文法由统治者内部掌握，不向全社会公布。

奴隶主为了保持"刑不可知，则威不可测"的局面，不肯向社会公布法律，以便奴隶主临事设制，任意施刑，使奴隶和平民处于动辄得罪的境地。《左传正义》中说："古者分地建国，作邑命家，诸侯则奕世相承，大夫亦子孙不绝，皆知国为我土，众实我民，……故得设法以待刑，临事而议罪，……自令常怀怖惧。"

这种由奴隶主贵族垄断法律、不向全社会公布的做法，一直保持到我国奴隶制时代的末期，直到新兴地主阶级作为政治力量壮大起来以后，才打破了奴隶主贵族对法律的垄断。公元前536年，郑国大夫子产"铸刑书于鼎，以为国之常法"[①]，其他诸侯国也群起仿效，才逐步使公布法律成为一种制度。

在封建制时代，我国的立法制度有以下几个特点：

1. 君主是最高的立法者。我国历代的封建皇朝都实行专制主义的中央集权制，君主掌握国家的一切大权。由于主权在君、君主的诏令就成了国家活动的根据和基本的法律渊源。秦朝以后，我国的成文法的名称变化不定，但大体上采取律、令、典的形式。律用以规定罪名和刑罚，令用以规定重要的制度，典用以规定行政机构的组织。所有这些成文法，都以皇帝的名义公布，即所谓"钦定"。由于"法自君出"，所以秦朝的诏、敕、诰、制书，汉朝的策书、诫敕，唐朝的制诰，明朝的诰敕，清朝的谕旨等等，都是君主的命令，成为法律的基础。成文法的公布，要由君主冠以咨敕（即所谓"御制序"），才发生法律效力。例如，清朝顺治时的《大清律》清世祖御制序说："乃允刊布，名曰《大清律肖集解附例》。尔内外有司官吏，敬此成宪，勿得任意低昂，务使百官万

---

① 《左传·昭公六年》杜预注。

民重名义而畏犯法。"雍正时的《大清律集解》清世宗御制序说："三年八月编校告竣，刊布内外，永为遵守。"嘉庆时的《会典》清仁宗御制序说："著奕稷之法程，为亿龄之典则，后嗣恪遵勿替，永勉旃。"所有这些，无非表明立法大权在于君主，君主的命令就是法律，人人必须遵守。

2. 没有固定的立法机关和严格的立法程序。由于君主掌握立法大权，所以不设立经常性的立法机关，仅在必要时由君主特命若干大臣设立临时的御用机关，对君主负责，起草法律。例如，汉高祖入咸阳，命相国萧何摭拾旧律，于《法经》六篇外，增户、厩、兴三篇，称为《九章律》。唐高祖命尚书左仆射裴寂、右仆射萧瑀、大理卿崔善为、给事中王敬业等撰《武德律》，唐太宗命长孙无忌、房玄龄等撰《贞观律》，唐高宗命太尉长孙无忌、司空李勣、左仆射于志宁等撰《永徽律》，后来又命长孙无忌等撰律疏，经皇帝批准，律疏附于律文之后，与律文具有同等效力。宋太祖命工部尚书判大理寺事窦仪编《刑统》。明太祖命左丞相李善长为律令总裁官，参知政事杨宪、傅瓛、御史中丞刘基、**翰林学士陶安**等二十人为议律官，议定律令。清圣祖谕内阁编纂《会典》，清世宗命大学士朱轼等编纂《大清律集解》。这些大臣只是临时负责起草法律，他们并不组成固定的立法机关。同时，法律草案由臣僚草拟，由君主裁决，没有严格的立法程序，至多只有一些常例，但不一定非遵守不可。例如，清代制定成文法，大体上经过三个步骤：（1）纂修。会典有纂修的必要时，由内阁奏请。律例有纂修的必要时，由刑部奏请。至于正副总裁、提调、总纂修、校对、收掌等职员，大多临时选自通晓各部院的法律制度者充任。（2）审议。各职员分担纂修事务，事先要收集新发生的事例，查对现行法有什么地方需要废止或变更，作为草案初稿，然后逐条审议，成为正式草案。（3）裁妥。正式草案产生后，奏呈君主，并附以总裁官记述纂修的方针、顺序等说明。君主裁可后，即成为正式的法律。在这些步骤中，最重要的是君主的裁可，其他步骤均可随时变更或省略，并无严格的立法程序可言。

3.法规名称繁多，律外有法。律是中国古代最主要的法律形式，但不是惟一的法律形式。除了律、令、典之外，还有敕、格、式、科、比、例等，都是律外之法。敕是君主的命令；格是君主临时颁布的对国家机关的各种指示的汇集；式是国家机关的公文程式和活动细则；科是一种对于律的补充条文和实施细则；比是在律中没有专条而用相近的条文比附来确定罪名；例是判例或补充条例。所有这些律外之法，都与律、令、典并行，甚至效力高于律、令、典。例如，宋朝时，可以随时颁布敕，以补充律之不足，后来又明确提出，"凡律所不载者，一断于敕。"由于"增多条目，离析旧制，因一言一事辄立一法"，结果使得"烦细难以检用"，"改更纷然，而刑制紊矣"。明清两代把审判实践中具有一般参考意义的判例或者是针对新出现的情况而对律作出的具体补充，附在律的正文以后，叫做"条例"，简称为"例"。"例"的数量比律多，效力也比律大。清朝曾明确规定："有例则置其律，例有新者则置其故者"。结果，律反而成了一纸空文。这种法规名称繁多和律外有法的现象，是君主专制制度高度发展的必然结果。因为主权在君，法自君出，君主的任何诏令都可以随时改变法律，这就造成了法律的不稳定。不仅如此，法还要从属于礼，以礼为依归。《隋书·刑法》中说："礼义以为纲纪，养化以为本，明刑以为助。"礼成了广义的法，违反礼，要受到法律制裁。而且，历代还有以经义断狱的常例。西汉的董仲舒撰《春秋决狱》二百三十二事。北魏道武帝时，"诸疑狱皆付中书，以经义量决"。这种以经义治罪的做法，比依法律判决更加方便灵活，更加适合专制的封建统治者的需要。

4．法律体系混乱，民刑不分，诸法合体。中国封建时代以礼为本，法律只是服从于礼的一种辅助手段。从礼的角度来看，私人利益不足重视，民事关系应该崇尚道德伦理，不需要用法律来调整。然而，如果民事关系违反了礼，便构成了刑事犯罪，又要用刑法来制裁。因此，民事法规在古代法律体系中不占主导地位。古代的法典基本上都是刑法典，同时也包含着民法、诉讼法、行政法等各方面的内容。例如，云梦秦简大部分属于刑事法规，涉及民事的仅见于金布律、杂律中的少数条文。汉《九章律》中，除兴律、厩律属于行政法规之外，盗律、贼律、囚律、捕律、具律的全部和杂律中的大部都是刑事法规，只有户律和杂律中的少数条文属于民事法规。唐《永徽律》十二篇中，卫禁、职制、厩库、擅兴四篇属于行政法规，名例、贼盗、斗讼、诈伪四篇属于刑事法规，捕亡、断狱两篇属于诉讼法规，而属于民事法规的只是户婚、杂律两篇中的一部分条文。在诉讼制度上，民事诉讼与刑事诉讼并无严格的区分，但刑事审级多于民事审级，并高于民事审级，而且民事制裁被纳入刑事制裁的轨道。例如，《唐律》规定："诸同姓为婚者，各徒二年"；《大明律》规定："凡典买田宅不税契者，笞五十"；《大清律》规定："凡祖父母、父母在，子孙别立户籍分异财产者，杖一百"。旧中国封建时代法律体系中民刑不分、诸法合体的现象，不仅是由于封建统治的需要，而且由于商品经济落后，自给自足的自然经济长期占统治地位，民事关系不发达，加上礼和宗法族权对民事关系所起的调节作用，家法和族规实际上成了法律的补充形式，这就使得那种混乱的法律体系得以长久地存在。

另一方面，由于实行君主专制，君主的权力毫无限制，国家的根本制度均由君主诏令来决定，所以不需要也不可能存在国家的根本法，即宪法。固然，在我国古籍中曾出现过"宪"的概念，如《尚书》中说:"监于先王成宪";《国语》中说:"赏善罚奸,国之宪法";《管子》中说:"有一体之治,故能出号令,明宪法矣"。但是,古籍中的"宪"泛指典章制度和法令,其含义与"法"相同,并不具备近代宪法的意义。近代意义上的宪法,是指国家的根本法,即规定一个国家的社会制度和国家制度的基本原则,国家机关的组织和活动的基本原则以及公民的基本权利和义务的法律。这种具有最高法律效力并且成为制定其他法律的依据的宪法,在我国古代是没有的。

1840 年鸦片战争以后,中国沦为半封建半殖民地国家,旧的封建专制制度已经无法维持下去。同时,社会经济结构和阶级结构也发生了变化。资产阶级改良派以康有为为首,极力提倡君主立宪,主张设议院,"约十万户而举一人,不论已仕未仕,皆得充选",但是议院不损害"君上之权"。他认为,变法"须自制度法律先为改定",因此需要制定宪法,只有"宪章草定",才能"奉行有准,然后变法可成,新政有效也"。他认为,中国需要实行在君主拥有最高权力的前提下的三权分立,也就是"以国会立法,以法官司法,以政府行政,而人主总之"。1898 年,光绪帝推行维新,不过百日,即告失败。

由于国内革命形势的变化,清朝政府于 1900 年以后采取了立宪骗局。1908 年,清朝政府颁布《钦定宪法大纲》、《议院法要领》,确定以九年为预备立宪期限。《钦定宪法大纲》规定:"君上神圣尊严,不可侵犯";君上有"钦定颁行法律及发交议案之权";"凡法律虽经议院议决而未奉诏令批准颁布者,不得见诸施行";"在议院闭会时,遇有紧急之事,得发代法律之诏令"。《议院法要领》中规定:"议院只有建议之权","所有决议事件,应恭候钦定后,政府方得奉行"。由此可见,所谓"预备立宪",完全是巩固君权。议院并无立法权,而是完全听命于君主的咨询机关。

1911 年 11 月，在革命高潮时期，清政府被迫公布《宪法重大信条十九条》，它在形式上缩小了皇帝的权力，扩大了国会的权力。"皇帝之权，以宪法规定者为限"。"宪法由资政院起草议决，皇帝颁行之。""不得以命令代法律；除紧急命令外，以执行法律及法律所委任者为限。"这一骗局，根本不能阻挡历史发展的潮流。就在《宪法重大信条十九条》公布后两个月，民国宣告成立，孙中山就任临时大总统。不久，清帝退位，假立宪的骗局完全破产。

至于普通法律的编纂，1907 年，清政府设立修订法律馆，派沈家本、俞廉三、英端为修订法律大臣，招致欧、美、日本留学生分科治事，组成起草新法典的机关。沈家本等聘请日本人协同修订法律。1910 年初，颁行《法院编制法》；1911 年初，颁行《大清新刑律》；后来，又继续编成《商律总则》、《商行为》、《海船法》等编；《民律总则》、《债权》、《物权》、《亲属》、《继承》五编；《民事诉讼律》四编；《刑事诉讼律》六编。但这些都是草案，没有公布施行。

（二）民国时期的立法制度的特点

在民国时期，以民族资产阶级为领导的旧民主主义者以实现资产阶级民主为目标，主张建立西方式的立法制度，但是没有成功。北洋军阀和国民党反动派反对民主政治，反对民主的立法制度，终于遭到了人民的唾弃。在民国时期，立法制度有以下几个特点：

1. 立法大权归属不定，立法机关变动频繁。立法机关的变迁，反映了当时的历史条件下阶级力量的对比关系。

1911 年辛亥革命胜利后，成立南京临时政府。根据《临时政府组织大纲》，由各省都督府选派三名参议员组成参议院，行使立法权。南京临时政府只存在了三个月的时间，但在孙中山的领导下，颁布了一系列符合人民利益的法令，这同清朝的专制统治形成了鲜明的对比。1912年，孙中山颁布了《临时约法》，规定参议院为立法机关，由各地方选派的参议员组成。参议院有权议决一切法律案，临时大总统公布法律。临时大总统在提出法律案、公布法律及发布命令时，必须有国务总理及各总长（统称为国务员）的副署。孙中山在制定这部临时约法时，企图以此来保卫辛亥革命的成果，束缚袁世凯的手脚。但是，袁世凯上台后，急于窃国称帝，迫不及待地撕毁了《临时约法》，并于1914年炮制了《中华民国约法》。它虽然规定由议员组成立法院，行使立法权，但大总统有权召集立法院和解散立法院，否决立法院议决的法律案，并有权"发布与法律有同等效力之教令"。这就使作为大总统的袁世凯拥有像专制皇帝一样的权力。1916年，袁世凯宣布实行帝制，但83天后，帝制即彻底破产。

袁世凯垮台后，北洋军阀互相争夺权力。1923年，曹锟贿选，就任总统，并炮制了《中华民国宪法》。它的特点是在民主的伪装下实行军阀独裁。宪法虽然规定由参议院和众议院组成国会行使立法权，但是总统不仅有权停止众议院或参议院的会议，而且有权解散众议院，实际上总统的权力凌驾于国会之上。由于全国人民纷纷反对，不到一年，曹锟就垮了台。

在北洋军阀的反动统治土崩瓦解的时候，国民党乘机取得了政权。1931年，制定了《训政时期约法》。它规定，政府由行政、立法、司法、考试、监察五院组成。国民虽然在形式上有选举、罢免、创制、复决之权，但是由于《训政时期约法》明文规定，"训政时期由中国国民党全国代表大会代表国民大会行使中央统治权"，这就完全确认了国民党的一党专政，剥夺了人民的政治权利。1947年，国民党政权不顾中国共产党的严重警告和全国人民的坚决反对，悍然公布《中华民国宪法》，它表面上规定立法院由选举产生，为国家最高立法机关，代表人民行使立法权，然而由于国民党在立法院中占据绝对多数的席位，而且总统的权力既不受任何约束，又不向任何机关负责，甚至还有发布紧急命令的特权，这就使总统拥有高于一切的专制独裁的权力。但是，这一切更加激起了全国人民的坚决反对，加速了国民党政权的灭亡。

2. 立法程序混乱，后来完全为国民党所操纵。由于立法大权归属不定，立法机关变动频繁，因此，各个阶段的立法程序也颇不一致。大体上说来，民国时期的立法程序可以分为提出法律草案、讨论法律草案、通过法律、复议和公布法律等步骤。现分述如下：

（1）提出法律草案。关于立法提案权，根据1912年孙中山公布的由参议院通过的《临时约法》，"临时大总统得提出法律案于参议院"，但须经国务员副署。根据1912年的《参议院法》，议员提出法律草案，须有十人以上赞成。

后来，依照1912年的《国会组织法》、1913年的《议会法》及曹锟在1923年公布的《宪法》，"两院议员及政府各得提出法律案"，惟同一法律案，"不得同时提出于两院"，"议员提出法律案，须有二十人以上之连署"，政府提出的法律案，在未经议决以前，得随时提出修正案，但不得撤回。袁世凯在1914年公布的《约法》规定，总统与立法院均有提出法律案之权，但立法院并未成立，而且这一《约法》不久也被废除。

1927年4月，蒋介石叛变革命，建立南京"国民政府"，次年开始实行"训政"，规定由国民党中央执行委员会设立的"中央政治会议"作为在全国实行"训政"的最高指导机关。1928年3月，国民政府公布《立法程序法》，规定有权向中央政治会议提出法律案的，为中央政治会议委员、国民政府、国民政府所属各部院会及各省市政府。另外，《国民政府组织法》及《立法院组织法》规定，行政、司法、考试、监察各院可以就其主管事项向立法院提出法律案，并得在未经议决以前，随时提出修正案，或撤回原案。至于立法院委员提出法律案，须有五人以上之连署。1932年6月，国民党中央常会通过《立法程序纲领》，规定国民政府及五院均有法律提案权；国民政府直辖机关得呈由国民政府核提法律案；各院之部会，及行政院直辖之省市政府，均得呈由各该院核提法律案。不久，又增加中央政治会议为有法律提案权的机关，并将原条文所定的立法院得自提法律案改为立法院委员得依法提出法律案。

为了更加严密地控制立法大权，国民党中央常会规定，中央政治会议讨论和决定的事项之一为规定立法原则。凡是法律草案，都先由中央政治会议决定原则，再交立法院审议，这是立法院立法必须经过的程序。《立法程序纲领》明文规定，凡中央政治会议提出法律案，由它自定原则；凡是国民政府及五院提出法律案，应拟定原则草案，其核提所属各机关的法律案，应审定原则草案，呈报中央政治会议决定。立法院对于中央政治会议所定的原则不得变更，但可以陈述意见。

1947年，蒋介石公布了伪《宪法》，规定由立法院行使立法权，行政院及各部会可向立法院提出法律案，考试院关于所掌事项得向立法院提出法律案。行政院要提出法律案，须先经行政院会议决议。立法委员要提出法律案，须有三十人以上连署。行政院及考试院提出法律案后，提请专门委员会审查。立法委员提出法律案后，须由立法院会议表决其可否提请专门委员会审查。

（2）讨论法律草案。1912年的《临时约法》仅规定："参议院之会议，须公开之；但有国务员之要求，或出席参议员过半数之可决者，得秘密之。"至于参议院开会时的法定出席人数及议事规则，都由《参议院法》加以规定。其要点是：参议院在各行省、蒙、藏、青海有五分之三以上选派参议员到院时即可开会，会期至解散之日为止。每星期一至星期五上午 9 时至 12 时为平时会议期间。但有紧急事件时，可以举行特别会议。开会的法定出席人数，为到院参议员之过半数。参议院在讨论法律案时，须经过三读的程序。但是依政府的要求或议长、议员的提议，经多数表决通过，可以省略。

1912 年的《国会组织法》规定，国会审议法律案，由"两院分别行之"，其议定"以两院之一致成之"，"两院非各有议员总数过半数之列席，不得开议"。《议院法》规定，凡议决法律案，必须经过三读的程序，"但因政府之要求，议长或议员十人以上之动议，经院议可决者"，可以省略。政府提出的法律案，除紧急外，非经审查，不得议决。

1928 年的《立法院组织法》规定，立法院会议的法定出席人数，为委员总数的三分之一。"立法院会议须公开之，但经委员七人以上，或各院院长、行政院各部部长、各委员会委员长之请求，得开秘密会议。"同年的《立法院议事规则》规定，立法院会议每周至少一次，日期由院长指定。立法委员不得请求召集会议，亦不得自动集会。立法院会议由院长任主席，院长因事故未能出席时，由副院长代理主席。由于立法院院长是国民党中央执行委员会所选任的，所以如主席缺席，只有停止会议，不能由委员临时推定主席。会议议程须在三日前送交各委员。立法院议决法律案，须经过三读的程序。

三读的程序大体如下：第一读朗读议案标题，由提案者说明其要旨，然后进行一般的讨论，如果此项议案由议员或立法委员提出，则应表决是否需要第二读；如果不是议员或立法委员提出的议案，则应送交有关委员会审查，委员会提出报告后，再表决是否需要第二读。凡表决认为不须第二读的议案，即行作废。第二读朗读议案条文，并逐条讨论议决，在讨论中修正的条项和文字，可以送交原审查委员整理。第三读议决全案，除了在发现有互相抵触事项或与其他法律抵触的情况下可以提出修正外，只能进行文字上的修正。

（3）通过法律。1912 年的《参议院法》规定，法律经过出席参议员过半数同意，即认为通过。可否同数时，取决于议长。1912 年的《国会组织法》规定，法律案"以列席议员过半数之同意决之，可否同数时，取决于议长"。1928 年的《立法院组织法》规定，立法院会议之表决人数，为出席委员之过半数，"可否同数时，取决于主席"。

另外，1913 年的国会，由参议院和众议院两院组成。凡国会议决法律案，须两院一致通过。如两院不能一致，则由两院推定委员进行协议，协议的结果交由两院再行表决。1913 年的《议院法》规定，凡甲院通过或提出的法律案，经乙院修正议决时，如甲院不同意，得向乙院请求协议，乙院不得拒绝。两院推定人数相等的委员，组织协议会进行协议。协议会非经两院推定的委员各有三分之二以上的人出席，不得进行协议；非经出席委员过半数的同意，不得议决。协议会审议的事项以两院议决不相一致者为限。协议会的决议案提交两院表决时，不得再加以修正。

（4）复议和公布法律。1911 年的《临时政府组织大纲》规定："临时大总统对于参议院议决事件，如不以为然，得于具报后十日内，声明理由，交会复议。"1912 年的《临时约法》、1914 年袁世凯颁布的《约法》、1923 年曹锟颁布的《宪法》，都规定总统对于立法机关议定的法律案如有异议，得声明理由咨请复议。但是，《临时约法》规定参议院对于复议事件，"如有到会参议员三分之二以上仍执前议时"，应即公布。曹锟的《宪法》则定为"如两院仍执前议时，应即公布之"。袁世凯的《约法》规定，立法院虽有出席议员三分之二以上仍执前议，"而大总统认为于内治外交有重大危害，或执行有重大障碍时，经参议院之同意，得不公布之"。

1928 年的《立法程序法》规定，国民政府接到国民党中央执行委员会所交的中央政治会议议决的法律案，得于十日之内，请求中央政治会议复议，以一次为限。1932 年国民党中央常委通过的《立法程序纲领》规定，立法院通过的法律案在未公布之前，中央政治会议认为必要时得发交复议，以一次为限。后来，这一规定又修正为由中央政治会议以决议案发交立法院进行修正。

1947 年蒋介石的伪《宪法》规定："立法院法律案通过后，移送总统及行政院，总统应于收到后十日内公布之"；并规定："立法院对于行政院之重要政策不赞同时，得以决议移请行政院变更之。行政院对于立法院之决议，得经总统之核可，移请立法院复议，复议时如经出席立法委员三分之二维持原决议，行政院长应即接受该决议或辞职。行政院对于立法院决议之法律案、预算案、条约案，如认为有窒碍难行时，得经总统之核可，于该决议案送达行政院十日内，移请立法院复议。复议时，如经出席立法委员三分之二维持原案，行政院长应即接受该决议或辞职。"这一规定，赋予总统和行政院享有极大的复议权，不但可以防止立法院通过他们所反对的议案，而且可以强迫立法院通过他们所需要的议案。不仅如此，而且还规定总统在立法院休会期间，得经行政院会议之决议发布紧急命令，但须于一个月内提交立法院追认。但事实上，立法院对蒋介石颁布的紧急命令根本不可能行使否决权。在 1948 年 5 月 1 日颁布《动员戡乱时期临时条款》后，就连这种形式上的"追认"也索性取消了。蒋介石制造伪宪法的根本目的，在于为其独裁统治披上合法的外衣，用来欺骗人民。但是，这一切只能使他遭到更彻底的失败。正如毛泽东同志所指出："以孤立我党和其他民主势力为目标而召开的蒋介石的非法的分裂的国民大会及其所制造的伪宪法，在人民面前没有任何威信。它们没有使我党和其他民主势力陷于孤立，反而使蒋介石反动统治集团自己孤立起来。"[①]

3. 重要法律迟迟没有公布，长期沿用旧法。民国初期，各项法律尚未制定，临时大总统孙中山于 1912 年 3 月 11 日下令，宣告暂行援用前清法律及新刑律，其中说："现在民国法律未经议定颁布，所有从前施行之法律及新刑律，除与民国国体抵触各条，应失效力外，余皆暂行援用，以资遵守。"3 月 21 日，孙中山据司法部呈请，在对参议院的咨文中说："查编纂法典，事体重大，非聚中外硕学，积多年之调查研究，不易告成。而现在民国统一，司法机关将次第成立，民刑各律及诉讼法均关系紧要，该部长所请，自是切要之图。合咨贵院，请烦查照前情，议决见复。"后来参议院开会讨论，决定对前清的有关法律可以暂时适用。

为了起草新的法律，临时政府决定设立法典编纂会，会长由法制局长兼任，设纂修及调查员。1914 年，撤销法典编纂会，成立法律编查会，会长由司法总长兼任，设编查员及顾问。1918年，撤销法律编查会，成立修订法律馆，设总裁一人、副总裁二人、总纂二人、纂修六人，并设调查员、译员，延聘中外顾问和名誉顾问。但是，在军阀混战时期，政局纷乱，始终没有制定重要的法律，只是起草了一些法律草案。

1927 年蒋介石取得政权后，实行一党专政，当时许多法律尚未制定，为了控制立法大权，决定"一应法律，在未制定颁行以前，凡从前施行之各种实体法、诉讼法及其他一切法令，除与中

---

① 《毛泽东选集》第 4 卷，第 1110 页。

国国民党党纲或主义，或与国民政府法令抵触各条外，一律暂准援用"。

为了起草和审议法律，国民党中央政治会议在 1927 年决定组织法制委员会，由委员九人组成，其中常务委员三人，负责处理常务，召集会议。法制委员会承国民党中央政治会议及国民政府之命，草拟和审查法律，并且可以自行草拟和审查各项法律，向中央政治会议及国民政府提出建议，但不得自行宣布。不久，又在国民政府之下设立法制局，设局长一人，编审六人至九人，分别负责草拟及修订关于经济事项的法律条例案，草拟及修订官制、官规及一切关于行政的法律条例案，修订民刑等法规及一切关于司法的法律条例案。所有草拟或修订的法律条例案，都必须经过法制委员会审议，提请国民党中央政治会议通过，再交国民政府公布施行。法制局在 1928 年成立立法院后即告结束。

立法院成立后，在内部设立法制、外交、财政、经济、军事五个委员会，并先后成立民法、刑法、商法、自治法、土地法、劳工法各起草委员会。为了整理法规，又成立整理法规委员会。后来，又成立了宪法起草委员会。立法院的办事机构，有秘书处、编译处、统计处。秘书处主管会议记录、文书收发、保管、撰拟、委员和职员的任免与考勤、印信的使用和保管，以及关于会计和庶务等事项。编译处主管编译各国法律、收集立法参考资料、编辑本国法规等事项。统计处主管调查编辑全国的法律、政治、经济、社会等方面的统计，编辑统计年鉴及单行的报告和表册等事项。

民国时期颁布的各项重要法律有：民法总则、债编、物权编、亲属编、继承编（1929 年至 1931 年），票据法（1929 年），公司法（1929 年），海商法（1929 年），保险法（1929 年），破产法（1935 年），民事调解法（1930 年），民事诉讼法（1930 年至 1931

年），工会法（1929年），工厂法（1929年），劳资争议处理法（1930年），刑法（1935年），刑事诉讼法（1935年）。

4．法规名称繁多，法外有法。由于立法机关变动频繁，法规名称繁多，有法、条例、大纲、章程、规则、办法等等。立法院于1929年5月决定对现行法规进行整理，整理的标准为以下三项：（1）1928年3月1日《立法程序法》公布之前，经大元帅府或国民政府公布的涉及国家各机关的组织或人民的权利义务关系的，认为是法律。（2）1928年3月1日《立法程序法》公布以后，至1928年12月5日立法院成立止，经国民政府以法的名称公布的，认为是法律。（3）立法院成立后，以法的名称议决的，并经国民政府公布的，认为是法律。

1929年，立法院还通过《法规制定标准法》，对于应经立法院立法的事项，概括规定为：（1）关于现行法律之变更或废止者；（2）现行法律有明文规定，应以法律规定者；（3）其他事项涉及国家各机关之组织，或人民之权利义务关系，经立法院认为有以法律规定之必要者。此外，还规定："应以法律规定之事项，不得以条例章程规则等规定之，""条例章程规则等不得违反或抵触法律"。

实际上，除了形式上的法律以外，蒋介石一贯用"命令"、"手谕"等便宜行事，这种"命令"、"手谕"如同封建时代皇帝的诏令一样，其效力超于一切法律之上。这就表明，国民党所标榜的宪政和法统，完全是一种独裁统治。

5．维护地主与买办官僚资产阶级的反动统治，镇压广大人民群众。

国民党反动派是反对民主宪政的，但是为了欺骗人民，缓和人民的情绪，也在法律中抄袭一些资产阶级的民主词句。国民党政府在1931年公布了所谓《训政时期约法》借口"促进宪政"，把国民党的一党专政的政治制度在法律上固定下来。1936 年，公布了所谓《五五宪草》，进行"还政于民"的欺骗宣传，实际上，这是为了对人民进行更残酷的剥削和迫害。1946 年，又擅自召开由国民党一手包办的国民大会，于 1947 年 1 月 1 日公布了《中华民国宪法》。它以根本法的形式，肯定了以蒋介石为代表的大地主大资产阶级对中国人民的专政，目的在于欺骗人民，给蒋介石的统治披上合法的外衣，借以拒绝中国共产党和全国人民和平建国的要求，为国民党继续其反共反人民的全面内战、并继续实行卖国政策制造法律根据。

在刑法方面，国民党政权于 1928 年公布了刑法。刑法规定，一切反对国民党反动统治的革命行动，都是所谓"内乱罪"，要判处无期徒刑或有期徒刑。后来，国民党政府为了镇压革命运动和镇压革命人民群众的需要，又陆续制定了许多以反共反人民反革命为内容的特别法，如《修正危害民国紧急治罪法》、《非常时期维持治安紧急办法》、《国家总动员法》、《妨害国家总动员惩罚暂行条例》、《惩治盗匪条例》、《维持社会秩序临时办法》、《戡平共匪叛乱总动员令》以及《后方共产党处置办法》等等，则更是十分反动的法律。

在民法方面，国民党政权于 1929 年至 1930 年陆续公布了民法总则、债、物权、亲属、继承等各编。民法规定，地主可以自由使用、收益及处分其土地，他人不得干涉，这是为了保护地主阶级土地所有权。在婚姻法方面，确认了封建的强迫、包办、买卖的婚姻制度。最高法院在一则解释中公开宣布："习惯上之买卖婚姻如经双方合意……认为有效。"对于夫妻的联合财产或共同财产，规定由夫管理，这就肯定了妇女在家庭中处于无权的地位。

总的来说，国民党政权的法律是代表封建地主阶级和官僚买办资产阶级的利益，镇压人民群众的工具。因此，中国人民在革命斗争中必须彻底废除国民党政权的旧法律，制定人民自己的新的法律。

二 解放区的立法制度

（一）解放区的立法制度的特点

中国共产党所领导的中国革命经历了新民主主义革命和社会主义革命两个阶段。新民主主义革命的总任务是推翻帝国主义、封建主义和官僚资本主义的反动统治，为社会主义革命准备条件。

在新民主主义革命的过程中，在各个革命根据地（解放区）内打碎了旧的统治机器，建立了人民民主的政权，实行新的立法制度。革命根据地（解放区）的立法制度有以下几个特点：

1. 在革命根据地（解放区）由革命人民行使立法权，这种立法制度是新民主主义的立法制度，但是它主要存在于局部地区，有一定的地方性。

在 1924 年至 1927 年的第一次国内革命战争期间，在湖南等地建立的农民协会，是由革命人民直接行使权力的组织形式。农民运动摧毁了反动的地方政权，创立了革命的政权和新的立法制度。农民协会一般是以乡（或村）农会为基础，其上设有区农会、县农会、省农会。到 1927 年，正式成立了全国农民协会。各级农民协会实行民主集中制的组织原则。乡农民协会会员大会及区以上的会员代表大会是各该级农会的权力机关，会员大会或会员代表大会民主选出执行委员会和常务委员会主持日常工作。有的地区还在农民协会的基础上开始筹备并着手建立区、乡两级农民政权的乡村自治机关，即乡村自治委员会。由乡民全体大会、区代表会议（或区民会议）为乡村自治的最高权力机关，并选举产生乡、区务委员会为执行机关。革命农民通过农会来行使权力，在许多地方，做到了"一切权力归农会"，为以后的革命根据地的政权建设和法制建设提供了初步的经验。

在 1927 年至 1937 年的第二次国内革命战争中，在全国建立了十几个革命根据地，范围包括江西、福建、湖南、湖北、安徽、河南、广东、广西、浙江等省的一部分地区。随着革命根据地的创立和各级政权机关的建立，各根据地内普遍通过民主选举产生了出席全国工农兵代表大会的代表。1931 年，在江西瑞金召开了第一次全国工农兵代表大会，通过了《中华苏维埃共和国宪法大纲》，成立了中华苏维埃共和国中央工农民主政府。1934 年，又在瑞金召开了第二次全国工农兵代表大会，修改了《中华苏维埃共和国宪法大纲》，改选了中央工农民主政府。工农民主共和国是工人和农民的民主专政国家，革命根据地的政权是属于工人、农民、红色战士及一切劳苦民众的，他们都有权选派代表负责政权的管理。例如，在第二次全国工农兵代表大会的代表中，工农比重占了百分之九十以上。永丰县第三次全县工农兵代表大会的代表共 291 人，其中工人 75 人，贫农 170 人，雇农 31 人，中农 15 人。至于在基层政权中，工农所占的比重更大。

在 1937 年至 1945 年的抗日战争时期，在抗日民主根据地内，创造各种条件以保证人民行使当家作主的权利。抗日民主政权在组织形式上采取参议会制度，而赋之以新的内容。各抗日根据地的边区和县的最高权力机关是边区和县的参议会。以陕甘宁边区为例，根据 1939 年和 1941 年颁布的《陕甘宁边区各级参议会组织条例》和《各级参议会选举条例》，边区和县参议会主要是由人民按普遍、直接、平等、无记名投票方式选出的参议员组成的。但同级政府认为必要时，"得聘请勤劳国事及在社会、经济、文化各方面有名望者为议员"，其名额不得超过议员总数的十分之一。边区参议员任期三年，县参议员任期二年。各级参议会选举产生同级政府委员会，各级政府委员会必须执行同级参议会的决议。为了广泛团结各种抗日力量，规定在政权系统中应实行"三三制"的政策，即在政权机关（包括参议会和政府）中，各阶层人员的比例，按"三三制"的原则分配。具体的办法是：共产党员、党外进步分子和中间派（包括中等资产阶级和开明士绅）各占三分之一。这样，就进一步发展了民族统一战线，实现了民主政治。例如，在陕甘宁边区，虽然在参议员中，共产党员占了一半以上，但在常驻议员9人中，共产党员占3人，在政府委员18人中，共产党员占6人。再如清涧县参议员138人中，共产党员占54人，超过三分之一，而米脂县参议员276人中，共产党员占73人，不足三分之一。这些数字表明，抗日民主政权大体上是实行"三三制"原则的。

在1945年至1949年的第三次国内革命战争时期，解放区的政权组织形式由参议会改为人民代表会议。1946年，在延安召开的陕甘宁边区第三届参议会通过了《陕甘宁边区宪法原则》。它规定：边区、县、乡人民代表会议（参议会）为人民管理政权机关，人民普遍、直接、平等、无记名选举各级代表，各级代表会选举政府；各级政府对各级代表会负责，各级代表对选举人负责。各级人民代表会议，乡一年改选一次，县二年改选一次，边区三年改选一次。随着解放战争的胜利推进，各解放区逐步召开了各级人民代表会议。到中华人民共和国成立以前，已有华北、东北、中原等大区召开了各界人民代表会议，代行人民代表大会的职权。

2. 立法程序比较简单，没有严格的规定。

在第二次国内革命战争时期，1934年1月，中华苏维埃第二次全国代表大会通过的《中华苏维埃共和国宪法大纲》第三条规定："中华苏维埃共和国之最高政权机关为全国工农兵苏维埃代表大会，在大会的闭会期间，全国苏维埃临时中央执行委员会为最高政权机关，在中央执行委员会下组织人民委员会，处理日常政务，发布一切法令和决议案。"同年2月公布的《中华苏维埃共和国中央苏维埃组织法》规定，全国苏维埃代表大会的代表由各省苏维埃代表大会、中央直属市、直属县苏维埃代表大会及红军所选出的代表组成。全国苏维埃代表大会每两年由中央执行委员会召集一次。全国苏维埃代表大会听取中央执行委员会的报告并进行讨论，制定和修改宪法及其他法律，决定全国的大政方针，改选中央执行委员会。中央执行委员会是全国苏维埃代表大会闭幕期间的最高政权机关。中央执行委员会的全体会议，每六个月由中央执行委员会主席团召集一次。中央执行委员会得颁布各种法律和法令，并有权停止执行和变更中央执行委员会主席团、人民委员会及其他机关的法令和决议。中央执行委员会主席团为中央执行委员会闭幕期间的全国最高政权机关，有颁布各种法律和命令之权，并有审查和批准人民委员会和各人民委员部及其他所属机关所提出的法令、条例和命令之权。人民委员会为中央执行委员会的行政机关，得颁布各种法令和条例，但需报告中央执行委员会主席团。人民委员会有审查、修改或停止各人民委员部所提出的法令及其决议之权。各人民委员部及各省苏维埃执行委员会如对人民委员会的决议和法令有不同意见时，可向中央执行委员会或它的主席团提出意见，但不停止执行。从这些规定可以看出，全国苏维埃代表大会、中央执行委员会、中央执行委员会主席团、人民委员会及各人民委员部都有权颁布法律或法令，但是颁布法律或法令要经过什么程序，则没有予以规定。这是由于当时的革命根据地处在革命战争的环境下，其主要任务，是进行反对帝国主义和封建主义的斗争，不可能建立一套比较严格的立法程序来制定法律和法令。

在抗日战争时期，在各解放区都建立了地方性的联合政府，但没有统一的中央政权，也没有统一的立法机关和立法程序。各解放区根据各自的具体情况，制定单行法规。1941 年 11 月陕甘宁边区第二届参议会修正通过的《陕甘宁边区各级参议会组织条例》规定，边区参议会一年开会一次，其职权之一为创制及复决边区的单行法规。同时通过的《陕甘宁边区参议会会议规程》规定，边区参议会会期定为十日；参议会开会时，有参议员过半数之出席，始得开议。凡参议员及边区的民众、文化、学术团体，都可以向参议会提出议案。议案应详细写明议题、理由及办法，经参议员五人连署提出。参议会在开会时设立政治审查委员会、财政审查委员会、经济建设审查委员会、文教审查委员会、特种审查委员会。提案经由主席团分交各审查委员会审查后，再提交大会讨论议决。讨论依议事日程所定的顺序进行。除报告外，一般发言不得超过十五分钟。讨论同一议案时，一人发言不得超过两次。会议讨论的结果，如果有几种意见，则其表决的顺序由主席决定。表决的方式，是无记名投票或举手。有出席参议员过半数的赞成，可以通过决议。县（或等于县的市）参议会的职权之一，是创制和复决本县（市）的单行法规，其会议规程大致上与边区参议会的会议规程相同。但是，根据《陕甘宁边区各级参议会组织条例》第二十二条的规定："边区、县（市）参议会之决议案，咨送同级政府执行，如政府委员会认为不当时，应即详具理由送回原参议会复议。"同时，边区和县政府可以自行决定和执行所辖境内的重大事务，颁布单行法规，对此，参议会的常驻机关无权审查、批准、变更、撤销，而只能起监督、建议和咨询的作用。由此可见，边区各级参议会仅是边区各级人民代表机关，并不具有完整的立法权，因而也没有一整套完备的立法程序。《陕甘宁边区参议会会议规程》所规定的仅是普通的提案及讨论表决程序，虽然也适用于法案的表决，但还不是严格的立法程序。因此，由于在抗日战争时期与国民党建立了统一战线，虽然抗日民主政权的参议会与国民党政府的参议会在性质上有根本的区别，但形式上是依照国民政府建国大纲和省参议会组织条例建立的，因此，边区各级参议会同正式的立法机关是有区别的。

3. 革命根据地（解放区）的法律是适应革命形势的需要而制定的。

革命根据地（解放区）处在战争的环境中，当时阶级斗争的形势十分尖锐，为了坚决镇压反革命和一切反动派，巩固革命根据地（解放区）的革命秩序，保护广大工农的利益，调动广大工农的积极性，保证革命战争的胜利，革命根据地（解放区）的政权在着重进行革命战争的同时，陆续发布了许多法律、法令、条例、决议等法规。这些法规是适应战争环境而制定的，是随着革命战争的需要而发展的。

以刑法来说，由于在第二次国内革命战争时期，各革命根据地内革命与反革命的斗争非常尖锐，反革命案件往往占百分之七十，而普通刑事案件只占百分之三十，因此，当时刑法的主要内容就是镇压反革命活动。

1931 年 12 月，中央工农民主政府通过了第六号训令，即《处理反革命案件和建立司法机关的暂行程序》的训令。这个训令首先肯定了过去镇压反革命的成绩是主要的，使苏维埃的政权得到巩固。另一方面，也指出了过去的错误，就是"处置犯人的时候，不分阶级成份，不分首要和附和"。这一训令规定："不论在新旧区，对于处置反革命团体（AB 团、社会民主党、改组派等）的分子一定要分别阶级成分，分别首要与附和，即对于豪绅地主、富农、资本家出身的反革命分子以及首要分子，应该严厉处置（如宣告死刑等），对于从工农贫民劳动群众出身而加入反革命组织的分子，以及附和的分子，应该从宽处置（如自新释放等）。"

在这里，规定了必须区别首要分子和附和分子，这是正确的。但是在这一训令中也有唯成分论的影响，这是错误的。

1933 年 3 月，中央工农民主政府又通过了第二十一号训令，即《关于镇压内部反革命问题》的训令，规定"凡属罪恶昭著、证据确实的分子，首先是这些人中的阶级异己分子，应即判处死刑，不必按裁判部暂行组织和裁判条例第二十六条须经上级批准，才能执行死刑的规定，可以先执行死刑后报告上级备案。"这是适应当时的战争环境而作出的规定。

1934 年 4 月，中央工农民主政府公布了《惩治反革命条例》，规定"凡一切图谋推翻或破坏苏维埃政府及工农民主革命所取得到的权利，意图保持或恢复豪绅地主资产阶级的统治者，不论用何种方法，都是反革命行为。"对一切反革命行为进行严厉镇压，轻者处以十年以内的徒刑，重者处以死刑。再犯者，要加重处罚。同时也规定，如系非首要的附和分子，凡自首的，或虽被发觉但真正悔过立功赎罪的，或进行反革命活动是被他人胁迫，又确实无法避免胁迫，本人不愿意的，均可以减轻惩罚。另外，如对苏维埃有功绩的人或工农分子犯罪，如不是领导，未犯重要罪行，可以比同等罪行的地主资产阶级分子减轻惩罚。这种镇压与宽大相结合的原则，当然是正确的。但是，其中仍然有唯成份论的影响。总的说来，这一条例对于巩固当时的革命根据地具有很大的意义。

在抗日战争时期，各抗日根据地的刑事案件分为普通刑事（如一般杀人、伤害、窃盗、侵占、妨害婚姻家庭等）和特种刑事（如汉奸、窃匪、破坏坚壁清野、烟毒等）。在当时，普通刑事案件逐年减少，但特种刑事案件特别是汉奸案件却不但不减少，而且在敌人大扫荡前后，随着特务活动的猖獗，还有所增加。因此，抗日民主政权的刑法，主要内容就是镇压汉奸和反共分子。1939

年，陕甘宁边区发布了《抗战时期惩治汉奸条例》和《抗战时期惩治盗匪条例》。第一个条例规定，对汉奸行为，根据情节轻重，处以徒刑或死刑，并没收本犯全部财产；或处以罚金。凡教唆、放纵或协助犯汉奸罪者，与本犯同罪。另一方面，如犯汉奸罪，经政府认为确实是被威逼而构成从犯者；未经发觉而自首者，均可减刑。如事先告发能防止汉奸破坏或破获了汉奸犯罪者，可以减刑以至免刑。第二个条例规定，对盗匪行为，视情节轻重判处徒刑或死刑，并没收本犯全部财产；或处以罚金。凡教唆、放纵或协助犯盗匪罪者，与本犯同罪。另一方面，如犯盗匪罪，经政府认为确实被威逼而构成从犯者；未经发觉而自首者，均可减刑。如事先告发能防止或破获者，可以减刑以至免刑。

晋冀鲁豫边区在 1942 年 10 月颁布《危害军队及妨害军事工作治罪暂行条例》，目的是镇压汉奸、国民党特务以及其他反动分子危害抗日军队、妨害抗战军事工作的行为。晋冀鲁豫边区 1941 年和 1942 年先后颁布了《惩治盗毁空室清野财物办法》和《补充办法》。晋察冀边区 1942 年也颁布了《破坏坚壁清野财物惩治办法》，其目的都是为了保护边区的财力物力，防止敌寇、汉奸、盗匪的破坏。晋察冀边区在 1943 年 4 月颁布了《处理伪军伪组织人员办法》，目的是促使伪军伪组织人员及早醒悟，改过自新，并镇压死心塌地罪大恶极的汉奸分子。

除此之外，各抗日民主政权还公布了其他许多刑事法规，如《惩治贪污条例》、《妨害公务违抗法令治罪条例》、《毒品治罪暂行条例》、《惩治贪污公粮暂行条例》等等。所有这些法规，从各个方面捍卫了抗日民主政权，对抗日战争的胜利进行起了很大的作用。

再以土地法来说，革命根据地（解放区）所发布的法规中，有很大一部分是土地法规。这是因为，中国反帝反封建的民主革命的基本内容是土地革命。一方面，封建地主是中国最反动的阶级，严重地阻碍社会的发展，同时它又是帝国主义统治中国的主要社会基础，不推翻它的统治，革命就谈不到胜利。另一方面，农民占中国人口的百分之八十以上，农民是中国革命的基本力量，必须进行土地革命，才能发动广大农民的革命积极性，保证新民主主义革命的胜利。

早在 1928 年 12 月，湘赣边区就颁布了《土地法》，规定没收封建土地，主要以乡为单位，以人口为标准，不分男女老少，平均分配给农民个别耕种。同时，地主也可分得一份土地，并强制其劳动。这些都是正确的，在当时起了很大的作用。但是这个土地法也有错误，首先是除封建土地外，其他土地也要没收，这就引起了一部分中农和富裕中农的不满。其次是土地所有权属于政府，农民只有使用权，这在当时是不适合的。

此后，各地又公布了许多土地法规，如 1929 年江西省兴国县的《土地法》，1930 年中国革命军事委员会颁布的《土地法》，1930 年全国苏维埃区域代表大会通过的《土地暂行法》等等。这些土地法规都重复了过去的错误，规定了土地国有制的原则。

1931 年 11 月，全国工农兵代表大会通过了《土地法》，允许土地私有，纠正了以前的错误，但是又实行地主不分田，富农分坏田的办法，这实际上是对农民不利的。

在抗日战争时期，在 1937 年的《抗日救国十大纲领》中，改变了过去没收地主土地分配给农民的办法，提出了"减租减息"的政策。后来，各抗日根据地依照党中央的政策，制定了各种土地法规。例如，陕甘宁边区于 1942 年 12 月公布了《土地租佃条例草案》，1944 年 1 月公布了《地权条例草案》，并且都在 1944 年 12 月为边区参议会通过。晋察冀边区于 1943 年 2 月公布了《租佃债息条例》及其《施行条例》。晋冀鲁豫边区于 1941 年 7 月公布了《土地使用条例》，于 1942 年 10 月又进行了修正。这些法规的基本内容，是保护农民并且同时也保护地主的土地所有权；确定了减租、交租的办法，减租率一般为百分之二十五，即"二五减租"；确定了减息、交息的办法。这些法规，在当时起了很大的作用，巩固了抗日民族统一战线，使日寇完全陷于孤立，保证了抗日战争的胜利。

在第三次国内革命战争时期，在 1946 年 5 月，各解放区根据当时的具体情况，把减租减息政策改为没收地主土地分配给农民的政策，1947 年 9 月，中国共产党召开全国土地会议，通过了《中国土地法大纲》，其中规定，废除封建性及半封建性剥削的土地制度，实行耕者有其田的土地制度。接着，在各解放区开展了土地改革运动，摧毁了封建的土地制度，保证了第三次国内革命战争的胜利。

革命根据地（解放区）的其他法规，如劳动法规、婚姻法规等等，都是适合当时革命形势的需要而制定的。所有这些法规，在各个革命时期，都保障了革命事业的胜利，促进了革命事业的发展。

（二）旧法的彻底废除

在无产阶级夺取政权的革命斗争中，彻底废除一切剥削阶级的旧法律，代之以人民自己的法律，这是一项极其重要的任务。

国民党的法律同它的政权一样，是半封建半殖民地的经济基础的政治上层建筑的组成部分，是维护地主与买办官僚资产阶级统治的工具，是镇压广大人民群众的武器。它既具有浓厚的封建性和买办性，又具有很大的欺骗性。中国人民在革命斗争中必须彻底废除国民党政权的旧法律，制定新法律。否则，中国人民就不可能彻底推翻帝国主义、封建主义和官僚资本主义的统治，取得革命的胜利。

中华人民共和国成立前夕，在 1949 年 1 月 14 日，中共中央毛泽东主席发布的关于时局的声明中，提出"废除伪宪法"和"废除伪法统"作为进行国内和平谈判的八项条件中的两项条件。这两项条件的提出，具有十分重大的意义。国民党政府所谓的"法统"，是指国民党统治权力在法律上的来源而言。国民党政府欺骗人民说，他们的统治是"合法"的"正统"；这种统治权力，是根据 1947 年元旦国民党政府所颁布的"宪法"；这个"宪法"，是根据 1946 年 11 月国民党政府所召开的"国民大会"；这个"国民大会"，是根据 1931 年 6 月国民党政府所公布的"训政时期约法"；如此等等，并向上追溯而一直至国民党的成立。蒋介石在 1949 年元旦的文告中，提出了"不违反宪法"和"不中断法统"作为"和平"的条件之一，其意思就是要求人民承认国民党的统治作为正统，要求人民承认国民党政府的"合法"地位，因而不去破坏这个反动统治，借此使国民党的反动势力和统治制度得以保存下来。蒋介石的这种荒谬的要求是中国人民所绝对不能允许的。

国家政权的性质，决定了宪法和法律的性质。工人阶级必须用暴力推翻旧的统治阶级的暴力，才能夺取国家政权。因此，工人阶级必须废除旧统治阶级的旧法统，重新建立自己的革命法统。国民党政府所谓的"法统"的真实内容是什么呢？它自称，其法统来自辛亥革命后的南京临时政府和 1925 年至 1927 年的广州和武汉政府。事实上，辛亥革命后的南京临时政府是一部分资产阶级和一部分地主阶级联合的带有旧民主主义色彩的政权；但是这个政权只存在了一个多月，就被封建军阀袁世凯所夺取。至于 1925 年至 1927 年的广州和武汉政府，是无产阶级参加的、小资产阶级、资产阶级以及一部分地主阶级联合的带有新民主主义色彩的政权；但是这个政权由于1927年4月至7月国民党反动派的叛变而被推翻。国民党反动派叛变革命而夺取了政权以后，广大人民群众从来不承认其"法统"。中国人民在中国共产党的领导下，建立了革命的法统。国民党反动派为了要坚持其反动的法统，所以不承认革命的法统。毛泽东主席提出"废除伪宪法"和"废除伪法统"作为进行国内和平谈判的八项条件中的两项条件，其实质就是要求在全国范围内彻底推翻国民党政府的统治，宣布彻底废除国民党政府所制定的一切法律。

1949年2月，中共中央发布了《关于废除国民党的六法全书与确定解放区的司法原则的指示》。其中明确指出，法律是统治阶级公开以武装强制执行的所谓国家意识形态。法律和国家一样，只是保护一定统治阶级利益的工具。国民党的六法全书和一般资产阶级法律一样，以掩盖阶级本质的形式出现，但是，实际上既然没有超阶级的国家，当然也不能有超阶级的法律。任何反动的法律，国民党的六法全书也一样，都不能不多少包括某些所谓保护全体人民利益的条款，这正和国家本身一样，恰恰是阶级斗争不可调和的产物和表现。反动统治阶级为了保障其基本的阶级利益起见，不能不在其法律的某些条文中一方面照顾一下它的同盟者或它试图争取的同盟者的某些部分利益，企图以此来巩固其阶级统治；另一方面不能不敷衍一下它的根本敌人——劳动人民，企图以此来缓和它的阶级斗争。因此，不能因为国民党的六法全书有某些似是而非的所谓保护全体人民利益的条款，便把它看作只是一部分而不是在基本上不合乎广大人民利益的法律，而应该把它看作是基本上不合乎人民利益的法律。我们在抗日时期，在各根据地曾经个别地利用过国民党法律中有利于人民的条文来保护或实现人民的利益。在反动统治下，我们也常常利用反动法律中个别的有利于群众的条文来保护与争取群众的利益，并向群众揭露反动法律的本质上的反动性。毫无疑问，这样做是正确的。但是，不能把我们这种一时的策略上的行动解释为我们在基本上承认国民党的反动法律，或者认为在新民主主义政权下能够在基本上采用国民党的反动的旧的法律。在中共中央《关于废除国民党的六法全书与确定解放区的司法原则的指示》中明确规定："在无产阶级领导的工农联盟为主体的人民民主专政政权下，国民党六法全书应该废除，人民的司法工作不能再以国民党的六法全书为依据，而应该以人民的新法律为依据。在人民的新法律还没有系统的发布之前，应该以共产党的政策以及人民政府与人民解放军所发布的各种纲领、法律、条例、决议为依据。目前在人民的法律还不完备的情况下，司法机关的办事原则应该是：有纲领、法律、命令、条例、决议规定者，从纲领、法律、命令、条例、决议之规定；无纲领、法律、命令、条例、决议规定者，从新民主主义的政策。"这个重要的文献，为我国的革命法制建设指出了明确的方向。

三　新中国的立法制度

（一）新中国的立法制度的建立

1949 年 6 月 15 日，在中国共产党所领导的中国人民解放战争节节胜利的形势下，在北平召开了新政治协商会议筹备会。参加这次会议的，包括中国共产党和各民主党派、各人民团体、各民主人士、国内少数民族、海外华侨等 23 个单位，共 134 人。这次会议通过了《新政治协商会议筹备会组织条例》和《关于参加新政治协商会议的单位及其代表名额的规定》，选出了以毛泽东同志为主任的常务委员会，并决定在常务委员会的领导下设立六个小组，分别完成下列各项任务，即：一、拟定参加新政治协商议的单位及其代表名额；二、起草新政治协商会议组织条例；三、起草共同纲领；四、拟定中华人民共和国政府方案；五、起草宣言；六、拟定国旗、国歌及国徽方案。当时，之所以叫做新政治协商会议，是为了区别于 1946 年 1 月 10 日在重庆举行的政治协商会议。

1949 年 9 月 21 日，政协举行第一届全体会议，决定将新政治协商会议改名为中国人民政治协商会议。参加这次会议的单位及其代表名额为：党派代表 14 个单位，142 人；区域代表 9 个单位，102 人；军队代表 6 个单位，60 人；团体代表 16 个单位，206 人。以上四类共 45 个单位，代表 510 人，候补代表 77 人。另有特别邀请代表 75 人。这次会议，包含了全中国所有的民主党派、人民团体、人民解放军、各地区、各民族、国外华侨和其他爱国民主分子的代表，体现了全国人民的意志，显示了全国人民的空前的大团结。

在毛泽东主席的领导下，中国人民政治协商会议第一届全体会议制定了《中国人民政治协商会议组织法》、《中华人民共和国中央人民政府组织法》、《中国人民政治协商会议共同纲领》，决定了中华人民共和国定都于北京，制定了中华人民共和国的国旗为五星红旗，采用了义勇军进行曲为国歌，决定了中华人民共和国的纪年采用公元纪年，选举了中国人民政治协商会议全国委员会，选举了中华人民共和国中央人民政府委员会。中国的历史，从此开辟了一个新的时代。

《中国人民政治协商会议组织法》分为六章，二十条。它规定，中国人民政治协商会议全体会议的职权是：一、制定或修改中国人民政治协商会议组织法；二、制定或修改中国人民政治协商会议共同纲领；三、在普选的全国人民代表大会召开以前，执行全国人民代表大会的职权，其中包括：甲、制定或修改中华人民共和国中央人民政府组织法；乙、选举中华人民共和国中央人民政府委员会，并付之以行使国家权力的职权；丙、就有关全国人民民主革命事业或国家建设事业的根本大计或重要措施，向中华人民共和国中央人民政府委员会提出决议案；四、在普选的全国人民代表大会召开以后，就有关国家建设事业的根本大计或重要措施，向全国人民代表大会或中央人民政府委员会提出建议案；五、选举中国人民政治协商会议全国委员会。它还规定，中国人民政治协商会议全体会议每三年开会一次，由全国委员会召集。全国委员会认为有必要时，得提前或延期召集。中国人民政治协商会议全体会议须有参加代表过半数的出席，始得开会；须有出席代表过半数的同意，始得通过决议。在中国人民政治协商会议全体会议闭幕后，设立全国委员会，其职权是：一、保证实行中国人民政治协商会议全体会议及全国委员会的决议；二、协商并提出对中华人民共和国中央人民政府的建议案；三、协助政府动员人民参加人民民主革命及国家建设的工作；四、协商并提出参加中国人民政治协商会议的各单位在全国人民代表大会代表选举中的联合候选名单；五、协商并决定下届中国人民政治协商会议全体会议的参加单位、名额及代表人选，并召集之；六、指导地方民主统一战线的工作；七、协商并处理其他有关中国人民政治协商会议内部合作的事宜。中国人民政治协商会议全国委员会的委员及候补委员，由中国人民政治协商会议全体会议选举中国人民政治协商会议全国委员会每半年开会一次，由全国委员会常务委员会召集。常务委员会认为有必要时，得提前或延期召集。

《中华人民共和国中央人民政府组织法》分为六章，三十一条。它规定，中华人民共和国是工人阶级领导的，以工农联盟为基础的、团结各民主阶级和国内各民族的人民民主专政的国家中华人民共和国政府是基于民主集中原则的人民代表大会制的政府。在普选的全国人民代表大会召开前，由中国人民政治协商会议的全体会议执行全国人民代表大会的职权，制定中华人民共和国中央人民政府组织法，选举中华人民共和国中央人民政府委员会，并付之以行使国家权力的职权。中央人民政府委员会对外代表中华人民共和国，对内领导国家政权。中央人民政府委员会组织政务院，以为国家政务的最高执行机关；组织人民革命军事委员会，以为国家军事的最高统辖机关；组织最高人民法院及最高人民检察署，以为国家的最高审判机关及检察机关。中央人民政府委员会依据中国人民政治协商会议全体会议制定的共同纲领，行使下列职权：制定并解释国家的法律，颁布法令，并监督其执行；规定国家的施政方针；废除或修改政务院与国家的法律、法令相抵触的决议和命令；批准或废除或修改中华人民共和国与外国订立的条约和协定；处理战争及和平问题；批准或修改国家的预算和决算；颁布国家的大赦令和特赦令；制定并颁发国家的勋章、奖章，制定并授予国家的荣誉称号；任免政府人员；筹备并召开全国人民代表大会。中央人民政府主席主持中央人民政府委员会的会议，并领导中央人民政府委员会的工作。中央人民政府委员会的会议，两个月举行一次，由主席负责召集。主席根据需要，或有三分之一以上的中央人民政府委员的请求，或政务院的请求，得提前或延期召开会议。中央人民政府委员会的会议，须有委员过半数的出席始得开会，须有出席委员过半数的同意始得通过决议。政务院对中央人民政府委员会负责并报告工作；在中央人民政府委员会休会期间，对中央人民政府主席负责并报告工作。政务院根据并为执行中国人民政治协商会议共同纲领、国家的法律、法令和中央人民政府委员会规定的施政方针，行使下列职权：颁发决议和命令，并审查其执行；废除或修改各委、部、会、院、署、行和各级政府与国家的法律、法令和政务院的决议、命令相抵触的决议和命令;向中央人民政府委员会提出议案;联系、统一并指导各委、部、会、院、署、行及所属其他机关的相互关系、内部组织和一般工作;领导全国各地方人民政府的工作;任免或批准任免除由中央人民政府任免以外的各省市以上的主要行政人员。政务院的政务会议,每周举行一次,由总理负责召集。总理根据需要,或有三分之一以上的政务委员的请求,得提前或延期召开会议。政务院的会议,须有政务委员过半数的出席始得开会,须有出席政务委员过半数的同意始得通过决议。政务院的决议和命令,以总理单独签署行之,或由总理签署外并由有关各委、部、会、院、署、行的首长副署行之。各部、会、院、署、行,在自己的权限内,得颁发决议和命令,并审查其执行。此外《中央人民政府组织法》还规定,人民革命军事委员会统一管辖并指挥全国人民解放军和其他人民武装力量;最高人民法院为全国最高审判机关,并负责领导和监督全国各级审判机关的审判工作;最高人民检察署对政府机关、公务人员和全国国民之严格遵守法律,负最高的检察责任。

《中国人民政治协商会议共同纲领》除序言外,分为七章,六十条。《共同纲领》规定了我国国家的性质以及人民的权利和义务,还规定了政权机关、军事制度、经济政策、文化教育政策、外交政策的根本原则。根据《共同纲领》的规定,中国人民民主专政是中国工人阶级、农民阶级、小资产阶级、民族资产阶级及其他爱国民主分子的人民民主统一战线的政权,而以工农联盟为基础,以工人阶级为领导。由中国共产党、各民主党派、各人民团体、各地区、人民解放军、各少数民族、国外华侨及其他爱国民主分子的代表所组成的中国人民政治协商会议,就是人民民主统一战线的组织形式。中华人民共和国的国家政权属于人民,人民行使国家政权的机关为各级人民代表大会和各级人民政府。各级政权机关一律实行民主集中制，其主要原则为：人民代表大会向人民负责并报告工作；人民政府委员会向人民代表大会负责并报告工作；在人民代表大会和人民政府委员会内，实行少数服从多数的制度；各下级人民政府均由上级人民政府加委并服从上级人民政府；全国各地方人民政府均服从中央人民政府。中华人民共和国建立统一的军队，即人民解放军和人民公安部队，受中央人民政府人民革命军事委员会统率，实行统一的指挥，统一的制度，统一的编制，统一的纪律。中华人民共和国经济建设的根本方针，是以公私兼顾、劳资两利、城乡互助、内外交流的政策，达到发展生产、繁荣经济的目的。在国营经济、合作社经济、农民和手工业者的个体经济、私人资本主义经济和国家资本主义经济五种社会经济成分中，国营经济是领导成分。人民政府的文化教育工作，应以提高人民文化水平，培养国家建设人才，肃清封建的、买办的、法西斯的思想，发展为人民服务的思想为主要任务。中华人民共和国境内各民族一律平等，实行团结互助，反对帝国主义和各民族内部的人民公敌，使中华人民共和国成为各民族友爱合作的大家庭。中华人民共和国外交政策的原则，是保障本国独立、自由和领土主权的完整，拥护国际的持久和平和各国人民间的友好合作、反对帝国主义的侵略政策和战争政策。

《共同纲领》所规定的内容，本来是中国共产党的最低纲领，它被中国人民政治协商会议通过后，就成为各民主党派、各人民团体、各民主阶级、各少数民族、海外华侨及其他爱国民主人士所一致接受的纲领，体现了全国人民的意志和利益。《共同纲领》是中国人民民主革命经验的总结，也是中国人民长期争取民主宪政经验的总结。《共同纲领》在内容上和形式上，都具有宪法的一般特征，它不仅规定了我国社会制度和国家制度的基本原则和立法原则，而且在结构形式上，也与一般宪法的结构形式大体相同。因此，在 1954 年宪法颁布以前，《共同纲领》起了临时宪法的作用，成为我国立法工作的法律基础。《共同纲领》第十七条明文规定："废除国民党反动政府一切压迫人民的法律、法令和司法制度，制定保护人民的法律、法令，建立人民司法制度。"1949 年 10 月 1 日新中国宣告成立后，即以《共同纲领》为依据，开展全国范围内的法制建设。

（二）现阶段我国的立法制度

1. 我国的立法机关

全国人民代表大会是我国最高国家权力机关，我国的一切最高国家权力均由全国人民代表大会行使。

全国人民代表大会的职权包括：

（1）立法权。全国人民代表大会有权修改宪法，制定和修改刑事、民事、国家机构的和其他的基本法律。

（2）监督宪法的实施。

（3）产生或罢免中央一级的其他国家的领导人员。

（4）决定其他重大的国家事务，如审查和批准国民经济和社会发展计划和计划执行情况的报告，批准省、自治区和直辖市的建置，决定特别行政区的设立及其制度，决定战争和和平的问题等等。

（5）应当由最高国家权力行使的其他职权。

全国人民代表大会会议每年举行一次，由全国人民代表大会常务委员会召集。如果全国人民代表大会常务委员会认为必要，或者有五分之一以上的全国人民代表大会代表提议，可以临时召集全国人民代表大会会议。

全国人民代表大会每届任期五年。任期届满前两个月，全国人民代表大会常务委员会必须完成下届全国人民代表大会的选举。如果遇到不能进行选举的非常情况，由全国人民代表大会常务委员会全体组成人员的三分之二以上的多数通过，可以推迟选举，延长本届全国人民代表大会的任期，在非常情况结束后一年内，必须完成下届全国人民代表大会的选举。

在全国人民代表大会闭会期间，全国人民代表大会常务委员会是行使最高国家权力的机关。全国人民代表大会常务委员会是全国人民代表大会的常设机构，由全国人民代表大会选举产生，受它的领导和监督，对全国人民代表大会负责并报告工作。

全国人民代表大会常务委员会由委员长一人、副委员长若干人、委员若干人、秘书长一人组成。全国人民代表大会常务委员会的组成人员中，应当有适当名额的少数民族代表。全国人民代表大会常务委员会的组成人员不得担任国家行政机关、审判机关和检察机关的职务。

全国人民代表大会常务委员会的主要职权是：

（1）解释宪法、法律，监督宪法的实施。在全国人民代表大会闭会期间，制定和修改除应当由全国人民代表大会制定的法律以外的其他法律；在全国人民代表大会闭会期间，对全国人民代表大会制定的基本法律进行部分的修改和补充，但不得同该法律的基本原则相抵触。

（2）监督国家机关的工作。全国人民代表大会常务委员会有权监督国务院、中央军事委员会、最高人民法院和最高人民检察院的工作，有权撤销国务院制定的同宪法、法律相抵触的行政法规、决定和命令，有权撤销省、自治区、直辖市国家权力机关制定的同宪法、法律和行政法规相抵触的地方性法规和决议。

（3）决定或规定国家生活中的某些重大问题。

（4）决定任免和任免某些国家机关的领导人员。

（5）全国人民代表大会授予的其他职权。

全国人民代表大会常务委员会的立法权，有一个发展的过程。1955 年，第一届全国人民代表大会第二次会议曾经通过决议，授权全国人民代表大会常务委员会在全国人民代表大会闭会期间，可以依照宪法的精神和实际需要，适时地制定部分性质的法律，即单行法规。1958 年，第二届全国人民代表大会第一次会议又通过决议，授权全国人民代表大会常务委员会在全国人民代表大会闭会期间，可以根据情况的发展和工作的需要，对现行法律中一些已经不适用的条款，适当加以修改，并作出新的规定。1982 年，第五届全国人民代表大会第五次会议通过了新的宪法，扩大了全国人民代表大会常务委员会的立法权，这样就大大地有利于我国经常性立法工作的开展。同时，为了充分保证全国人民代表大会作为最高权力机关的地位，新宪法明确规定，全国人民代表大会有权"改变或者撤销全国人民代表大会常务委员会不适当的决定"，这就加强了全国人民代表大会对其常务委员会的监督和领导之权。全国人民代表大会常务委员会立法权的扩大，使我国的社会主义民主和社会主义法制得到进一步的发展。

2. 我国的立法程序

我国的立法程序可以分为四个阶段：（1）提出法律草案；（2）讨论法律草案；（3）通过法律；（4）公布法律。

（1）提出法律草案

按照 1949 年 9 月 27 日通过的《中国人民政治协商会议共同纲领》、《中国人民政治协商会议组织法》和《中华人民共和国中央人民政府组织法》三个法律文件，在普选的全国人民代表大会召开前，由中国人民政治协商会议的全体会议执行全国人民代表大会的职权，制定中央人民政府组织法，选举中央人民政府委员会，并付之以行使国家权力的职权，其中包括制定并解释国家的法律和颁布法令的职权。但是，由于《中国人民政治协商会议组织法》第十二条所规定要制定的中国人民政治协商会议议事规则及《中央人民政府组织法》第十二条所规定要制定的中央人民政府委员会组织条例，始终没有制定出来，因此，什么机构和人员享有提出法律草案的权限，在法律上并不明确。从立法实践来看，提出法律草案的机构有：一、中国人民政治协商会议全国委员会（如《土改改革法》）；二、政务院（如《惩治反革命条例》、《惩治贪污条例》）；三、中央人民政府法制委员会（如《人民法院暂行组织条例》、《婚姻法》）；四、最高人民检察署（如《最高人民检察署暂行组织条例》、《各级地方人民检察署组织通则》）；五、选举法起草委员会（如《全国人民代表大会及地方各级人民代表大会选举法》）。

1954 年 9 月 20 日，第一届全国人民代表大会第一次会议通过了《中华人民共和国宪法》，其第二十二条规定："全国人民代表大会是行使国家立法权的惟一机关。"这次会议通过的《全国人民代表大会组织法》第八条规定："中华人民共和国主席、副主席，全国人民代表大会的代表、主席团、常务委员会和各委员会、国务院，都可以向全国人民代表大会提出议案。"这一条中所用的"议案"一词，虽然含义较广，并不专指法律案，但应包括法律案在内，这是没有疑问的。从立法实践来看，除第一届全国人民代表大会第一次会议所通过的《全国人民代表大会组织法》、《国务院组织法》、《人民法院组织法》、《人民检察院组织法》、《地方各级人民代表大会和地方各级人民委员会组织法》是由宪法起草委员会提出法律草案之外，在"文化大革命"以前，各届全国人民代表大会会议所通过的法律，都是由国务院提出法律草案的。至于代表在全国人民代表大会会议上所提出的提案，虽然数量很多，但都不是立法性的，而只是一些建议，所以都由提案审查委员会审查后，分别交由全国人民代表大会常务委员会、国务院、最高人民法院和最高人民检察院研究办理。

在"文化大革命"十年动乱期间，全国人民代表大会的会议未能按期召开，立法工作未能正常进行。粉碎"四人帮"以后，全国人民代表大会恢复了立法工作。从立法实践来看，在1979年6月至1981年12月期间，第五届全国人民代表大会第二、三、四次会议共通过了十三项法律，其中有十二项法律草案是由全国人民代表大会常务委员会法制委员会提出的，一项法律草案是由国务院提出的。

1982年12月公布的新宪法规定，全国人民代表大会代表和全国人民代表大会常务委员会组成人员，有权依照法律规定的程序提出属于全国人民代表大会和全国人民代表大会常务委员会职权范围内的议案。1982年12月通过的新的《全国人民代表大会组织法》规定，全国人民代表大会主席团，全国人民代表大会常务委员会，全国人民代表大会各专门委员会，国务院，中央军事委员会，最高人民法院，最高人民检察院，可以向全国人民代表大会提出属于全国人民代表大会职权范围内的议案。全国人民代表大会各专门委员会，国务院，中央军事委员会，最高人民法院，最高人民检察院，可以向全国人民代表大会常务委员会提出属于全国人民代表大会常务委员会职权范围内的议案。这些规定，一方面既明确了哪些机构和人员享有立法提案权，另一方面又加重了这些机构和人员在立法工作方面的责任。

《全国人民代表大会组织法》还进一步规定，全国人民代表大会的一个代表团或者三十名以上的代表，可以向全国人民代表大会提出议案。全国人民代表大会常务委员会组成人员十人以上可以向全国人民代表大会常务委员会提出议案。这一规定，是为了集思广益，使法律草案和议案更加成熟。

（2）讨论法律草案

按照 1954 年的《全国人民代表大会组织法》的规定，全国人民代表大会讨论议案的具体步骤大致是：全国人民代表大会代表按照选出代表的选举单位分别组成代表小组。各代表小组在全国人民代表大会每次会议举行前，就全国人民代表大会常务委员会提出的关于会议的准备事项交换意见；在会议举行期间，就全国人民代表大会或者全国人民代表大会主席团提出的事项进行小组讨论。全国人民代表大会在每次会议开始的时候，选举本次会议的主席团和秘书长，通过本次会议的议程。主席团主持全国人民代表大会会议，主席团互推若干人轮流担任会议的执行主席。主席团互推常务主席若干人，召集并主持主席团会议。向全国人民代表大会提出的议案，由主席团提请全国人民代表大会会议讨论，或者交付有关委员会单独审查或者联合审查后，提请全国人民代表大会会议讨论。

按照 1954 年的宪法，全国人民代表大会设立民族委员会、法案委员会、预算委员会、代表资格审查委员会和其他需要设立的委员会。民族委员会和法案委员会，在全国人民代表大会闭会期间，受全国人民代表大会常务委员会的领导。全国人民代表大会的专门委员会在法律草案的讨论中，曾起过一定的作用。但是，在 1975 年的宪法中，删去了这一规定。1978 年的宪法仅规定："全国人民代表大会和全国人民代表大会常务委员会可以根据需要设立若干专门委员会。"这也是很不够的。

新宪法规定："全国人民代表大会设立民族委员会、法律委员会、财政经济委员会、教育科学文化卫生委员会、外事委员会、华侨委员会和其他需要设立的专门委员会。在全国人民代表大会闭会期间，各专门委员会受全国人民代表大会常务委员会的领导。各专门委员会在全国人民代表大会和全国人民代表大会常务委员会领导下，研究、审议和拟订有关议案。"1982年新的《全国人民代表大会组织法》进一步规定，法律委员会统一审议向全国人民代表大会或者全国人民代表大会常务委员会提出的法律草案；其他专门委员会就有关的法律草案向法律委员会提出意见。这些规定，有利于对议案（包括法律草案）进行更加周密细致的讨论，从而保证法律草案的质量。

　　按照1982年新的《全国人民代表大会组织法》的规定，全国人民代表大会讨论议案的具体步骤大致是：全国人民代表大会代表按照选举单位组成代表团，各代表团分别推选代表团团长、副团长。代表团在每次全国人民代表大会会议举行前，讨论全国人民代表大会常务委员会提出的关于会议的准备事项；在会议期间，对全国人民代表大会的各项议案进行审议，并可以由代表团团长或者由代表团推派的代表，在主席团会议上或者大会全体会议上，代表代表团对审议的议案发表意见。全国人民代表大会每次会议举行预备会议，选举本次会议的主席团和秘书长，通过本次会议的议程和其他准备事项的决定。主席团主持全国人民代表大会会议。主席团互推若干人担任会议的执行主席。主席团推选常务主席若干人，召集并主持主席团会议。对议案的审议有两种不同的方法：一种是对全国人民代表大会主席团、全国人民代表大会常务委员会、全国人民代表大会各专门委员会、国务院、中央军事委员会、最高人民法院和最高人民检察院所提出的议案，由主席团决定交各代表团审议，或者并交有关的专门委员会审议、提出报告，再由主席团审议决定提交大会表决。另一种是对一个代表团或者三十名以上的代表所提出的议案，由主席团决定是否列入大会议程，或者先交有关的专门委员会审议、提出是否列入大会议程的意见，再决定是否列入大会议程。向全国人民代表大会提出的议案，在交付大会表决前，提案人要求撤回的，对该议案的审议即行终止。全国人民代表大会常务委员会对议案的审议，由委员长会议决定采取两种不同的方法。

新宪法还明确规定："全国人民代表大会代表在全国人民代表大会各种会议上的发言和表决，不受法律追究。"这一规定，保证了代表在讨论法律草案时可以畅所欲言，充分发表自己的意见。这对于法律草案和其他问题的讨论能够真正民主地进行，不受外来的非法的干涉，是很有必要的。

（3）通过法律

1949 年的《中国人民政治协商会议组织法》规定，中国人民政协全体会议，须有参加代表过半数的出席，始得开会；须有出席代表过半数的同意，始得通过决议。《中央人民政府组织法》规定，中央人民政府委员会的会议，须有委员过半数的出席始得开会，须有出席委员过半数的同意始得通过决议。以上两处所说的决议，自应包括法律案在内。

1954 年宪法对通过法律的法定人数作出了比较严格的要求，第二十九条规定："宪法的修改由全国人民代表大会以全体代表的三分之二的多数通过。法律和其他议案由全国人民代表大会以全体代表的过半数通过。"这里所要求的是全体代表的三分之二多数和全体代表的过半数，而不是出席代表的过半数。显然，这一规定有利于加强宪法和法律的稳定性和权威性。但是，在 1975 年和 1978 年的宪法中，取消了这一规定。

新宪法恢复了这一规定，并作了新的补充。按照新宪法的规定，宪法的修改，由全国人民代表大会常务委员会或者五分之一以上的全国人民代表大会代表提议，并由全国人民代表大会以全体代表的三分之二以上的多数通过。法律和其他议案由全国人民代表大会以全体代表的过半数通过。按照《全国人民代表大会组织法》的规定，全国人民代表大会常务委员会审议的法律案和其他议案，由常务委员会以全体组成人员的过半数通过。这些规定，是很有必要的。

（4）公布法律

我国 1954 年的宪法曾规定，中华人民共和国主席根据全国人民代表大会的决定和全国人民代表大会常务委员会的决定，公布法律和法令。1975 年的宪法删去了这方面的规定。1978 年的宪法规定，全国人民代表大会常务委员会委员长根据全国人民代表大会或者全国人民代表大会常务委员会的决定，公布法律和法令。

1982 年通过的新宪法规定，中华人民共和国主席根据全国人民代表大会的决定和全国人民代表大会常务委员会的决定，公布法律。

从 1954 年起，我国国务院秘书厅出版《中华人民共和国国务院公报》。从 1957 年起，我国全国人民代表大会常务委员会办公厅出版《中华人民共和国全国人民代表大会常务委员会公报》。以上两个公报，都是刊登和发表法规的正式刊物，曾于 1966 年停刊，于 1980 年 1 月起复刊。

（1985 年）

宪法在立法工作中的作用

一 宪法是立法工作的法律基础

宪法是阶级斗争的总结和结果，是阶级斗争中阶级力量对比关系的集中反映。宪法规定国家生活中最根本的问题，是国家的根本法，具有最高的法律效力，是立法工作的法律基础。

近代意义的宪法，是在资产阶级革命胜利并掌握政权以后才出现的。在资产阶级革命时期，资产阶级宪法的制定，对反封建的斗争曾经起过积极的作用。英国是世界上最早制定宪法的国家，其宪法由各个时期所通过的一批宪法性文件所组成，被称为不成文宪法。1787年制定的美国宪法，是最早的成文宪法。1791年，法国也颁布了宪法。资产阶级之所以需要制定一个作为国家根本法的宪法，是为了用法律形式把革命成果巩固下来，阻止封建势力复辟，维护资本主义制度的发展。正如毛泽东同志所指出："讲到宪法，资产阶级是先行的。英国也好，法国也好，美国也好，资产阶级都有过革命时期，宪法就是他们在那个时候开始搞起的。我们对资产阶级民主不能一笔抹煞，说他们的宪法在历史上没有地位。"①

在我国以前的三部宪法中，以1954年的宪法比较完善，而1975年和1978年的两部宪法，因为限于当时的历史条件，都很不完善。宪法修改草案比1954年的宪法有较大的发展，充分反映了它作为国家根本法的特点。

第一，在内容方面，宪法草案规定了我们国家最根本的问题。在序言中，肯定了坚持四项基本原则，即坚持社会主义，坚持人民民主专政，坚持马克思列宁主义、毛泽东思想，坚持中国共产党的领导，并在这四项基本原则的基础上，规定了中国人民今后的根本任务。在总纲中，规定了我们国家的性质、政治制度、民族关系和经济制度。同时，又规定了公民的基本权利和义务，规定了国家机构的设置，等等。这些都是国家生活中最根本的问题，是制定一般法律的基本原则。一般法律只规定社会制度和国家制度中的某一方面的问题，并且是根据宪法所规定的基本原则而制定的。

第二，在效力方面，宪法的效力在一般法律之上。序言规定，宪法"是国家的根本法，具有最高的法律效力"。第五条规定："一切法律、法令和法规都不得与宪法相抵触。"宪法是制定一般法律的依据，任何普通法律如果违反宪法的规定，就是无效的。全国各族人民、一切国家机关和人民武装力量、各政党和各社会团体、各企业事业组织，都必须以宪法为根本的活动原则，并负有维护宪法的尊严、保证宪法的实施的职责。

第三，在制定机关和修改程序方面，宪法只能由全国人民代表大会制定，宪法的修改，由全国人民代表大会常务委员会或者五分之一以上的全国人民代表大会代表提议，并由全国人民代表

---

① 《毛泽东选集》第5卷，第127页。

大会以全体代表的三分之二以上的多数通过。这种程序比一般法律的制定程序更为郑重。

斯大林关于苏联宪法草案曾经指出："宪法并不是法律汇编。宪法是根本法，而且仅仅是根本法。宪法并不排除将来立法机关的日常立法工作，而要求有这种工作。宪法给这种机关将来的立法工作以法律基础。"可以预期，随着宪法修改草案的讨论和通过，我国今后的立法工作将进入一个新的发展阶段。

二　立法大权由人民掌握

我国在封建时代，"法自君出"，一切成文法不论采取什么形式，都以皇帝的名义颁布，即所谓"钦定"。由于君主掌握立法大权，人民根本无权过问，所以不设立经常性的立法机关，仅在必要时由君主特命若干大臣组成临时性的御用机关，对君主负责，起草法律。同时，君主还可以随时改变法律。

在社会主义国家里，立法大权由人民掌握。宪法修改草案规定，中华人民共和国的一切权力属于人民，人民行使国家权力的机关是全国人民代表大会和地方各级人民代表大会。全国人民代表大会是最高国家权力机关，它的常设机关是全国人民代表大会常务委员会。根据1981年全国普选的统计，选民占18周岁以上公民人数的99.9%以上，而参加投票的选民则占选民总数的96.56%。根据1925个县级单位的统计，代表中的工人占10.56%，农民占47.61%，干部占25.53%，知识分子占8.44%，军人、爱国人士、归侨等占7.86%。代表中的妇女占21.89%。不是共产党员的代表占33.15%。这就表明，我国是工人阶级领导的、以工农联盟为基础的人民民主专政的社会主义国家，我国所实行的社会主义民主是最广泛的民主。在这样广泛的民主的基础上产生的国家最高权力机关，可以充分代表人民的意志，行使立法大权。

在资产阶级国家里，立法大权由议会行使。在表面上，议会是由普选产生的。这种普选制比起封建社会的专制制度来说，当然是一种进步。但是，资产阶级国家在形式上给予人民群众以选举权和被选举权的同时，又利用掌握在他们手中的强大的国家机器和宣传工具，对人民群众施加种种限制、压力和影响，并且通过制定有利于资产阶级的选举方法，包括限制选民资格、划分选区、实行选举要缴纳保证金等等，以限制广大劳动人民行使选举权利。首先，资产阶级国家对选民资格作了种种限制。例如，在60年代以前，美国各州限制选民行使选举权的规定不下50余种。这些限制大致有五类：一、财产的限制。有的州规定，财产不到300美元的人不得参加选举。二、居住期限的限制。有33个州规定，在本州居住不满一年的人不得参加选举。三、文化程度的限制。有22个州规定，凡是不能用英语阅读或书写的人不能参加选举。四、赋税的限制。缴不起税的人，被剥夺选举权。五、其他的限制。如登记投票必须有保证人等。60年代以后，美国在选举制度方面作了一些欺骗性的改革，规定不得以无力缴税为理由，剥夺选民的选举权。但是实际上，各州仍可以用种种手段剥夺选民特别是黑人选民的选举权。其次，在资产阶级国家里，经常在划分选区方面玩弄种种花样，使无产阶级的代表不能当选。例如，英国在下院的选举中，常常在无产阶级力量占优势的地区少设选区，而在资产阶级力量占优势的地区多设选区，以便使更多的资产阶级候选人当选。美国在选举中也经常改变选区，故意减少工业区的代表名额，以利于资产阶级，而不利于无产阶级。最后，许多资产阶级国家实行参加竞选要缴纳保证金的制度，以阻挠无产阶级提出自己的候选人。例如，英国规定，凡是议员候选人，必须缴纳 150 英镑的保证金。如果候选人在选举中所得的选票不到这个选区的全部选票的八分之一,那么,他所缴纳的保证金就由国家予以没收。

由于资产阶级国家对选民行使选举权作了种种限制,所谓普选制就成为一句空话。据统计,美国大选时选民参加投票人数占达到选举年龄的居民总数的百分比在 1960 年为 63.8%,1964 年下降为 61.8%,1968 年下降为 60.9%,1972 年下降为 55.7%,1976 年下降为 54.4%,1980 年下降为 52.3%。同时,资产阶级不仅通过制定各种法律来限制劳动人民进行选举,而且还通过欺诈、舞弊、收买、威胁等各种非法手段来保证自己的代表当选。因此,在资产阶级国家中,当选的议员绝大多数是富裕阶层出身的人。在资产阶级国家里,立法大权实际上操纵在资产阶级的手里,这与社会主义国家是根本不同的。

三　明确规定立法程序

我国在封建制时代,由于法自君出,大臣草拟的法律草案由君主裁决,所以不需要也不可能有严格的立法程序,至多只有一些常例,而且并不非遵守不可。例如,在清代,成文法的制定在大体上经过以下三个步骤:一、纂修。会典(行政法规)有纂修的必要时,由内阁奏请。律例(刑民事法规)有纂修的必要时,由刑部奏请。至于正副总裁、提调、总纂修、校对、收掌等职员,大多临时选自通晓各部院的法律制度者充任。二、审议。各职员分担纂修事务,事先要收集新发生的事例,查对现行法有什么地方需要废止或变更,作为草案初稿,然后逐条审议,成为正式草案。三、裁妥。正式草案产生后,奏呈君主,并附以总裁官记述纂修的方针、顺序等说明。君主裁可后,即成为正式的法律。同时，在公布法律时，还要冠以君主的咨敕，即所谓"御制序"，以示发生法律效力。在这些步骤中，最重要的是君主的裁可，其他步骤均可随时变更或省略，并无严格的立法程序可言。

在实行民主政治的国家里，立法均需经过严格的顺序。立法程序是指国家机关在制定、废除或修改法律方面的活动程序，一般可以分为四个阶段：一、提出法律草案；二、讨论法律草案；三、通过法律；四、公布法律。但也有一些国家，法律在通过以后，还要经过复议和批准。世界各国一般在议院法或专门的立法程序法中对立法程序作具体的规定，而在宪法中对立法程序作原则性的规定。过去，我国的三部宪法对立法程序均缺少明文规定。宪法修改草案吸收了过去的经验，对立法程序作出了原则性的规定，这对今后的立法工作具有重大的意义。

从宪法修改草案的规定来看，我国的立法程序是：一、提出法律草案。全国人民代表大会代表和全国人民代表大会常务委员会委员，有权依照法律规定的程序提出属于全国人民代表大会和全国人民代表大会常务委员会职权范围内的立法性议案。国务院可以就宪法修改草案第九十条所规定的事项向全国人民代表大会或者全国人民代表大会常务委员会提出议案。这些规定，都是以前的三部宪法中所没有的，现在加以规定，一方面既明确了哪些人享有立法提案权，另一方面又加重了他们在立法工作方面的责任。二、讨论法律草案。宪法修改草案规定，全国人民代表大会代表在全国人民代表大会各种会议上的发言和表决，不受法律追究。这一新的规定，保证代表在讨论法律草案时可以畅所欲言，充分发表自己的意见。宪法修改草案还规定，全国人民代表大会设立民族委员会、法律委员会、财政经济委员会、教育科学委员会、外事委员会和其他需要设立的专门委员会。在全国人民代表大会闭会期间，各专门委员会受全国人民代表大会常务委员会的领导。各专门委员会在全国人民代表大会和全国人民代表大会常务委员会领导下审议和拟订有关议案。过去，由于全国人民代表大会会期较短，代表人数很多，对法律草案的讨论不易深入。现在的这些规定，可以使法律草案得到更深入的讨论，便于集思广益，精益求精，使制定的法律更加完善。三、通过法律。法律、法令和其他议案由全国人民代表大会以全体代表的过半数通过。在1954年的宪法中，原来就有关于通过法律的法定人数的规定，但在后来的两部宪法中，删去了这一规定。现在的宪法修改草案恢复了这一规定，这是必要的。四、公布法律。中华人民共和国主席根据全国人民代表大会的决定和全国人民代表大会常务委员会的决定，公布法律。1954年的宪法原来就有这一规定，但后来的两部宪法规定不设立国家主席的职位，法律由全国人民代表大会常务委员会委员长公布。宪法修改草案决定恢复设立国家主席，法律自应仍由国家主席公布。

由此可见，宪法修改草案关于立法程序的规定，比以前三部宪法完备得多。但是，它仍有可改进之处。一、最高人民法院和最高人民检察院似也可享有立法提案权。尤其是在宪法修改草案明文规定全国人民代表大会常务委员会的组成人员不得担任国家行政机关、审判机关和检察机关的职务的情况下，这一增加似更有其必要。同时，也宜规定国家主席和副主席享有立法提案权。二、宜恢复1954年宪法中关于法令也由中华人民共和国主席公布的规定，并宜规定法律和法令应在专门的法定刊物上公布。三、由于全国人民代表大会人数较多，不便经常进行工作，因此，扩大全国人民代表大会常务委员会的职权，这是有必要的。如果同时规定全国人民代表大会常务委员会在全国人民代表大会闭会期间对基本法律所进行的部分的修改和补充，需提交下一次全国人民代表大会追认，则在立法程序上似更加妥善，有助于加强法律的稳定性、连续性和权威性。

此外，还希望依照宪法修改草案第七十七条，尽快修改制定全国人民代表大会组织法，明确规定全国人民代表大会及其常务委员会的组织和工作程序，实行严格的工作责任制，提高工作效率。并希望逐步总结立法工作的实践经验，在条件成熟时，制定立法程序法，对立法程序作出严密的规定，以更好地保证立法工作的质量，推动立法工作的进一步发展。

四　充分发挥地方性法规的作用

宪法修改草案在序言中规定："中华人民共和国是全国各民族共同缔造的统一的多民族国家。"这一规定表明，我国的国家结构形式是单一制。

从现代世界各国宪法的规定来看，国家结构形式主要有联邦制和单一制两种。联邦制国家是由许多成员国作为它的组成部分的国家。在这样的国家里，除了最高国家权力机关和最高国家行政机关进行全国范围内的共同活动以外，每一个成员国还可以通过自己的最高国家权力机关和最高国家行政机关来实施联邦宪法赋予的一切权利。例如，南斯拉夫社会主义联邦共和国、美利坚合众国、德意志联邦共和国等就是联邦制国家。单一制国家是以普通的行政区域单位或包括一些自治地方所组成的统一的国家。例如，罗马尼亚社会主义共和国、朝鲜民主主义人民共和国、日本国等就是单一制国家。

我们的国家采取单一制的国家结构形式。这表现在：我国只有一个最高国家权力机关，即全国人民代表大会，一个最高国家行政机关，即国务院。国内各行政区域和各民族自治地方都是中华人民共和国不可分离的组成部分，其自治机关是在全国人民代表大会和国务院统一领导下的一级地方国家机关。

宪法修改草案规定，省、直辖市的人民代表大会和它们的常务委员会，在不同宪法、法律、法令、行政法规相抵触的前提下，可以制定地方性法规，报全国人民代表大会常务委员会备案。民族自治地方的人民代表大会有权依照当地民族的政治、经济和文化的特点，制定自治条例和单行条例。自治区的自治条例和单行条例，报全国人民代表大会常务委员会批准后生效。自治州、自治县的自治条例和单行条例，报省或者自治区的人民代表大会常务委员会批准后生效，并报全国人民代表大会常务委员会备案。这些规定，进一步扩大了地方的权力，可以充分发挥地方的积极性，根据本行政区域的具体情况和实际需要，制定地方性法规以及自治条例和单行条例。由于地方各级人民代表大会为数众多，拥有很大数量的代表，而且越是基层的人民代表大会越是接近群众，这就便于人民群众行使国家权力。同时，地方各级人民代表大会能够充分反映各阶层人民的意见和利益，可以因地制宜，结合各地的实际情况，在本行政区域内，保证宪法、法律、法令和行政法规的遵守和执行。因此，充分发挥地方各级人民代表大会的作用，明确规定省一级的人民代表大会及其常务委员会有权制定和颁布地方性法规，有利于地方发挥主动性和积极性，加速整个国家的建设。

从两年多来的实践来看，许多省、自治区和直辖市通过了选举实施细则、排放污染环境物质管理条例、道路交通管理规则、农村房屋建设用地管理办法等重要的地方性法规，起了积极的作用。但是，他们在工作中往往因为不明确在制定地方性法规方面的具体权限，使得有些很紧迫的问题，得不到及时的解决。因此，需要在宪法中明确规定中央与地方的立法权限的划分。现代世界各国一般都用列举的办法，分别规定中央及地方的立法权限。列举的方法大体有以下三种：一、有些国家（如美国、瑞士）列举中央的立法事项，而将未列举的事项归属于地方，其目的是限制中央的权力。二、还有一些国家列举地方的立法事项，而把未列举的事项归属于中央，其目的是限制地方的权力，如南非联邦。三、又有一些国家把中央和地方的立法事项都列举出来，其目的是使中央和地方的权力维持均等的地位，如加拿大。这些方法，是可以参考和借鉴的。

（1982 年）

立法程序的概念和阶段

一 立法程序的概念

进行任何工作，都有一定的先后次序，也就是要有一定的程序。法律上所规定的程序，目的是为了实现某种已经存在的实体法。从法律角度来看，单有实体法而没有与此相应的程序法，那么，这种实体法是无法加以实施的。如果没有一定的程序法而勉强去实施实体法，那么，从法律角度来看，这是一种擅自处理的行为，而且很容易成为违反法制的行为。反之，如果只有程序法而没有实体法，那么，这种程序法也是毫无意义的。因此，实体法和程序法是紧密联系着的。

凡是规定人们在政治、经济、文化和家庭婚姻等事实关系的权利和义务的法律，称为实体法，如宪法、行政法、民法、家庭婚姻法、刑法等。凡是为了保证实体法所规定的权利和义务关系的实现而制定的相应程序的法律，称为程序法，如立法程序法、行政诉讼法、民事诉讼法、刑事诉讼法等。

实体法和程序法之间的相互关系，犹如任何现象的内容和形式之间的相互关系一样，一定的内容必须具有与它相适应的形式。马克思指出："实体法却具有本身特有的必要的诉讼形式。例如中国法里面一定有笞杖，和中世纪刑律的内容连在一起的诉讼形式一定是拷问，以此类推，自由的公开审判程序，是那种本质上公开的、受自由支配而不受私人利益支配的内容所具有的必然属性。审判程序和法二者之间的联系如此密切，就像植物的外形和植物的联系，动物的外形和血肉的联系一样。审判程序和法律应该具有同样的精神，因为审判程序只是法律的生命形式，因而也是法律的内部生命的表现。"① 马克思的这些论述，非常清楚地说明了实体法和程序法是互相依存的，是内容和形式的统一。

现代世界各国一般都在宪法中规定立法权，即规定哪些机关有制定、修改和废除法律的权力。同时，宪法在规定立法的实体法之外，也一般地规定立法的程序法。由于立法程序比较复杂，而宪法是国家的根本法，不能包罗万象，因此，立法的程序法往往在议会法和议事规程中加以更具体的规定。此外，还有一些国家制定了专门的立法程序法。

各国学者对立法程序的概念，尚未有一致的看法。有的学者认为，立法程序是立法机关实施职权的程序。立法机关一般有三种主要的职权，即制定法律、通过国家预算和监督政府，为了完成这三项任务，必须有各种程序规则。这些程序规则不仅是为了便于立法机关制定法律，而且也是为了保证国家预算得到合理的运用，并使政府当局能够遵守法律的规定。因此，立法程序应当包括制定法律、拨款和监督政府的程序。有的学者认为，立法程序不仅应该包括立法机关制定法律的程序，而且还包括立法机关和行政机关的议事程序。有的学者认为，立法程序包括以下九个

---

① 《马克思恩格斯全集》第 1 卷，第 178 页。

方面的内容：1. 通过宪法和修改宪法的程序；2. 制定法律的程序；3. 制定规范性法令的程序；4. 制定非规范性法令的程序；5. 制定政府的规范性文件的程序；6. 制定各部部长规范性文件的程序；7. 制定地方国家权力机关规范性文件的程序；8. 制定地方国家行政机关规范性文件的程序；9. 制定地方各管理部门领导人的规范性文件的程序。

我们认为，从广义来说，立法程序是指中央和地方的国家权力机关和行政机关制定宪法、法律、法令和行政命令的程序。但是，立法程序的基本意义，是指中央立法机关行使其立法权的程序，即中央立法机关在制定、修改或废除法律方面的活动程序。

二　立法程序的阶段

立法机关在行使其立法权时，要实施许多连续的行为，因此，立法程序可以分为几个阶段。各国的立法程序不尽相同，但大致上可以分为四个阶段：1. 提出法律草案；2. 讨论法律草案；3. 通过法律；4. 公布法律。

有些学者认为，在某些资本主义国家，国家元首不仅有权批准法律，而且有权公布或拒绝公布法律。在这种情况下，公布法律是立法程序的最后的一个阶段。但是在另外的一些资本主义国家，法律在通过或批准之后，必须按照一定的制度予以公布。在这种情况下，公布法律就不是立法程序的一个阶段。他们还认为，在社会主义国家里，由于不存在国家元首有权公布或拒绝公布法律的制度，因此，法律的公布不是立法程序的一个阶段，而是属于实施法律的程序。我们认为，尽管法律的实施同法律的公布有密切的联系，凡未经公布的法律，都没有法律效力，因而也就不能予以实施。但是，不能把公布法律与实施法律混同起来。那种认为公布法律不是立法程序的一个阶段而是属于实施法律的程序的一个阶段的观点，是不能同意的。

有些学者认为，起草法律也是立法程序的一个阶段。其中有人把立法程序划分为两个基本阶段：第一个阶段是起草法律，在这个阶段中，初步在法律草案中反映人民的意志；第二个阶段是制定法律，在这个阶段中，把人民的意志正式形成为法律。也有人把立法程序划分为六个阶段：一、立法的预测和规划；二、提出关于制定法律的建议；三、准备法律草案；四、讨论法律草案；五、审查和通过法律；六、法律的公布和生效。我们认为，起草法律和制定法律虽然有紧密的联系，但毕竟有很大的区别。起草法律的机关和人员既可以是立法机关的成员，也可以不是立法机关的成员，起草法律的程序与立法程序也有极其重大的区别。因此，不能认为起草法律也是立法程序的一个阶段。

（1985 年）

讨论法律草案

一 讨论法律草案的概念和意义

从立法程序来看，讨论法律草案是指在立法机关中对列入议事日程的法律草案正式进行审查和展开辩论。同时，讨论法律草案还包括立法机关有组织有领导地在公民中举行的对法律草案的讨论，在讨论中对法律草案提出的意见，由立法机关收集汇总，并在立法机关对法律草案进行审查时予以考虑。除此之外，公民对法律草案发表一般的意见，法学研究机关举行的学术讨论会等等，虽然都可以对法律草案提出自己的看法，但是，从立法程序来看，这些都不是正式意义上的讨论法律草案。

在奴隶制国家和封建国家中，法律出自帝王和大臣之手，根本不必经过人民群众的民主讨论。资产阶级革命胜利以后，规定了一套民主的立法程序，凡是制定法律，必须经过立法机关的民主讨论。讨论法律草案时，立法机关的成员可以发表自己的看法，也可以对法律草案提出反对、赞成或修改的意见。因此，讨论法律草案是立法程序中的一个很重要的阶段。

资产阶级国家议会讨论法律草案的程序，一般都要进行三读，这种形式首创于英国。所谓三读，一读是宣布法案名称或要点，然后把法案送到有关委员会进行审查；二读是宣读法案内容，并进行辩论；三读是进行文字修改和表决。这种立法程序，较之奴隶制国家或封建国家的立法程序，当然要进步得多。但是，在资产阶级国家中，法律草案大都是资产阶级和他们的政客提出来的，有权参加讨论法律草案的人，也大都是上层人物。正如列宁所说："资产阶级民主同中世纪制度比较起来，在历史上是一个大进步，但它始终是而且在资本主义制度下不能不是狭隘的、残缺不全的、虚伪的、骗人的民主，对富人是天堂，对被剥削者、对穷人是陷阱和骗局。"①

列宁十分重视法律草案的讨论，他指出："应该使全俄中央执行委员会更加努力地工作，使常会能够正常地举行，会议的时间应当长一些。常会应当讨论法律草案，因为有时法律草案没有必要匆忙地提交人民委员会审议。最好把这些草案搁在一边，让地方工作人员去仔细考虑，并且对法律的起草人要求得更严格些。"②列宁在百忙中，不仅亲自出席讨论通过土地法典和劳动法典的会议，而且还曾两次出席讨论民法典草案的会议。列宁对待法律草案讨论的这种认真负责的态度，是社会主义国家立法工作者应当学习的榜样。

在立法实践中，有些国家规定重要的法律草案，除了经过立法机关的讨论以外，还经过全民讨论。例如，1936 年，苏联对宪法草案进行了将近五个月的全民讨论。在讨论中提出了相当多的修改意见，这些意见公布在苏联报刊上。所有这些意见，大体上

---

① 《列宁选集》第 3 卷，第 630 页。

② 《列宁全集》第 33 卷，第 272 页。

可以分为三类。第一类意见的特点，在于它涉及的不是宪法问题，而是将来立法机关的日常立法工作问题。由于这些意见同宪法没有直接的关系，所以在修改宪法草案时没有采纳。第二类意见的特点是企图把历史资料，或者关于苏维埃政权现在还没有取得而将来应当取得的成就的宣言，都载入宪法。这些意见同宪法没有直接的关系，所以也不采纳。第三类意见同宪法草案有直接关系，其中有一大部分是属于文字上的修改性质的，这些意见交给全苏苏维埃第八次非常代表大会审定委员会来最后审定。其余一部分意见有实质性的意义，斯大林代表宪法委员会在全苏苏维埃第八次非常代表大会上作了《关于苏联宪法草案的报告》，对这些意见一一作了说明。通过全民讨论，使得这部宪法比较完善。

二　讨论法律草案的方法

（一）立法机关的领导机构和领导人员在讨论法律草案中的作用

立法机关的领导机构和领导人员在讨论法律草案中起着重要的作用。他们的工作通常包括安排议事日程、主持会议、安排发言时间、维持会场秩序等等。例如，《罗马尼亚社会主义共和国大国民议会议事规程》第十八条，大国民议会主席团宣布开会，并领导讨论。大国民议会主席在讨论任何问题时，可以向大国民议会提出限制讨论时间或结束讨论，并且可以提议暂时休会，或延期开会，或对正在讨论的问题延期讨论。大国民议会主席可以采取各种措施，以保证大国民议会工作正常进行。

在西方国家里，议会开会时辩论十分激烈，议员们唇枪舌剑，互相攻讦，往往有人在台上慷慨陈词，而台下却是一片嘈杂之声，内中有愤怒者的咒骂声，有反对者的嘘叫声，有抗议者的咆哮声，甚至还有持续不断的玩笑声，学作动物的吼叫声。为此，议会不得不制定一些规则，要求议员们遵守，例如，议员必须各安其位，进出议会厅要有礼貌，不得随意走动，不得在开会期间阅读书报和信件，不得嘘叫和打断别人讲话，等等。但是，许多人不遵守这些规则，因此，维持会场秩序就成为使议长十分烦恼的一个问题。

有些国家规定，议长必须按照登记的次序安排议员发言，但是关于会议程序的建议的发言可以例外。所谓关于会议程序的建议，一般是指：1．休会、延期举行会议或闭会；2．会议秘密进行；3．限制登记发言人；4．延期举行讨论或停止讨论；5．按议事日程举行会议；6．把议案转交给各种委员会；7．不经讨论即行表决；8．改变议事日程；9．改变讨论方式和表决方式；10．限制发言时间；11．查明法定人数；12．重新统计表决结果；13．不印发法律草案或报告；等等。

（二）议员（代表）的发言

在各国议会中，往往出现发言的人很多，发言时间很长的情况，使议会不能顺利工作。为了避免这种情况的出现，在各国议会中，经常采取中止辩论和限制发言时间的办法。

英国从 1881 年起，采取了各种中止辩论的办法。1881 年，爱尔兰议员为了反对镇压爱尔兰要求自治的法案，连续几夜辩论，以妨碍表决。后来，议长打断了辩论，不按照普通的议事规程和惯例，将法案立即交付表决。当时，自由党的格拉斯敦内阁也向下院提出一项紧急决议案。这个决议案规定，如果内阁所提出的一项议案属于紧急性质，经出席议员三分之二多数通过，就可以不经辩论交付表决。1882 年，又对中止辩论的办法作了修正，规定只要出席议员过半数通过，任何时候都可以使用中止辩论的办法。1887 年，中止辩论的动议权改由下院议员行使，任何议员对于待决的问题都可以提出动议，要求立即交付表决。1888 年，对中止辩论要求的多数票改为只需 100 票。此后，这个办法经常使用。1887 年在讨论爱尔兰刑事法案时，采用了一种新的方法，这就是在法案逐条讨论的过程中，不论讨论进行到法案的哪一部分，政府可以提议在一个预定的时间把整个法案交付表决。因为这个办法是把一个法案从中间"斩断"，所以被称为"断头台法"。1893 年在讨论自治法案时，又采取了一种新方法，就是由下院规定法案各部分中止辩论的日期，以便法案的各部分都有讨论的时间，这叫做"分段中止辩论法"。1919 年，下院授权议长在各种议案中选取一个交付讨论，其他议案暂停讨论或跳过去，这种方法被称为"选辩法"或"袋鼠法"。所以这些中止辩论的方法都是为了防止议员发言人数太多和发言时间太长，使议会得以顺利工作。

美国在 1917 年以前，参议院的辩论不受时间限制，而且发言可以超出议题的范围，有些议员用冗长的演说来拖延法案的通过，甚至在演说中谈论养花、养鸟，或朗诵圣经。由于一些议员的马拉松式的演说，讨论法案的时间便一拖再拖，甚至拖到会期结束，这种方法被称为"海盗封锁"。1917 年，参议院决定可以将每个议员发言的时间限制为一小时，但是至少要有 16 名参议员联名提出要求，并且有参议院出席议院三分之二以上的赞成，才能采取这种限制发言时间的办法。这一办法从实行开始，到 1975 年 2 月底为止，曾经有 101 次提出限制发言时间的建议，但其中只有 22 次得到赞同。因此，参议院的发言冗长、拖延时间的问题并未解决。1977 年，在参议院辩论能源法案时，有的议员作了长达 37 小时的发言。至于在众议院，议员发言时间的长短有两种不同的情况。第一种情况是在众议院本身进行讨论，每一议员可以发言一小时，或根据特别规定而定。第二种情况是在众议院全体委员会进行讨论，讨论的全部时间在法案的赞同者和反对者之间平均分配，而在对修正案进行辩论时，每方的发言都只限于5分钟。

波兰议会议员第一次发言时间限制为30分钟，就同一问题的第二次发言的时间限制为10分钟。苏联最高苏维埃代表第一次发言时间为20分钟，第二次为5分钟。

为了监督和控制议员的发言时间，葡萄牙议会大厅里安装了一台电子仪器。当发言者在规定的时间内讲话时，仪器亮着绿灯；还剩半分钟时，仪器亮黄灯；一到规定时间，仪器就亮起红灯，表示发言应该结束。如果发言者不理会红灯信号，还要继续讲下去，这台仪器就会使发言者面前的扩音器自动切断线路。

许多国家规定，对议员（代表）在表决和讨论中所发表的意见不得追究责任。这种制度称为议员的言论免责权，肇始于英国。在14世纪至16世纪期间，英国众议院议员常因其在议院内所提的议案和发表的言论而被以侵犯国王权利为由提起控诉。英国资产阶级革命胜利后，颁布了民权法，其中规定："关于在议会内演说及辩论之自由或议会内各项程序，在议会以外，不受任何法院或其他机关之弹劾或质问。"目前世界各国142部成文宪法中，有121部宪法有类似的规定。例如，美国宪法第一条第六项规定："各该院议员不得因其在议院内所发表之演说或争辩，于议院外受质问。"德意志联邦共和国基本法第四十六条规定："任何时候都不允许对议员因其在联邦院或某一委员会中参加投票或发表言论而在法律上和公务上进行迫害，也不允许在联邦议院以外令其负责。但这不适用于诽谤性的侮辱。"日本宪法第五十一条规定："两议院议员在议院中所作之演说、讨论或表决，在院外不得追究其责任。"保加利亚宪法第八十九条规定："人民代表对其在国民议会中发表的意见和表决不负惩戒责任。"捷克斯洛伐克关于联邦的宪法性法令第五十一条规定："联邦议会的一切议员都不得因为他在所属议院、议会机构或联邦议会主席团会议上的投票而受追诉。议员就自己在所属议院、议会机构或者联邦议会主席团内的发言，只受所属议会纪律的约束。"南斯拉夫宪法第三百零六条规定："代表不得因在所在的院和在南斯拉夫社会主义联邦共和国议会发表意见或投票而被追究刑事责任、被拘留或受惩处。"马里宪法第十八条规定："任何议员不得由于执行职务所表示的意见或所投的票而受到追诉、搜查、逮捕、拘留或者审判。"

（三）常设委员会在讨论法律草案中的作用

有些国家规定，法律草案必须经过常设委员会的审查，常设委员会可以决定法律草案的命运。例如，德意志联邦共和国联邦议院各常设专门委员会的主要任务是：审议提交给联邦议院的各种议案，提出修正意见，把委员会讨论的结论向联邦议院全体大会汇报，并起草最后决议案。由于各常设专门委员会中所达成的协议和作出的决定，一般都为全体大会所接受，所以它在联邦议院立法程序中是最重要的一个环节。再如，在意大利，任何提交每一院的法律草案，根据该院议事规则，应首先由委员会进行研究，然后由该院亲自研究，逐条批准，并整个加以表决。在索马里，每个法律草案在国民议会讨论前，由议会的一个委员会审查，并就法律草案向国民议会提出一个或者若干个报告。美国国会两院常设委员会的任务是审议所有向两院提出的议案。所有向两院提出的议案均先送交有关常设委员会，在常设委员会中进行讨论，作出通过、修改或否决的决定后，再向两院提出，供两院全体会议审议。常设委员会的工作是秘密进行的，其决定一般都为两院接受而成为两院的决定。一些重要的常设委员会经常每天开会，其工作日程由日程表加以规定。日程表的内容包括提交审议的议案的编号和名称、提交议案者的姓名、送达的日期、委员会事先进行的活动，等等。常设委员会主席可以根据他本人的意见或提案人的请求，把议案交给某一个小组委员会审议。如果议案很重要或有争议，常设委员会可以确定公开听证的日期，在立法机关刊物或报刊上公布，并向有关人员和机构发出邀请。常设委员会通过决议的法定人数为委员会组成人员的三分之一。在常设委员会无理由地长期不提出审议报告的情况下，任何一个国会议员都有权提出取消该委员会继续审议的权利的建议。如果大多数议员赞同这一建议，可以将议案直接交给两院分别审议。但是，这一程序极少采用，因此，各常设委员会在讨论议案时实际上起着极大的作用。

在另外一些国家中，常设委员会的讨论不具有决定性的意义。例如，在苏联，提交苏联最高苏维埃审议的法律草案和其他问题，由两院在各自的会议或联席会议上讨论。如有必要，法律草案或相应问题可交一个或几个委员会作初步审议或补充审议。又如，在保加利亚，法律草案需在不同的会议上两次表决通过，在第一次表决通过后和提交第二次表决前，法律草案送交有关委员会进行讨论。但是，按照国民议会的决定，法律草案的两次表决也可以在一次会议上进行，并且无需委员会的补充讨论。

（四）议会党团参加讨论法律草案

有些国家的议会中有议会党团的组织机构，这些组织机构也参加讨论法律草案。例如，在意大利，可以把法律草案提交以各议会党团人数为比例所组成的各种委员会去审查。德意志民主共和国规定，议会党团有权就法律草案发表声明，并有权要求把法律草案送交相应的委员会进行审查。

（五）政府成员参加讨论法律草案

许多国家规定，不是议会代表的政府成员，可以列席议会的会议讨论法律草案，但是没有表决权。例如，法国宪法第三十一条规定："政府成员可列席两院议会会议，当他们要求发言时，议会应听取他们的发言。"日本国宪法第六十三条规定："内阁总理大臣及其他国务大臣，不论其是否在两议院之一保有议席，为就议案发言均得随时出席议院，另外在被要求出席答辩或作说明时，必须出席。"关于捷克斯洛伐克联邦的宪法性法令第四十九条规定："政府总理和内阁的其他成员有权出席议会任何一院或者委员会的会议，以及联邦议会主席团的会议。他们要求发言的时候应予允许。"阿尔及利亚宪法第三十七条规定："政府成员得列席国民议会会议和各委员会会议，并在会上发言。"喀麦隆宪法第二十八条规定："联邦各部长和副部长出席议会，并得参加辩论。"

如果立法机关要求政府成员出席会议，政府成员必须出席。例如，德意志联邦共和国根本法第四十三条规定："联邦议院及其各委员会可以要求联邦政府任何成员出席会议。"关于捷克斯洛伐克联邦的宪法性法令第四十九条规定："如果任何一院或者委员会、或者联邦议会主席团提出要求，政府的任何成员有义务出席各该院、委员会或者联邦议会主席团的会议。"

（六）公众讨论法律草案

苏联、罗马尼亚、德意志民主共和国、古巴等国家规定，法律草案在必要时可以提交公众讨论或全民讨论。

例如，在苏联，对法律草案和其他最重要的国家生活问题，苏联最高苏维埃或苏联最高苏维埃主席团可根据自己的动议或某个加盟共和国的建议而作出的决议，提交全民讨论。法律草案和其他问题的有关材料，应在《消息报》和其他中央报刊和加盟共和国报刊上公布。在必要时，也可以在地方报刊上公布。苏联最高苏维埃主席团还可以根据自己的动议或联盟院和民族院常设委员会的提议，或者根据提出法律草案的机关、组织和个人的建议，通过关于在专门的定期刊物上公布法律草案以便公众讨论的决议。在讨论过程中，公民、劳动者集体、各机构和组织就法律草案和其他问题提出的建议，按照苏联最高苏维埃或它的主席团规定的办法审议和汇总，并将审议法律草案或其他问题的意见，向苏联最高苏维埃汇报。

在罗马尼亚，为了保护劳动人民参加制定法律，有些法律草案由主管的国家机关交由公众讨论。公众讨论的方式有：在劳动人民大会上组织讨论；利用报刊、广播、电视进行讨论；在从事与草案有关的活动领域的专家和劳动人民会议上组织讨论等等。在必要时，讨论中提出的意见和建议由拟定草案的单位会同提意见的单位共同审议。分析意见和建议所得出的结论，均通知各主管机关。各主管机关在通过草案时，对这些意见和建议应加以考虑。

三　讨论法律草案的固定时间

有些国家规定，法律草案提出后，议会必须在一定的时间内进行讨论。例如，在保加利亚，法律草案提出后，不得晚于一届会议，必须付诸讨论。在喀麦隆，法律草案应在一届会期内（即30天内）予以讨论。在意大利，议员的提案应在2—4个月内，分别在参议院和众议院有关的委员会中予以讨论。

还有一些国家规定，立法机关的会议专有一定的时间，用于讨论议员的提案。例如，在加拿大，每星期有四个下午用一个小时的时间供议员讨论提案。在印度，每隔一个星期五，安排两个半小时讨论议员的提案。在巴基斯坦，每届会议专有一次会议，用以讨论议员的提案。在英国，每届会议有12个星期五在下院讨论议员的提案。

在比利时、科威特、西班牙等国，被否决的法律草案不得在同届议会提出和讨论。在叙利亚，被议会否决的法律草案，在6个月之内不得重新提出。

四　公开讨论和秘密讨论

立法机关的公开讨论有两种意义，第一是准许旁听，第二是发表记录，秘密讨论则与此相反。

在英国，议会进行公开讨论或秘密讨论，由议会自行决定。议会可以禁止来宾旁听，也可以拒绝发表会议记录。这是因为，英国议会最初是反抗王权的，而且没有法律保障议员可以在议会为自由发表言论和进行表决，议会耽心国王派人侦察，所以不准外人旁听。自从18世纪以来，议会的会议逐渐公开，允许来宾旁听，会议记录和投票名单也允许公开发表。但是，如果有一位议员提请议长注意有外人在场，议长就需令其退出会场。1875年，英国议会众议院通过决议，凡议员提议请来宾退场时，议长应征询出席议员的意见，这一提议不需经过讨论，即可进行表决。后来，议员不再享有提议举行秘密会议的权利。总之，在英国，议会是否公开讨论，由议会自行决定，但事实上两院很少举行秘密会议。

在法国，认为议会公开讨论是保护公民利益所必须的，除了宪法所特许的情况外，不得举行秘密讨论。这是因为，在法国大革命时，国王在1789年7月23日发布宣言，禁止议会公开讨论。

后来经过多次斗争，终于在 1791 年的宪法中规定，议会开会允许旁听，而且会议记录必须发表。同时，如果有 50 名议员提议，可以举行秘密会议，但只能讨论议案，不得表决议案。如果有投票表决的必要，必须公开进行。投票以后，如有说明，也必须公开进行。现行的法国宪法第三十三条规定："议会两院的会议公开举行。全部议事记录在《政府公报》上发表。议会各院可以依总理或者各该院全体议员十分之一的请求，举行秘密会议。"

在其他国家中，一般都由议员提议召开秘密会议。比利时宪法第三十三条第二款规定，除十名议员可以提议召开秘密会议外，议会也有提议权。德意志联邦共和国基本法第四十二条第一款规定，联邦议院的会议公开举行，应十分之一的议员或联邦政府的要求，经三分之二多数通过时，可以举行秘密会议。另外，大多数国家的议会在举行秘密会议时，不但可以讨论议案，而且可以表决议案。但也有一些国家规定，在秘密讨论时不表决议案，如比利时。

（1985 年）

通 过 法 律

一 通过法律的概念和意义

从立法程序来看，通过法律是指立法机关对法律草案表示正式同意，从此，法律草案便成为法律。因此，这个阶段是整个立法程序中最重要的和最有决定意义的阶段。

在有些国家中，法律经过立法机关通过以后，还要经过批准。这种批准法律的制度，苏联在通过 1936 年宪法以前，曾经存在过。当时，苏联有五个机关进行立法活动，即苏联苏维埃代表大会、苏联中央执行委员会、苏联中央执行委员会主席团、苏联人民委员会、苏联劳动国防委员会。但是，这五个机关的立法权不同。根据 1924 年苏联宪法的规定，苏联苏维埃代表大会享有最高立法权。它所通过的法律，都不再需要经过任何批准。苏联中央执行委员会通过的一般的法律不必经过苏联苏维埃代表大会的批准，但是，苏联中央执行委员会通过的有关补充或修改宪法的法律，则需提交苏联苏维埃代表大会批准。苏联中央执行委员会可以审查和批准苏联中央执行委员会主席团和苏联人民委员会所通过的法律。

现在，在一些国家中，仍存在着批准法律的制度，例如，在美国，经联邦国会通过的宪法修正案，须由全国四分之三的州议会或四分之三的州修宪会议批准。但是，批准法律的权力主要由国家元首行使。

二　以普通程序通过法律

许多国家规定，一般的法律以普通多数票通过，宪法性的法律以三分之二以上的多数票通过。

实行两院制的国家在通过法律时有三种不同情况：

第一种情况是法律草案经一院通过后，再交另一院审查通过。例如，在法国，法律草案可以提到两院中的任何一院，如果在一院得到通过，就送到另一院按同样的程序进行讨论。如果也得到通过，就在15天内由总统在《政府公报》中公布，成为法律。又如，在美国，议案获得一院通过后，即送交另一院，经过同样的立法手续。议案经两院通过后，即为国会通过。国会通过的议案由两院议长签署后，送交总统。

第二种情况是两院同时审查和通过法律草案。例如，在苏联，提交苏联最高苏维埃审议的法律草案，由两院在其各自的会议或联席会议上讨论，两院各以多数代表投票赞成之后，法律即被认为通过。

第三种情况是下院拥有通过法律的权力，上院只能表示反对，拖延法律生效。例如，在英国，议案经下院三读通过后，再交上院。上院不能否决下院所通过的议案，只能将议案拖延一年生效。下院连续两次所通过的议案被上院连续拖延两次后，下院可将该议案提请英王批准。又如，在德意志联邦共和国，联邦议院作为最高立法机构，其主要职权是制定和通过法律。凡修改或补充具有宪法性质的基本法，必须得到联邦议院和联邦参议院的三分之二多数通过；涉及有关州的事务和联邦性质的法律（包括政府预算案、税收和公债法等），需要联邦议院和联邦参议院的共同批准；一般性法律和决议只需联邦议院通过即可。但联邦参议院有权表示反对，如果联邦议院再次通过，即驳回了联邦参议院的反对，该法案就可以成立。在驳回联邦参议院的反对时，如果联邦参议院是以多数表示反对，联邦议院要以多数再次通过；联邦参议院如以三分之二多数表示反对，则联邦议院应由三分之二多数，至少是多数的再次通过才行。

有些实行两院制的国家（如奥地利、挪威、印度等国），在两院发生分歧时，法律草案送交两院联席会议进行审议。

在美国，如果两院对法案的意见不一致，可以成立调解委员会，以解决两院存在的分歧。调解委员会通常由议长、多数党领袖和审议该问题的常设委员会主席任命属于主管该项法案的常设委员会中资格较深的议员组成。调解委员会的会议秘密举行，公众、新闻界人士和非委员的议员都不得参加，只有委员会的正式报告和说明理由的决议才公开发表。如果在调解委员会中无法解决两院存在的分歧，法案即告夭折。如果调解委员会取得一致意见，则将法案提请两院分别讨论，两院可以否决或通过法案。

各国采用的法律草案的表决方法，通常有公开表决和秘密表决两种。公开表决的方式，包括：1. 口头表决，即询问对法律草案有无异议，以议员的喊声确定表决的结果。2. 起立，即先由表示赞成的议员离座起立并清点人数，然后再由表示反对的议员离座起立并清点人数。3. 走过通道，即先由表示赞成的议员走过会场中间的通道并清点人数，再由表示反对的议员走过会场中间的通道并清点人数。4. 分别进场，即由表示赞成和表示反对的议员分别由两门进场，并分别清点人数。5. 点名。6. 举手。7. 发牌，即每人发表决牌若干枚，绿色牌表示赞成，红色牌表示反对，黄色牌表示弃权，表决时由会场工作人员持盒前往议员席位收取表决牌，随即计算表决结果。8. 使用电子装置系统，即议员有固定的座位，不得随意变动，以便电子装置系统自动记录每个议员在表决时所采取的态度。每个议员席上都有一块铜板，表决时，议员掀开铜板，按动电钮，P 表示赞成，C 表示反对，A 表示弃权，电子计算机很快就会在会场的三个记录牌上同时显示出表决结果。秘密表决的方式，包括：1. 无记名投票。2. 利用小球进行秘密投票。例如，《罗马尼亚社会主义共和国大国民议会议事规程》第八十六条规定："主席得吩咐在他面前设置一个白色投票箱和一个黑色投票箱，以便用小球进行秘密投票。每一名议员分得一个白球和一个黑球。投入白色投票箱的白球和投入黑色投票箱的黑球表示'赞成'票，投入黑色投票箱的白球和投入白色投票箱的黑球表示'反对'票。"

法律草案的表决，可以就整个草案进行，也可以先逐条地分章、节进行，然后就整个草案进行。例如，《保加利亚人民共和国国民议会内部工作规程条例》规定，法律草案的表决办法有三种：第一种办法是对法律草案逐条进行表决；第二种办法是按章或按节进行表决；第三种办法是就整个法律草案进行表决。在立法实践中，这三种办法都经常采用。比利时宪法第四十一条则规定："两议院对于法律案，非经逐条表决不得通过。"

三　以全民公决通过法律

全民公决是指有选举权的一切公民就国家生活中最重要的问题投票进行表决。全民公决采取一种特殊的投票方式，选民在投票时对表决的问题直接表示"赞成"或"反对"。从法律用语来看，"全民公决"、"人民公决"、"全民表决"、"人民表决"、"全民投票"、"人民投票"、"国民投票"、"国民复决"等等都是指同样的意思。

全民公决的起源很早，公元前 7 世纪，古希腊形成了奴隶制的斯巴达城邦，城邦机构由国王、长老会议、公民大会和监察官组成。公民大会每月举行一次，由国王主持，凡年满 30 岁的斯巴达公民都有权参加，但是，公民不能在会上对长老会议提出的建议展开讨论，只能简单地表示同意或反对。长老会议的建议，只有在公民大会上通过，方为有效。公民大会表决的方式不是举手或投票，而是以会场上呼喊声的高低来决定，呼喊声高，就表示通过，否则就是不通过。

1777 年，美国的乔治亚州宪法规定了全民公决的制度。后来，其他各州也相继仿效。1792 年，法国国民议会通过决议，宣布凡未经全民公决的宪法应视为无效。1793 年的法国宪法，就是经过全国各地全民公决通过的。1848 年，瑞士联邦宪法采用全民公决的制度。最初，瑞士的全民公决只限于对宪法的修改；1874 年，扩大到普通法律；1921 年，全民公决的范围又扩大到不规定期限或期限在 15 年以上的与外国订立的条约。

全民公决是直接民主的主要形式之一，即由人民直接通过国家的法律。由全民公决通过的法律文件，一般地说，大都具有宪法性质。

18 世纪法国思想家卢梭发挥了人民直接制定法律的思想。他认为，代议制是不可取的，公意是不能代表的，人民应该直接参加立法活动。他认为，法律是公意的行为，只有在人民是立法者的地方，才有民主和自由；只有人民直接赞同的文件才能成为法律。虽然卢梭认为领土广大的国家可以实行代议制，但他仍然认为，只有经过全民公决以后，代表的决议才能成为法律。卢梭的这种观点，是以被他理想化了的"日内瓦共和国"这种领土狭小的国家为前提的。事实上，在一般的国家里，如果每一项法律都要由全民公决才能通过，这是行不通的。

在各国学者中，对全民公决制度有两种不同的看法。主张全民公决的人认为，全民公决制度最符合民主的原则，有政治教育作用，能提高公民的责任感，使法律较易实施，而且可以防止议员的失职，减少党派间的斗争。反对全民公决的人认为，一般公民的法律知识不够，可能作出盲目的投票或无故弃权，而且如果反对者的人数与赞成者人数相差不多，反对者就难免长期存在不满的情绪，造成双方的冲突，或政府与人民的冲突。同时，这种制度也减少了议会对于法律的责任，立法程序难免流于草率。

苏联在 1936 年以前，没有规定全民公决的法律条款。1936年苏联宪法第四十九条规定，苏联最高苏维埃主席团的职权之一，是自动或根据某一加盟共和国的要求，举行全民公决。

1983 年 3 月 30 日，保加利亚第八届国民议会第二次会议通过了《民意征询法》，该法除序言外，包括四章，三十七条。该法在序言中指出："根据宪法确认的人民直接参与决定国家事务的权利，在法律中建立统一和完整的法律制度，使公民直接讨论国家法规草案和通过全民公决对代表机关和国务委员会职权范围内的问题作出决定。"民意征询的方式分为两种，一种是讨论法律或法规草案，另一种是全民公决。举行全民公决的决定，只能由国民议会作出，由国务委员会确定举行全国性全民公决的日期，并由选举人民代表的中央选举委员会行使举行全民公决中央委员会的职能。全民公决的投票，按照最近一次选举所编制的选民名单进行，名单应于全民公决的 15 天以前公布。表决票分为"赞成"和"反对"两种，如果赞成票超过有全民公决权总人数的半数，则建议被认为通过。全国性的全民公决的结果，由国民议会在两周内公布，并在《国家公报》上刊登。

现代世界各国中，有许多国家在宪法中有全民公决的规定。全民公决的形式，可以分为以下几种：

1. 从选民在某个国家机关通过决定以前或通过决定以后进行投票来看，全民公决可以分为立法前的全民公决和立法后的全民公决两种。

一般说来，如果全民公决的问题涉及政体的改变和领土的改变问题，往往采用立法前的全民公决。例如，1946 年，意大利通过全民公决，决定建立共和国；1957 年，萨尔州举行全民公决，决定加入德意志联邦共和国。在其他的情况下，往往由立法机关通过决定后，再经过全民公决。

2. 从全民公决所通过的文件属于对宪法的修正或者普通的法律来看，全民公决可以分为宪法性的全民公决和普通的全民公决两种。

丹麦、爱尔兰、摩洛哥、瑞士、阿尔及利亚等国规定，任何宪法条文的修改，都必须经过全民公决。奥地利规定，未经全民公决，不得修改宪法。几内亚规定，国民议会以全体议员三分之二的多数表决可以通过修改宪法的草案，或者提交公民投票。

瑞士宪法规定，联邦法律以及具有一般约束力的命令必须经三万公民的投票或八个州的要求，由人民表决，或采纳，或否决。

3. 从全民公决的方法来看，可以分为强制的全民公决和任意的全民公决两种。

强制的全民公决是指立法机关通过法律之后，不论公民或其他国家机关有否请求，必须提交全民公决，才能作最后的决定。

任意的全民公决是指立法机关通过法律之后，必须有公民或其他国家机关的请求，才能提交全民公决。

从各国的情况来看，有权要求举行全民公决的机构和人员，主要如下：

1．国家元首

例如，法国总统根据政府在议会例会期间所提出的或议会两院联合提出的并公布在政府公报上的建议，可将某些法律草案，提交公民投票。摩洛哥国王可以发布敕令将任何法律草案或法律建议案交付公民投票表决。

2．立法机关

例如，保加利亚国民议会确定全民表决的问题；德意志民主共和国人民议院可决定进行人民投票；阿尔巴尼亚人民议会决定全民性的公民投票。

3．立法机关的领导机构

例如，苏联最高苏维埃可以将两院未取得一致意见的问题提交全民公决。匈牙利国民议会主席团有权就全国性的重要问题举行全民投票。蒙古大人民呼拉尔有权举行全民公决。

4．政府

例如，丹麦宪法第四十二条规定，实施全民公决的程序由政府决定。

5．其他

例如，意大利规定，当十万选民或五个省议会要求全部或部分废除某项法律或某项具有法律效力之法令时，得宣布实行全民公决。奥地利规定，议会两院中的任何一院有三分之一的议员提出要求时，得对部分修改宪法的问题实行全民公决。

（1985 年）

公 布 法 律

一　公布法律的概念和意义

如果立法机关在通过法律以后，没有按照法律规定的程序通知公民和公职人员，没有用法律规定的形式予以公布，那么，这一法律就不具有法律效力，也不可能在实际生活中发生作用。因此，公布法律是立法程序的一个必要的阶段。

从立法程序来看，公布法律应该是指立法机关在决定的刊物上对立法机关通过的法律予以正式的公布。这种刊物应该是以立法机关的名义出版的，具有正式的性质。在立法机关正式公布法律之后或与此同时，用广播、电视、电报等形式传布法律，或用张贴、在其他各种报刊发表、出版小册子或合订本等形式来传布法律，虽然都是必要的和法律所许可的，但在立法程序上，这不能代替正式的公布法律。

法律是以国家的强制力来保证执行的、人人必须遵守的行为规则。为了使一切国家机关、公职人员、社会团体和每一个公民执行和遵守法律，首先要使他们了解法律的内容。因此，必须做好公布法律的工作。如果公布法律的工作有缺陷，那么，即使立法机关通过的法律本身是完善的，在实际的执行过程中仍然可能发生混乱现象，这对加强法制是十分不利的。作好公布法律的工作，对于加强人们的法制观念和提高法律修养起着很大的作用。

法律随着国家的产生而产生以后，有一个从习惯法到成文法、从不公布法律到公布法律的发展过程。

历史上最早出现的奴隶制的法律，开始是不成文的习惯法，以后逐渐发展为成文法。早期的成文法也大都是习惯法的记载，以后逐渐完善，形成初具规模的奴隶制法律的体系。例如，公元前18世纪时，巴比伦奴隶制国家的国王汉谟拉比颁布了《汉谟拉比法典》，这部法典以楔形文字刻在石柱上。又如，公元前5世纪中叶，罗马奴隶制国家颁布了《十二铜表法》，这部法典刻在十二块铜牌上。《十二铜表法》是奴隶制经济和商品交换关系发展的产物，也是平民与贵族斗争的结果。在罗马国家中，司法权完全操纵在上层贵族手中，由于缺少成文法，而繁琐的习惯法知识又为贵族所垄断，司法官吏可以任意解释，为所欲为。随着平民力量的增长，就要求制定成文法来限制贵族上层分子的专横，维护平民的既得利益。另一方面，贵族也同样要求用成文法来巩固自己的特权，防止平民的进一步侵犯。

在我国古代奴隶制国家中，本来实行礼治，所谓"礼"，实际上就是奴隶主阶级的不成文法。到了春秋时期，由于社会发生了深刻的变革，促使法律制度也发生了重大的变化。原来各诸侯国沿用的西周的习惯法和片断的成文法，已经不能适应形势的需要，于是，各国相继出现了以保护私有财产权为中心的比较系统的成文法。公元前536年，郑国执政的大夫子产，把郑国的成文的刑法铸在一个大鼎上公布出来，让人们知道刑法上有些什么规定，好照着去做，免得违反。这就是我国历史上有名的"铸刑书"事件。这个事件引起了当时保守势力的反对。"铸刑书"是我国法律史上的创举，它所铸的刑法，是我国第一部公开宣布的成文法。过了二十多年，晋国也铸刑鼎，公布范宣子所作的刑书。

我国古代思想家对于成文法是否应该公布，是有不同的看法的。孔丘对于晋国铸刑鼎，持反对的态度，他认为："民在鼎矣，何以尊贵？"韩非认为："法者，编著之图籍，设之于官府，而布之于百姓者也。"商鞅主张："主法令之吏，不告及之罪，皆以吏民之所问法令之罪，各罪主法令之吏，故天下之吏民无不知法者。"

成文法的公布，是新兴地主阶级反对奴隶主贵族垄断法律和随心所欲地适用法律的斗争的胜利。这个胜利限制了旧贵族的特权，保护了新的经济关系，符合当时社会发展的趋势，在历史上有重要的进步意义。但是，当时法律的锋芒仍然是指向广大劳动人民的。而且，法律的文字晦涩难懂，根本不是普通劳动人民所能理解的。成文法的系统地制定并公布，只是使统治阶级进一步加强了对人民的统治。不论在奴隶制国家、封建制国家，还是在资产阶级国家，其实质都是如此。

在无产阶级取得政权以后，公布法律的意义有了根本的变化。无产阶级和广大劳动人民通过国家立法机关，把自己的意志制定为法律，它不仅在国家的政治生活中具有巨大的作用，而且在社会主义经济建设中和对人们的思想教育中都起着重大的作用。公布法律的工作做得越好，人们对它的内容的了解就越广泛和深刻，社会主义法律所起的作用也就越大。

列宁对公布法律的工作非常重视。苏维埃政权从其建立的最初年代起，就采取了一系列必要的措施，使得苏维埃政权的法律能够迅速地为广大劳动人民所了解。十月革命取得胜利后不久，发布了《关于法律的批准和公布程序》的法令。后来，苏维埃政权曾多次采取措施，以保证把苏维埃的立法措施及时地向公职人员和公民公布。仅在1922年以前，苏维埃政权就通过了8个专门的文件，规定立法文件的公布和生效的程序。通过公布法律这一渠道，党和政府向广大群众解释苏维埃政权的政策的实质，说明新的社会制度的优越性。苏维埃政权的法律的公布，对于团结人民为新的社会制度而斗争，起了重要的作用。

二　公布法律的方法

在古代，公布法律的方法比较简单，如在大庭广众之间朗诵法律条文、将法律条文公布于公共场所、将法律条文誊写多份以供众人传阅等等。在近代，以上这些方法只能用于非正式的传布法律。至于法律的正式公布，一般都登载于正式的公报。法律一经正式公布，人人必须遵守，不得借口不知法律而逃避遵守法律的义务。

各国宪法除了规定正式公布法律的程序以外，一般都没有规定传布法律的其他形式。但是，并不是所有国家的宪法都规定公布法律的规则。例如，法国是最早确立在所有的公民都能看到的正式刊物上公布法律这一原则的国家，但是，法国的宪法根本没有规定法律的公布问题。

有些国家的宪法对公布法律的问题规定得比较详细（如奥地利、爱尔兰、保加利亚、捷克斯洛伐克、德意志民主共和国、德意志联邦共和国、南斯拉夫、利比亚、索马里、突尼斯），有些国家的宪法对公布法律的问题规定得比较简单（如阿尔及利亚、阿尔巴尼亚、比利时、喀麦隆、匈牙利、意大利、日本、马来西亚、摩洛哥、新加坡、苏联、泰国），有些国家的宪法根本没有公布法律的规定（如美国、印度尼西亚、法国、几内亚、马里、菲律宾、瑞士）。

许多国家在专门的法律中规定了公布法律的方法。例如，德意志联邦共和国 1950 年 1 月 30 日的《关于规范性文件的公布》的法律，详细规定了一切规范性文件的公布程序，凡是联邦的法律和联邦的其他规范性文件，必须在《联邦法律公报》或《联邦公报》上公布。美国 1895 年 1 月 12 日的法律（后来经过多次补充修改），规定了国会立法文件的公布程序。瑞士 1962 年 3 月 23 日的法律，规定了联邦法律的公布程序。匈牙利人民共和国主席团 1974 年第二十四号法令，规定了法律文件公布和生效的程序。捷克斯洛伐克国民议会主席团 1962 年 1 月 10 日的法令，规定了法律和其他法规的公布程序。

苏联最高苏维埃主席团 1958 年 6 月 19 日通过了《关于苏联法律、苏联最高苏维埃决议、苏联最高苏维埃主席团法令和决议的公布和生效程序》的法令。这一法令规定，《苏联最高苏维埃公报》和《消息报》是公布苏联最高苏维埃及其主席团所通过的文件的刊物。《苏联最高苏维埃公报》是在 1938 年确定为正式刊物的。1960 年 3 月 11 日，苏联最高苏维埃主席团又通过了《关于苏联最高苏维埃公报》的决议，进一步规定了《苏联最高苏维埃公报》的具体任务。《苏联最高苏维埃公报》为周刊，用俄文和各加盟共和国的文字出版，其内容共分为三个部分。第一部分为苏联最高苏维埃及其主席团所通过的法律和其他规范性文件，以及苏联最高苏维埃主席团批准的苏联和外国签订的条约、协定和公约。第二部分报道授予苏联荣誉称号和勋章的情况。第三部分报道苏联最高苏维埃及其主席团以及两院及其常设委员会的工作，关于选举和罢免苏联最高苏维埃代表的情况，关于外国大使向苏联最高苏维埃主席团主席递交国书的情况，关于各国议会联盟苏联议会团的活动情况，以及关于各加盟共和国改变行政区域划分的情况。

大多数国家都有公布法律的正式刊物，如法国有《法兰西共和国政府公报》，意大利有《意大利共和国公报》，德意志联邦共和国有《联邦法律公报》，瑞士有《联邦公报》和《联邦法律汇编》，南斯拉夫有《南斯拉夫社会主义联邦共和国公报》，罗马尼亚有《罗马尼亚社会主义共和国公报》，德意志民主共和国有《法律公报》，匈牙利有《匈牙利公报》等等。

许多国家是多民族国家，这些国家的公民用不同的语言作为交往工具。因此，法律也用几种文字正式公布。

在瑞士，法律用德语、法语和意大利语公布。在南斯拉夫，法律用南斯拉夫各民族文字以及阿尔巴尼亚族语和匈牙利族语作为正式文本公布。在罗马尼亚，法律用罗马尼亚语公布，并译成匈牙利语。捷克斯洛伐克《法律汇编》同时用捷克语和斯洛伐克语出版。在加拿大和喀麦隆，法律用英语和法语公布。在苏联，法律用俄语和各加盟共和国的语言公布；苏联大多数加盟共和国的法律用俄语和加盟共和国的语言公布。

三　公布法律的期限

有些国家，法律通过以后，必须由国家元首批准，然后再行公布。国家元首可以根本否决或拖延法律的通过。

国家元首公布法律的过程可以分为两个步骤。第一个步骤是签证，即由国家元首依法在法律上署名，以证明该项法律是依法制定的，并证明该项法律与立法机关所通过的完全一致。第二个步骤是刊告，即由国家元首将经过签证的法律，刊登在正式的刊物（公报）上。法律通过以后，必须经过这两个步骤，才能发生效力。

　　有些国家虽然规定国家元首有权要求议会对法律进行第二次审议，但如果国家元首在一定的期限内不颁布法律，议会可自行颁布，或国家元首必须颁布。例如，阿尔及利亚宪法规定，共和国总统负责颁行和公布法律。共和国总统在国民议会递交法律后10天内予以颁布，并签署法律的执行令。在国民议会要求紧急处理时，上述期限可予缩短。在颁布法律的规定期限内，共和国总统得提出咨文，要求国民议会对法律进行第二次审议，国民议会不得加以拒绝。有关法律，如在规定期限内共和国总统未予颁布，则由国民议会议长予以颁布。又如，喀麦隆宪法规定，联邦共和国总统如未声请再议，应在联邦议会通过的法律送交他的15日内加以颁布。当该期限届满，并确定总统不予颁布该项法律后，联邦议会议长得自行颁布。

　　公布法律的期限，在有些国家中没有规定。有些国家对公布法律的期限有明确的规定。例如，意大利宪法规定，法律由共和国总统于批准之日起一个月内公布之。德意志民主共和国也规定，人民议院通过的法律由国务委员会主席于1个月内公布。法国、突尼斯、保加利亚和阿尔巴尼亚规定法律在通过后15天内公布。捷克斯洛伐克规定法律在通过后14天内公布。罗马尼亚规定法律在通过后10天内公布。

　　苏联没有规定公布全联盟的法律的期限。在苏联各加盟共和国中，俄罗斯联邦、乌克兰、哈萨克、拉脱维亚和爱沙尼亚规定，法律必须在通过后7天之内公布；吉尔吉斯规定，法律必须在通过后10天之内公布；格鲁吉亚规定，法律必须在通过后一个月之内公布。其他各加盟共和国没有规定公布法律的期限。

四　法律生效的期限

法律的公布与法律的生效有着密切的关系。凡是未经公布的法律，都不能认为已发生法律效力。现代各国的宪法，有的已明确规定了这一原则。例如，比利时宪法规定："任何法律、任何行政决议或规定（不论是全国性的、省的、或行政区的），在未按照法律规定的形式公布以前，都不具有约束力。"这一原则是十分重要的，因为不论是法律还是其他法规，既然人人必须遵守和执行，那么就必须公布出来，让人人知道。否则，必然会发生各种混乱现象。

但是，法律公布的时间与法律生效的时间并不完全一致。一般说来，法律公布后于何时生效，大致上有三种办法：一、法律自公布之日起在全国生效；二、法律于公布后经过一定期限在全国生效；三、法律公布后，按公布地距离的远近，对于全国各地规定不同的到达期间，法律在全国各地于不同的期间生效。在以上三种办法中，第一种办法适用于领土较小的国家，第二种办法适用于领土较大但交通便利的国家，第三种办法适用于领土辽阔而交通不便的国家。许多国家规定，如果法律本身没有规定其生效的期限，则应在公布以后一定的期限内生效。这一期限的规定，各国有所不同。例如，意大利、捷克斯洛伐克、阿尔巴尼亚、索马里规定为15天，德意志联邦共和国和德意志民主共和国规定为14天，苏联规定为10天，南斯拉夫规定为8天，保加利亚规定为3天，奥地利规定为1天，芬兰、波兰、新加坡规定为公布之日起生效。

在爱尔兰和英国，法律的生效同法律的公布并没有关系，而是同国家元首的批准相联系。例如，在爱尔兰，假如在法律中没有规定其生效的期限，则此项法律应从总统批准之时起生效。在英国，在1793年的法律颁布以前，议会通过的每一法律如果没有规定其生效的期限，则从通过这项法律的会议召开的第一天起即认为生效。这样的做法，实际上使得法律具有追溯力。1793年的法律规定，凡在1793年4月8日以后通过的每一法律，应该注明这一法律通过的年月日和英王批准的年月日，这一日期应该写在法律名称的后面，并作为该项法律的一部分。如果法律对生效的日期并无其他规定，那么，批准的日期就是法律生效的日期。

（1985年）

立法技术的概念和意义

一　立法技术的概念

技术是人类在利用自然和改造自然的过程中积累起来的并在生产劳动中体现出来的经验和知识，也泛指其他操作方面的技巧。立法技术是在立法工作的实践过程中所形成的方法、技巧的总和。

各国法学家对立法技术的概念没有统一的看法。许多法学家认为，对立法技术可以有广义上和狭义上的理解。例如，罗马尼亚法学家纳舍茨认为，广义上的立法技术是国家制定法律的细则、表达法律规范的内容和形式方面的特殊活动，狭义上的立法技术是专门用来表达法律的规定的一些细则。[①] 有的法学家对立法技术的理解比较广泛，例如，苏联法学家凯里莫夫认为，立法技术是在一定的立法制度中历史地形成的最合理地制定和正确地表述法律规定和条文以达到最完善的表达形式的规则的总和。[②] 有的法学

---

① 纳舍茨：《法的创制——理论和立法技术》，布加勒斯特，1969 年版。
② 凯里莫夫：《法典编纂和立法技术》，莫斯科，1962 年版。

家对立法技术的理解比较狭窄，例如，苏联法学家彼高尔金认为，立法技术包括准备法律草案的纯技术部分，这些技术部分同草案的内容没有直接的关系。他认为，应该把立法程序的规则同立法技术规则区别开来，把起草法律草案的组织工作同起草法律草案的技术区别开来。[①] 又如，科瓦切夫认为，立法技术是确定如何建立法律结构的规则的总和。立法程序规则、准备法律草案程序规则和立法技术规则是三种不同的规则。立法程序规则是国家法的一部分，准备法律草案程序规则是国家法和行政法的一部分，立法技术规则既不是某一部门法的一部分，也不是一个独立的部门法。[②]

我们认为，对立法技术可以有广义上的和狭义上的两种理解。从广义上说，同立法活动有关的一切规则都属于立法技术的范围，因此，立法技术的规则大体上可以分为以下三类：第一类是规定立法机关的组织形式的规则，包括立法机关的产生，立法机关的组成，立法机关的职权，立法机关的任期，立法机关的会议形式等等。第二类是规定立法程序的规则，包括提出法律草案，讨论法律草案，通过法律和公布法律的形式等规则。第三类是关于法律的内部结构和外部结构的形式、法律的修改和废止的方法、法律的文体、法律的系统化的方法等方面的规则。从狭义上说，只有第三类规则才算是立法技术的规则。

在以上三类规则中，第一类的规则通常在各国的宪法中有明确的规定；第二类的规则通常在宪法中有一般的规定，而在立法机关的议事规程中作详细的规定；第三类的规则通常以惯例的形式出现，在各国的宪法和法律中一般都没有规定，只有少数国家

---

① 哈尔菲娜主编：《苏联法的创制的科学基础》，莫斯科，1981 年版。

② 科瓦切夫：《社会主义国家的立法机制》，莫斯科，1977 年版。

对这类规则有明文规定。

二　立法技术的意义

法律是建立在一定的经济基础之上的上层建筑的重要组成部分之一。在原始社会，并不存在国家和法律。随着国家的产生，统治阶级为了建立和巩固正常的经济秩序，以便维护其阶级统治，于是就制定了法律。正如恩格斯所说："在社会发展某个很早的阶段，产生了这样的一种需要：把每天重复着的生产、分配和交换产品的行为用一个共同规则概括起来，设法使个人服从生产和交换的一般条件。这个规则首先表现为习惯，后来便成了法律。"[①] 任何国家的法律，都是经济基础的反映。就像马克思所说："无论是政治的立法或市民的立法，都只是表明和记载经济关系的要求而已。"[②] 符合经济基础需要的立法，可以对社会经济发展起促进作用；背离经济基础需要的立法，可以对社会经济发展起抑制和阻碍作用。恩格斯指出："如果说民法准则只是以法律形式表现了社会的经济生活条件，那么这种准则就可以依情况的不同而把这些条件有时表现得好，有时表现得坏。"[③] 因此，立法工作好坏的关键，在于立法者是不是能正确地和及时地反映经济生活条件。对于这一点，许多人是能够理解的。但是，单单懂得了这一原理，并不一定就能制定出好的法律来。这是因为，立法本身是一门学问，要想制定出好的法律，必须掌握科学的立法知识。马克思曾经说过："立法者应该把自己看做一个自然科学家。他不是在制造

---

① 《马克思恩格斯选集》第 2 卷，第 538 页。
② 《马克思恩格斯选集》第 4 卷，第 122 页。
③ 同上书，第 248—249 页。

法律，不是在发明法律，而仅仅是在表述法律。如果一个立法者用自己的臆想来代替事情的本质，那么我们应该责备他极端任性。"① 立法技术，是科学的立法知识中的一个极其重要的方面。在许多相同类型的国家中，法律往往并不相同，甚至有很大的悬殊。形成这些差异的主要原因，除了各国的立法者在反映经济生活条件时各不相同之外，还有一个不容忽视的因素，就是能否及时地总结立法工作的利弊得失，能否正确地掌握立法技术。

立法技术是立法工作的实践过程中所形成的规则，它可以使法律的表达形式臻于完善。立法技术的作用在于：首先，立法机关可以利用立法技术，在法律中明确地表达统治阶级的意志，避免对法律所规定的内容产生各种不正确的理解，保证法律的表达形式同它的内容相符合，便于对法律作出统一的解释和适用。其次，立法机关可以利用立法技术，及时制定新的法律，并且对同新的法律发生抵触的旧的法律及时地进行修改或废除。再次，立法机关可以利用立法技术，对已经颁布的法律加以汇编。最后，立法机关可以利用立法技术，进行法典编纂，在编纂的过程中消除现行法律中的某些缺陷，根据制定同一类法律的经验和材料，加以编纂，制定内容统一的新的法典。

法律的文字表达形式与法律的内容有密切的关系。没有一定的文字表达形式，就不可能表达法律的内容。因此，不能把法律的内容同它的文字表达形式分割开来，这就是说，不能把关于法律表达什么的问题同关于法律怎样表达的问题分割开来。立法技术的发展水平和完善程度，可以反映出一个国家对法制的关心程度。立法技术的各种具体问题能否得到完满的解决，归根到底取

---

① 《马克思恩格斯全集》第 1 卷，第 183 页。

决于掌握立法权的统治阶级的利益，取决于立法活动的根本方针和政策。一个国家越是关心加强法制，关心法律的效果，就越注意使立法技术得到完善和发展。相反地，一个国家越反动，立法技术就越是拙劣。因此，立法技术的发展程度，反映了法律的社会经济目的，反映了国家的政治和文化发展水平。

立法技术并不是没有任何政治内容的单纯的形式上的规则，各国的统治阶级往往利用立法技术，使法律符合自己的需要。例如，资产阶级在刚刚掌握政权时，为了加强资产阶级法制，曾经力图使法律保持最大的统一性。1804年的《法国民法典》，就是1789年法国资产阶级大革命的产物，它文字简单明了，逻辑严谨，体系完整，从立法技术上说，同封建时代的法律有很大的不同。而当时处在封建统治下的德国，贵族竭力反对进行法典编纂工作。例如，德国历史法学派的代表人物萨维尼宣称，任何法典都是对法的根源的本身的破坏，都是对"民族精神"自我发展的干预。他认为，制定法典只能使法同历史割断联系，限制法的"正确的和自由的"发展，破坏民族的法律意识，使它失去稳定性。萨维尼认为，当时德国法律中所存在的各式各样的矛盾并不是一种缺点，恰恰相反，它可以为人的本性的发展开辟道路。其实，德国的封建贵族正是利用法律的零散和矛盾，来阻挠社会的发展。

立法技术本身，作为一种技术规范，可以被各种性质不同的国家所利用。利用同样的立法技术，可以制定出在其内容和政治目的上完全相反的法律。当然，国家的阶级性质，终究要影响到对立法技术的利用，这种利用直接决定于一个国家的对法制的关心程度，对用法律手段调整社会生活各个领域的关心程度，也决定于这个国家的政治和文化发展水平以及传统和习惯。因为这些因素在不同的国家里是不一样的。即使在同一社会经济形态的范围内，不同国家的立法技术规范也不相同。例如，欧洲大陆法系各国的立法技术，就与属于普通法系的英国的立法技术有很大的差别。

马克思、恩格斯和列宁都非常重视法律的文字表达形式。马克思曾经说过："法律是肯定的、明确的、普遍的规范。"[①] 他在批评1842年的离婚法草案时指出："整个草案的逻辑性很差，论点也不够明确，不够确凿有力。"[②] 恩格斯认为："法不仅必须适应于总的经济状况，不仅必须是它的表现，而且还必须是不因内在矛盾而自己推翻自己的内部和谐一致的表现。"[③] 列宁亲自起草了许多法令草案，其中有《和平法令》、《被剥削劳动人民权利宣言》等等。在列宁的直接参加下，制定了苏维埃政权的第一批法典。列宁极其反对毫无理由地拖延法律的起草工作，他在致库尔斯基的便条中写道："必须立即神速地提出一项关于惩治贿赂行为（受贿、行贿、串通贿赂，以及诸如此类的行为）的法案。"[④] 列宁还反对法律用语模棱两可，强调必须确切地表达法律的要求。他在《关于粮食专卖法令的要点》中指出，应该"在法律上更确切地规定粮食人民委员会的新权利"，并且"明确规定代表委员会和省粮食人民委员会的关系，以及代表委员会在进行粮食工作中的权利和义务"。[⑤] 列宁的一系列的意见，对提高苏维埃政权初期的法律的质量，起了极其重要的作用。

---

①　《马克思恩格斯全集》第1卷，第71页。

②　同上书，第182页。

③　《马克思恩格斯全集》第4卷，第483页。

④　《列宁全集》第35卷，第328页。

⑤　《列宁全集》第27卷，第331页。

三　法律草案的起草工作

在起草法律草案时，首先要考虑的当然是立法政策，以便根据当前的情况，在法律上规定一整套措施和办法，来实现政治上、经济上、文化上的各种目的。但是，法律中能否充分反映预定的立法政策，在很大的程度上取决于立法技术。因此，在起草法律草案时最大限度地利用立法技术，是使法律草案得以完善的一条必经的途径。如果在起草法律草案时不充分考虑到这一点，就会导致不良的后果。法律草案准备得越是周密细致，立法技术的各项要求完成得越是认真，就越能使立法政策在法律草案中得到正确的反映，并便于法律的贯彻执行。在起草法律草案时，如果法律术语表达得不妥当，立法技术上发生错误和遗漏，就会引起各种疑问和争论，以致不得不作出必要的补充解释。由此可见，起草法律草案是一项非常重要和复杂的工作，不能有丝毫的草率。在起草法律草案时，要进行紧张的思考，要采取创造性的劳动态度，要具备丰富的经验和渊博的知识。这种知识不仅包括一般的法律知识和法律草案所涉及的内容的专门知识，而且还必须包括立法技术知识。

法律草案的起草工作是一项十分复杂细致的工作，要做好这一工作，需要注意以下几点：

（一）明确法律文件所要调整的具体对象和范围。一般地说来，法律所要调整的对象和范围在条文中不能表述得太抽象，但也不能过分具体。

（二）严格遵守宪法的各项规定，保证法律草案不违反宪法的规定。如果法律草案的内容与宪法相抵触而又有通过的必要，则必须先修改宪法的有关规定。同时，法律草案如果与其他法律文件中的有关规定发生矛盾，也必须作相应的修改。

（三）把调整同一内容的法律文件减少到最少的限度，以利于法律的系统化，并便于贯彻执行。

（四）法律草案本身不能有互相抵触的地方。

（五）法律草案中利用立法技术的规则不仅应保持前后一致，而且应与其他法律文件互相协调。

由于法律草案往往是由各种不同的机构和人员起草的，因此，就一个国家来说，需要制定一个起草法律文件的共同规则，以改进法律草案的文字表达形式，防止起草法律草案的机构和人员自行其是、擅自行事，而造成法律草案五花八门、互不协调的局面。

每一件法律草案都包含两个重要的组成部分，一个组成部分是立法政策，另一个组成部分是立法技术。这两者互相联系，密不可分。立法政策决定法律草案的内容，立法技术决定法律草案的文字表达形式，从而可以影响到立法政策的制定和贯彻。在有些国家里，立法政策的审议和抉择由立法机关经过一定的立法程序作出决定，至于立法技术是否妥善，应由法律草案的提案人负责。为了提高法律草案的立法技术，需要设立相应的机构。例如，日本的国会和内阁分别设立法制局，作为专门负责立法技术的机构，设专家数百人，协助议员和政府解决法律草案中的立法技术问题。美国国会设立两种机构，一个是立法顾问处，另一个是立法资料处。立法顾问处聘有立法专家，协助议员起草法律草案，解决立法技术上的问题。立法资料处收集各种立法资料，供议员在起草法律草案时作参考。许多国家也设有类似的机构，以提高法律草案的立法技术。

（1985 年）

法律的结构

一 法律的内部结构

法律的内部结构，是指法律规范内部各个组成部分的搭配和排列。只有了解法律的内部结构，才能在制定法律时科学地安排法律条文，使法律文件臻于完善。

法律规范和法律条文是两个不同的概念，两者虽然有密切的联系，但不能互相混淆。法律规范的内容和性质对法律条文的文字表达形式起着决定性的作用。

法律规范是调整典型性的社会关系的具有一定的逻辑结构的一般规则。法律规范虽然是一般的规则，但这并不是说，每一法律规范都包含有直接规定人们行为的具体内容。因为法律规范也可能只规定一些原则性的内容，或是对法律条文中使用的法律术语下一个明确的定义。所谓法律规范是一般的规则，这意味着它的规定不是只针对某一个具体的人，也就是说，它是调整大量同类的社会关系的。至于那种针对具体的人的具体的命令，虽然也具有必须遵守的性质，但它不是法律规范，而仅仅是法律规范在具体情况下的适用。

法律规范通常由三个部分组成，即假定、处理和制裁。这三个部分是互相联系的。假定是法律规范中规定一定的行为准则适用的条件的那一部分。处理是法律规范中反映行为规则本身的那一部分，也就是法律规范中规定允许、禁止或要求人们的行为的那一部分。制裁是法律规范中规定强制实现法律规范的可能性或违反这一规范的要求所招致的法律后果的那一部分。这也就是说，任何法律规范必须包括以下三个问题：一、它调整法律关系的主体的什么行为？二、这一行为在什么条件下可以发生或者应该发生？三、违反这一规则的人应该遭受什么后果？如果法律规范不是直接地或间接地回答这三个问题，那么，它就失去了存在的意义，也不成其为法律规范。

法律条文是法律规范的文字表达形式。为了使法律条文简短明了，各国的法律在文字上往往不罗列法律规范的三个组成部分。例如，许多国家的刑法规定，达到一定年龄的犯罪行为的主体要负刑事责任，可以对他适用刑法中所规定的刑事制裁。负刑事责任的年龄问题往往在刑法总则的条文中予以规定，而刑事制裁适用的种类和幅度在刑法分则中予以规定。这就是说，由于刑法总则已经规定了负刑事责任的年龄，因此在刑法分则中没有必要在每一条条文中再一次重复规定负刑事责任的年龄。此外，往往有这样的情况，法律规范中的三个部分不在同一个法律文件中表达出来，而是分别规定在不同的法律文件中。例如，许多国家在宪法中规定公民有参加选举的权利，而在刑法中规定对破坏选举的制裁。

由此可见，法律规范和法律条文不能混为一谈。法律规范的内容可以在一条或几条法律条文中表达出来，法律条文可以反映一种法律规范，也可以反映几种法律规范。

　　为了使法律规范臻于完备，在立法过程中必须对法律规范的三个组成部分予以正确的规定。

　　首先，对法律规范中的假定部分来说，最重要的是它的明确性，否则就不可能正确地适用。如果假定部分规定得不明确，或者规定得十分笼统，模棱两可，这种法律规范就是不完备的。例如，如果一个国家的宪法中规定了公民的权利和义务，但没有在宪法或国籍法等法律中明文规定哪些人是该国的公民，那么，公民这一概念就是不明确的，因而这种法律规范也是不完备的。

　　其次，对法律规范中的处理部分来说，由于法律所调整的社会关系是多种多样的，因此法律规范中必须采取各种不同的形式和方法，而不能千篇一律，毫无区别。从法律调整社会关系的方法来说，法律规范的处理部分可以分为禁止性规范、义务性规范和授权性规范三种。禁止性规范的内容是禁止实施一定的行为；义务性规范的内容是直接指出公民、公职人员、社会团体或国家机关的义务；授权性规范的内容是直接规定公民、公职人员、社会团体或国家机关的权利。当然，这三种规范都是从相对的意义上来说的，因为权利和义务是不可分割的。没有法律义务，就没有权利；没有权利，也就无所谓法律义务的发生。而且，在不同的场合下，权利和义务是可以互相转化的。但是在具体的情况下，法律规范的处理部分的着重点是不同的，有的是着重于禁止实施一定的行为，有的是着重规定一定的义务，有的是着重规定一定的权利。

　　最后，从法律规范中的制裁部分来说，由于违法行为是各式各样的，因此对违法行为的制裁也是各式各样的。一般说来，法律制裁可以分为以下几种：一、宪法性制裁，如宣布违宪的法律和法规无效、弹劾国家元首和政府首脑等。二、刑事制裁，如管制、拘役、有期徒刑，无期徒刑、死刑、罚金、剥夺政治权利、没收财产等。三、行政制裁，如警告、罚款、拘留、扣留物品、没收物品等。四、纪律制裁，如警告、记过、记大过、降级、降职、撤职、开除留用察看、开除等。五、民事制裁，如认为法律行为无效、责令恢复原状、赔偿物质损害、交付违约金、剥夺权利等。

二　法律的外部结构

法律的外部结构，是指法律的外部表现形式。研究法律的外部结构，也是为了在法律文件中合理地安排条文。如果法律外部结构明确合理，条文安排妥善适当，那么公民和公职人员就能正确地掌握法律的内容，否则，就会造成混乱。

从各个国家的立法实践来看，法律的外部结构可以分为以下几个部分：

（一）法律采取的形式

法律采取的形式应该十分严格，因此必须明确规定什么机关制定法律、法令、决议、命令等等，以免互相混淆。例如，南斯拉夫宪法规定，南斯拉夫社会主义联邦共和国议会通过联邦法律、其他条例和一般文件，南斯拉夫社会主义联邦共和国主席团在战争时期或在有直接战争危险的情况下，自己主动或应联邦执行委员会的要求，就南斯拉夫社会主义联邦共和国议会权限内的问题通过具有法律效力的命令。南斯拉夫社会主义联邦共和国议会一有可能开会，南斯拉夫社会主义联邦共和国主席团即将这些命令提交议会批准。又如，苏联宪法规定，苏联最高苏维埃通过法律，苏联最高苏维埃主席团发布法令，苏联部长会议发布决议和命令，地方各级人民代表苏维埃在自己的权限内通过决定。再如，意大利宪法规定，议会制定法律，总统颁布具有法律效力的法令。日本宪法规定，国会制定法律，内阁制定政令。

（二）制定法律的机关的名称

为了表明法律的合法性和法律效力，在法律中应该标明制定此项法律的机关的名称。只有有权制定法律的机关，才能通过一定的立法程序制定法律。

（三）法律的名称

每一项法律都应该有它的名称，以反映它的调整对象和基本内容。法律的名称应该十分明确，以便公民和公职人员了解其基本内容，在法律名称中应避免使用"若干"、"某些"、"几个"等不明确的辞汇。

在古代，法律的名称有各式各样的表述方法，有的以制定者的姓氏命名（如《汉谟拉比法典》），有的以法律的外表形式命名（如《十二铜表法》），有的以皇帝的年号命名（如《永徽律》），有的以朝代名称命名（如《大清律》）。在美国，法律经常用提出法案者的姓氏命名，如《1940 年外侨登记法》通称《史密斯法》，《1950 年国内安全法》通称《麦卡锡法》。

十月革命胜利以后，苏维埃政权初期颁布的关于法院的一些法令曾以数字顺序来命名，例如 1917 年 11 月 24 日关于法院的第一号法令，1918 年 2 月 22 日关于法院的第二号法令。虽然这些法令的内容是十分重要的和正确的，但从立法技术的角度来看，以数字顺序来命名的方法未必是合适的，所以后来不再采取以数字顺序命名的方法。

一项法律可以包括不同部门法律的规范，但是这些规范应该是由于它们有共同相关的内容而联系在一起的。法律的名称必须反映该项法律的基本内容，以便根据法律的名称来了解法律的性质。在有些国家的立法实践中，法律名称混乱，这反映它的内容芜杂，缺少内在的联系。例如，1939 年英国的《已婚妇女和违法者法》，仅从名称上就可以看出这项法律的内容是由两个各不相关的问题拼凑在一起而组成的。

法律的名称如果太长，必然很不方便。1896 年，英国通过了一项专门的法律，其主要内容就是规定法律的名称必须简短。这项法律要求，议会通过的法律在条文中应该规定它的简称。通常的方法是在一项法律的最后一条独立的条款中规定它的简称。例如，英国 1911 年议会法共八条，其第八条规定："本法得称为1911 年议会法"；英国 1918 年国民参政法共四十七条，其第四十七条第二款规定："本法得称为 1918 年国民参政法"。英国法律的每个简称都冠以通过该法的年份。有些法律的简称相同，但通过的年份不同，因此不能略去简称的年份。法律的全称表示法律的主要内容，并注有通过该项法律的年、月、日。有些法律的简称与全称近似。有些法律的简称不能说明法律的主要内容，单看简称可能引起误解，必须看其全称。有些法律的全称很长，如《1980 年苏格兰法律修改（杂项规定）法》的全称长达五百余字，比一些篇幅简短的法律的全文还长。

（四）序言

法律的序言部分主要是阐明颁布此项法律的理由、目的和任务。从各国的立法实践来看，有的法律没有序言，有的法律序言很短，也有的法律序言很长。例如，1791 年的法国宪法把 1789 年的《人权宣言》作为序言，1918 年的苏俄宪法把《被剥削劳动人民权利宣言》作为序言，这些都是长篇的序言。在现代世界各国 150 部宪法中，有序言的为 91 部，没有序言的为 59 部。

在长篇的序言中，往往详细说明该项法律要调整的问题及其社会意义，以及通过该项法律的理由等等。在较短的序言中，往往以简短的形式说明颁布此项法律的目的，通常以"为了"、"考虑到"、"鉴于"等语句开始。

各国法学家对法律的序言是否具有规范性质和是否可以在判决中援用，存在着不同的意见。例如，1958 年的法国宪法有一个序言，法学家对这个序言的法律效果一直议论纷纷。这个问题之所以特别重要，是因为其中指出："法国人民庄严宣告，他们热爱 1789 年的宣言所规定的并由 1946 年宪法序言所确认和补充的人权和国家主权的原则。"有人认为这种"热爱"并没有确切的法律效果，也有人认为这个序言是在各级法院进行诉讼的有效依据。从司法实践来看，1947 年 2 月 22 日，法国塞纳省民事法院判决曾经援引 1946 年法国宪法序言。[1]

有的学者认为，法律的序言是法律的一个重要组成部分，但是它不具有规范性质，因此必须把序言同规范性规定分开叙述，不能在序言中加进规范性的规定。[2] 还有一些学者认为，序言不能直接适用于具体事例。序言的规定对社会关系不是直接起作用，而是通过法律条文起作用。[3]

（五）法律的本文

法律的本文是法律的主要内容。为了叙述明晰和使用方便，法律的本文可以分为编、章、节、条。编、章、节一般都有标题，

---

[1]　丹尼·塔隆：《宪法与法国的法院》，载《美国比较法杂志》第 27 卷第 4 期。

[2]　凯里莫夫主编：《立法技术》，列宁格勒，1965 年版。

[3]　哈尔菲娜主编：《苏联法的创制的科学基础》，莫斯科，1981 年版。

以标明所调整的对象。在有些国家的法律中，条也有小标题，目的是使法律的表述更加明确，保持连贯性，并便于查找。

　　一般说来，每编至少包括两章，每章至少包括两节，每节至少包括两条。当然，如果确有必要，每章或每节只设一条，并不是绝对不可以，但是应当尽量避免。条是基本单位，每一条应该包括一项完整的规则。条以下可以设款，款以下可以设项，项以下可以设目。整个法律以条为基本单位，按数字顺序排列。修订法律时，为了避免全部改变原有法律条文的序列，通常在原有法律条文以后增加的新条文，以"之一"、"之二"……的方式来表示。例如，在第一百零一条之后增加的两条独立的条文，以"第一百零一条之一"、"第一百零一条之二"的方式来表示。"第一百零一条之一"和"第一百零一条之二"是独立的条文，而不是第一百零一条的附属部分。援引法律条文时，"前条"的涵义是指与该条紧接的前一条的独立条文。在上例中，第一百零二条的前条是第一百零一条之二，而不是第一百零一条。

　　从各国的立法实践看来，每章之中只有一条的情况比较少见，每条包括几项规则的情况也不太多。为了减少条文的数量而把几项规则包括在一条条文之内，这只能使法律的适用很不方便。条文数量的增多，不仅不会使法律的篇幅扩大，而只能更加便于使用。

　　法律文件中序数字的用法应该统一，要避免阿拉伯数字和其他数字混用的现象。在苏联早期的法典中，有的条文中的顺序以阿拉伯数字表示，有的用俄文字母表示，有的同时用阿拉伯数字和俄文字母表示，比较混乱。苏联后来的法典改变了这种方法，统一了序数字的用法。

（六）规定不遵守法律的后果

如果法律禁止实施某种行为，就应该规定对实施这种行为的人采取制裁措施。但是，制裁措施往往列在其他法律中。从立法技术上说，如果在一项法律中规定"国家依照法律禁止实施某种非法行为"，那么就应该同时通过另一项法律或对过去的某一项法律进行修改和补充，规定实施这种非法行为的法律责任。否则，前项法律就形同虚设，等于一纸空文，而且也使法律的权威性受到破坏。

（七）规定废除其他法律或法规

后法优于前法是立法工作的一项基本规则。新的法律通过以后，同一机关以及它的下级机关过去所通过的与它相抵触的法规就应当失效。因此，立法机关在通过新的法律之前，必须事先就弄清楚哪些法规要修改或废除。这是一项十分细致的工作，但又是一项必不可少的工作。不少国家的立法工作者在立法实践中已经体会到，决不能在法律中简单地说一句"凡与本法相抵触的法规一律失效"就算完事，而是必须一一详细列举哪些法规中的哪些条文失效。例如，捷克斯洛伐克社会主义共和国刑法典第三百一十一条具体地规定了哪些法律、法令或条文应予废除。阿尔巴尼亚人民议会主席团 1952 年 8 月 7 日通过的关于施行阿尔巴尼亚人民共和国刑法典的法令的第一条具体地规定了由于施行刑法典而应予废除的法律、法令。又如，罗马尼亚《规范性文件草案的制定和系统化的立法技术总方法》第八十八条明确规定："在草案中必须指出同新规定相抵触的一切立法规定，并且必须明确说明这些规定必须废除。全部或部分应废除的规范性文件，应从法律到法令按时间先后列出。废除文件必须由同一等级或更高级的文件确定。"第九十条规定："如果由于社会关系的发展,这一或另一规范性文件实际上已经停止使用,主管机关也必须正式提出予以废除。"这样的做法,看来是很有必要的。否则,立法机关本身尚弄不清楚到底后法通过后,前法中哪些条文应该失效,那么,一般公职人员和公民就更无所适从了。如果立法机关对此不作具体的规定,而由公职人员和公民自己去分析和判断前法同后法有无抵触的地方,这就难免理解不一致,对于加强法律的稳定性、连续性和权威性是不利的。

(八) 公布法律的时间和法律生效的时间

在各国的立法实践中,公布法律的时间和法律生效的时间有的是一致的。例如,英国 1918 年国民参政法第四十六条规定:"本法自通过日起施行之。"蒙古刑法典于 1942 年 1 月 17 日批准,当日生效。但是,公布法律的时间和法律生效的时间也有不一致的。例如,荷兰刑法典于 1881 年 3 月 3 日公布,于 1887 年 9 月 1 日生效,相隔时间六年半;挪威刑法典于 1902 年公布,1905 年生效,相隔时间三年;丹麦刑法典于 1930 年 4 月 15 日通过,于 1933 年 1 月 1 日施行,相隔时间二年八个半月;瑞士刑法典于 1938 年 12 月 21 日通过,于 1941 年 1 月 1 日生效,相隔时间两年多;罗马尼亚刑法典于 1968 年 6 月公布,于 1969 年 1 月 1 日生效,相隔时间六个月;苏俄刑法典于 1960 年 10 月 27 日通过,于 1961 年 1 月 1 日施行,相隔时间两个多月;捷克斯洛伐克刑法典于 1950 年 7 月 18 日公布,于 1950 年 8 月 1 日施行,相隔时间两周。在苏联,除法律中对生效的时间另有规定以外,一律从公布之后十天起生效。

从立法技术的角度来看,法律通过以后,公职人员和公民尚需有一定的时间来了解其内容,因此,法律生效的日期晚于公布法律的日期，这是合理的。

（九）有关人员的签署

例如，意大利宪法规定，法律由总统公布；苏联宪法规定，法律由苏联最高苏维埃主席团主席和秘书签字公布；日本的法律由天皇公布，但要有主管国务大臣的署名，并必须由内阁总理大臣联署；德意志联邦共和国总统签署法律，但必须得到联邦总理和有关部长的副署，才能颁布生效。

除以上九个部分以外，在必要时，法律中还可以有目录、注释、附录、索引等附加的部分。

篇幅较长的法律，通常在正文前有目录，以便查找法律的篇、章、节。有的法律在正文后附有索引，以便按各种项目检索法律的条文。

法律的附录通常包括某些图表、文件格式、各种机关或人员名单、计算表、价目表等等。这些材料对该项法律有实用的意义，但是如果列入法律本文，则会使法律文件内容庞杂，因此可以作为法律的附录。

注释可以用来说明某个词汇或整个条文的意思，以解释法律中某些规定的涵义。注释也可以用于援引其他法律文件，指出其他法律文件中对有关问题的补充材料。在法律文件中不宜广泛采用注释，特别不宜对一条条文加上几个注释。但是，在特定的情况下，法律条文的注释是必要的。例如，在注释中说明某一有关问题已在其他法律文件中有所规定，或某一词汇的涵义已在其他法律文件中加以说明，这样可以避免几个法律文件的内容互相重复。

法律文件中援引其他法律文件的情况主要有两种。一种是援引其他法律文件或其他法律文件的某些条文以调整某种社会关系；

另一种是纯解释性的援引，以便指出这一法律条文同其他法律文件中某些法律条文的关系。法律文件中的援引可以是一般性的援引，也可以是对其他法律文件的某章、某节或某条的援引。在立法中采用援引的办法，是为了使法律文件减少篇幅，避免在各个法律文件中重复同样的规定。法律是必须严格遵守的行为规则，如果某一问题已经在一项法律文件中加以规定，则应要求人人切实遵守，而不应在另一项法律文件中重复这一规定。如果必须重复这一规定，则应采用援引的办法。因此，法律文件中不可能完全避免援引，但是，不宜采用转引的办法，也不宜在一条法律条文中多次援引其他法律条文。

一项新的法律的颁布，往往需要涉及实施该项法律的准备、与该项法律相抵触的法律的废除、暂时适用旧法律的期限等许多具体问题。这些问题如何在法律上予以规定，在各国的立法实践中有两种不同的方法。一种方法是把这些问题列为一章，称为最后规定或过渡规定，作为法律本文的一部分。另一种方法是不把对这些问题的规定放在法律本文中，而是另外制定一项实施细则。

法律规定有的是长期适用的，有的则是临时适用的。不宜把长期适用的法律规定列入临时性的法律文件，以免造成一种印象，似乎这些法律规定不久即将失效。如果立法机关认为有必要把这些规定列入临时性的法律文件，则应设立专章，专门指明这些规定是长期适用的。同样，不宜把临时适用的法律规定列入长期适用的法律文件。

（1985 年）

法律的文体

一 完善法律文体的意义

不论在中国还是在外国，封建时代的法律，往往是诘屈聱牙，晦涩难懂。这固然是由于古代的语言与现代的语言有所不同，但是更重要的是，封建时代法律的阶级本质，决定了它在根本上脱离人民，不可能做到使人民容易理解。资产阶级法学家对封建时代法律的文体进行了尖锐的批评，例如，意大利法学家贝卡利亚针对封建时代的法律，强调指出，法律的含混不清是一种弊害，如果法律是用人民难以理解的语言写成的，而且使人民不能判断自己的自由和别人的自由的界限，并从属于少数人，那么这种弊害将达到极点。他认为，法律中模糊不清的词句必须修改。

资产阶级革命取得胜利以后，掌握立法权的资产阶级在法律的修辞上作了一些改革，使之比较容易为人们所接受。其中有些法律，在修辞上是比较成功的。例如，1804 年的《法国民法典》，条文结构严密，文字清楚易懂。拿破仑曾经说过，他的目的是要使法典在编排上简单一些，使农民能够阅读，并且知道自己的法律权利。但是，总的说来，资产阶级国家的法律在修辞上仍有许多缺陷。例如，在1874年开始起草、于1896年定稿、于1900年生效的《德国民法典》，不仅冗长乏味，形式拘谨，而且在文字和措辞上都带有官僚主义的特性，根本不讲究文字的精练和技巧。关于这一点，连资产阶级法学家也不得不承认。例如，德国法学家奥托·格尔凯认为，这部《德国民法典》写得不通俗，外行根本看不懂，缺乏深度和明确性，措辞不当，而且是学究式的。汉斯·道列也认为："立法者（对法律文体不完善）置之不理，而是同意一些人的意见，认为制定法典不是为了外行，而是为了法官。法典的作用在于它能使法官看得懂，而可以使外行看不明白。"①

有些人认为，资产阶级国家的法律文体不完善，措词不明确，这是法律草案起草人个人的缺点。由于起草人没有在法律草案中准确地和合乎逻辑地阐述法律的规定，从而造成法律文件冗长难懂。例如，美国法学家里德·迪克逊认为，很难教会人们如何起草法律，其原因就像写作任何文艺作品所存在的困难一样简单。但是，起草人不仅对文字形式的困难估计不足，而且还喜好认为自己是这方面的能手。还有一些人企图从理论上论证法律必须用不容易为人们所懂得的文字写成。例如，心理法学派的一名代表人物德国法学家海德曼认为，法律用语不能为广大公民所了解，这是很自然的事情。芬兰法学家拉季宁认为，立法者不可能明确表达其由直观决定的意志，由于文字语言不完备，必须由字义符号来描述法律的内容。瑞士法学家施尼采尔认为，只有对于文化水平低下的人，法律才不得不采用明确的表达形式。

但是，资产阶级国家的法律文体不完善的真正原因，完全不

---

① 汉斯·道列：《法律的修辞》，杜平根，1949年版，第38页。

在于起草法律文件有困难，或者劳动人民没有能力理解法律用语。当然，立法工作同任何工作一样，不掌握一定的技巧，不总结大量的经验和运用一定的技术规则，是不可想象的。资产阶级国家的法律用劳动群众所不能理解的文字来表达的主要原因，在于资产阶级法律的阶级本质，在于它的使命是维护资产阶级的利益，反对劳动群众。

社会主义国家的法律是人民自己创制的，代表人民的意志和利益。因此，社会主义国家的法律应该力求为全体人民所了解。十月革命胜利后，列宁不仅亲自起草了苏维埃政权的最初的一批法令，而且对法律的修辞也很注意。列宁强调指出："制定法律必须再三斟酌，要三思而行！"①他还指出："应该写得通俗一些。"② 列宁在谈到刑法典的草案时又指出："既然是草案，当然需要反复推敲和修改。"③ 1929 年 7 月 29 日，苏联中央执行委员会和人民委员会在决议中指出，司法人民委员部在着手现行立法的编纂工作时，必须简化法律，特别要注意用广大劳动人民群众所懂得的用语来表述法律。在 20 年代至 30 年代，苏联法学家对立法技术和法律的用语进行了研究，并写出了一些著作。现代世界各国都比较重视对法律的文体的研究，例如，罗马尼亚《规范性文件草案的制定和系统化的立法技术总方法》第五十条明文规定："在拟定规范性文件草案时，必须采用最适当的法律结构和立法技术方法，使得条文能够准确反映研究报告中就问题的实质提出的解决办法。必须注意采用符合制定立法情报体系要求的统一术语。"

---

① 《列宁文稿》第 10 卷，第 119 页。
② 《列宁全集》第 36 卷，第 541 页。
③ 《列宁全集》第 33 卷，第 320 页。

二　法律用语的特点

　　语言是人们按照一定规则表达自己的意思和交流思想的工具，是人类特有的交际工具。法律是统治阶级意志的表现，只有利用语言，法律才能为人们所理解，并影响人们的意志，从而使人们用自己的行为去实现法律所要求的各种规定。语言是表达法律内容的工具，法律规范只能在一定的语言形式中存在。

　　毫无疑问，法律用语不可能离开生活用语，相反地，法律用语应该来源于生活用语，法律应该用合乎语法规范的最准确的用语写成。只有这样，法律才能为人们所理解。但是，日常生活用语由于具有多种涵义，并不是在任何时候都能用来准确地表达具有一定涵义的法律概念。例如，在日常生活中，把一切用暴力剥夺他人生命的行为都称为杀人，但是在法律用语中，只有故意或过失实施的杀人，才构成杀人罪。而在正当防卫的情况下，在法律上就不视为杀人。

　　语言没有阶级性。它可以同样地为不同的社会经济形态和不同的阶级服务。这一点，基本上也适用于法律用语。但是，法律用语有自己的特点。问题主要在于，法律用语是表达阶级意志的工具，而且法律的政治目的不仅表现在它所调整的社会关系的内容上，同时也表现在表达这一意志的形式上。法律用语是国家政权的正式用语，表达立法思想的方法在很多方面取决于颁布法律的国家政权的本质，取决于在法律中宣布自己意志的各阶级的利益。

　　社会主义国家在立法工作中力求准确易懂地表达法律的意图，这一点直接反映在法律的用语上。与此同时，资产阶级国家在立法工作中力图把表达在法律中的阶级意志粉饰成全民的意志，从而使法律用语含糊不清。因此，法律用语在一定程度上反映了立法者的政治目的，并且，它比任何专门用语更多地同国家的本质相联系，同不同的阶级利益相联系。

社会主义国家在立法工作中，合理地利用了过去的许多法律用语。例如，在古罗马时期就已产生和形成的许多拉丁法律用语，现在仍在许多欧洲国家（包括社会主义国家）中通行。这是由于这些法律用语已经有了固定的涵义，没有必要舍弃这些法律用语，而另外创造一批新的法律用语。十月革命后不久，在苏维埃政权的最初年代，曾有一段时间积极宣传必须摒弃资产阶级法律中的法律用语和措辞，并以旧的法律用语同新社会和革命意识相抵触为由，要求创造新的法律用语和措辞。例如，在刑法中，"犯罪"改称为"危害社会的行为"，"刑罚"改称为"社会保卫措施"；在民法中，取消了"所有权"、"买卖"、"租赁"等法律用语。这种过火的做法，显然无助于社会主义法制的加强和法律科学的发展。后来，苏联在立法实践中已不再使用新创造的法律用语。

由于法律是以国家的强制力来保证执行的，人人必须遵守的行为规则，从立法技术的观点来看，法律的用语应该具有以下三个特点：

（一）明确易懂

1. 为了使法律容易为人们所理解，在法律中必须使用正确的科学的语言。法律的规定是必须严格执行的，它表达的不是个别人的意志，而是集体的意志，这种意志具有国家权威的性质，并且体现在一定的具有正式性质的形式中。因此，法律所采用的文体是一种不同于散文、诗歌、小说、书信、通讯、论文等等的特殊的文体，而是一种正式文件的文体。正式文件的文体包括文牍性文体、公告性文体、立法性文体等等。立法性文体是正式文体中最重要的组成部分之一，使用这种文体，可以正确地体现国家的意志。

2.法律不是专为法学家或其他专家制定的，而是为广大公民制定的。因此，法律应该写得通俗一些。当然，在法律中不可能排除使用专门的术语，但是这些术语应该是取自人民语言中的明确的用语。

3.法律应该表达人的理智，而不是表达人的感情和想象。法律中所表述的现象应该是普遍性的，而不是个别性的。因此，在法律中不宜使用带有感情色彩的词汇，不宜对法律中的用语加上各种外表的装饰，也不应使用文学上的夸张语言和比喻手法，更不应使用隐语、诙谐语和双关语。

4.在法律中必须尽量避免使用地方语、古语等不容易为人民所理解的语言，也不要使用已经过时的旧的公文程式套语。

（二）简洁扼要

1.法律条文必须避免冗长繁琐。只有简洁扼要的法律，才能为广大公民所理解和掌握，便于贯彻执行。当然，也不能为了追求形式上的简短，故意在法律中不列入必要的内容，以致有损于法律的完整性。在现代，法律所调整的社会关系是非常复杂的，如果一味追求形式上的简单和通俗，就不可能使法律产生其应有的作用。

2.法律条文还必须避免重复累赘。法律的内容必须用最有限的句子和用语来表达，不能因为想强调某一问题的重要性而多次重复同一个内容，或使用多余的词汇。法律条文的简练可以使法律的内容容易为公民所理解。但是，这种简练不应该有损于法律所必须包括的内容。如果法律由于过分省略而出现各种漏洞，就迟早难免要颁布补充性的法律，这反而会引起不必要的麻烦。

3. 法律条文力求简洁扼要，目的是为了使人们容易理解。因此，不能为了追求形式上的简短，而滥用简称或省略符号。如果必须使用简称，则应对其涵义加以说明，以免引起各种误解。

（三）严谨一致

1. 法律用语必须前后一致，不同的概念不应该用同一个词汇来表达，同一个概念只能用同一个词汇来表达，这样才能避免矛盾和混乱。如果法律中所使用的词汇有几个涵义或不同于通常的涵义，那么，在法律中应该指出这一词汇的具体涵义，以便保证对法律的正确理解。在法律中如果使用模棱两可、含混不清的词汇或者使用多义词而不指出其具体涵义，在适用法律时就会造成错误，其后果是很严重的，甚至是很危险的。在法律中，有时一句话或一个字就能影响到人的生命财产、企业的活动、机关的职责。法律用语发生错漏，会影响到法律的权威性，并导致破坏法制。

2. 由于某些词汇的涵义是不断发展和变化的，因此，法律中的词汇，必须使用它在通过法律时所具有的词义。在准备法律草案时，不能使用涵义不固定的新创造的时髦用语，因为这些用语还没有经过时间的考验。在法律中只应该使用已经固定下来的、大家都能接受的词汇。

3. 法律通常由一个委员会或小组起草草案初稿，然后再进行加工、修改和补充，成为草案，再经过立法程序，成为正式的法律。因此，法律文件是专家、学者、国家机关工作人员和立法机关成员等许多人集体工作的成果。在法律草案的起草、修改和补充过程中，应该避免留下各个起草人的个人的文章风格。起草法律草案时，不应别出心裁，独辟蹊径，应当尽量与其他法律文件保持一致的风格。

以上这些法律用语的特点，是在制定法律文件的过程中所必须注意的。此外，还必须使法律文件中的各编、章、节、条之间具有严格的逻辑，每项规定都应与其他规定保持紧密的联系，决不能自相矛盾，前后抵触。在表达法律规范的过程中，应该用抽象方法在法律条文中表达能概括某种同类社会关系的重要特征，而不是表达某一具体关系的个别特征。这样的抽象方法只能根据逻辑规则进行。在整理法律材料时，首先应采取法律分析方法，把大量的法律材料分解为一些最简单的因素，从而在同类的法律关系中，把共同的特征或个别的特征区分出来。其次应采取逻辑集中的方法，从具体的、个别的法律规定中，概括出一般的规定和原则，形成明确的法律概念。最后才采取构成法律的方法，即统一整理法律材料，形成前后连贯的内容完整的法律结构。

为了提高法律的质量，1931年，苏联中央执行委员会主席团曾经设立一个专门委员会，其成员由法学家和语言学家组成，这个委员会的任务有两个，第一是仔细研究现行立法的文字，并找出其中的缺点；第二是对法律的文字提出有科学根据的建议。1976年罗马尼亚公布的《规范性文件草案的制定和系统化的立法技术总方法》规定，研究报告和文件报告由专家和在该活动领域方面受过专业训练的人员编写。编写这些材料的集体中必须有法学家参加。根据问题的意义和性质，在拟定文件时，还必须有学校教师、科学研究所和其他机构的工作人员参加。许多国家在每一项法律草案提交立法机关审查之前，事先组织一些法学家、语言学家、逻辑学家和其他专家对法律的用语和逻辑结构进行仔细的推敲，这对提高法律的质量是有好处的。

随着现代化科学技术的发展，出现了一门新的特殊的知识部门，即控制论。控制论研究机器、生物和社会中的控制过程。这些过程的性质虽然完全不一样，但在其数量的形式上有一定程度的相似之处。正是由于这种复杂的组织系统的控制机构的个别数量形式的相同，使得能够对它们加以统一的研究，并发现其互相渗透、丰富和更换的途径。借助控制论的方法和机器，可以使大量的分散的法律资料迅速地加以整理和系统化，并发现法律文件中的矛盾和重复，甚至可以使法律文件从一种文字译成为另一种文字的过程实行机器化。控制论方法和机器的采用，对立法技术的提高将起一定的作用。[①]

三　法律中所使用的术语

任何专门语言的特点，都表现在它的词汇中有自己独特的术语，以说明某个领域的专门概念。所以，术语是任何专门知识领域都具有的，而且这个知识领域越有特性，它的术语问题也越突出。法律是一个专门的知识部门，法律中的术语是一个很重要的问题。法律术语应该最准确地表达法律思想，如果没有法律术语，没有涵义明确的法律词汇，就不可能准确地把法律思想表达出来。

法律概念在用相应的术语规定在法律条文中以前，就已可能存在，但它在当时还不具有法律概念的特性，而且表示这一概念的术语也没有法律术语的特性。只有在法律条文中予以正式规定之后，这一概念才成为法律概念。有一些概念（如"无罪推定"、"法律渊源"）在法学著作中已经普遍使用，但是法学家在使用这些概念时，对这些概念往往赋予各种不同的涵义，这些概念在法律中并没有使用，也没有一定的确切的意思，因此，不能把它们

---

① 德·阿·凯里莫夫：《控制论和法》，载《苏维埃国家和法》1962 年第 11 期；卡·康内吉塞尔：《控制论的方法和手段在法律科学中的运用》，载民主德国《国家和法》1964 年第 5 期。

称为法律术语。

法律术语是在立法上使用的术语。法律术语的词汇有各种不同的来源，其中有的词汇是由常用词汇中转化而来的术语，有的是旧的立法和公文中所使用的术语，有的是在立法实践中创造的术语，有的是从外国立法中移植过来的术语。

法律术语可以分为以下几种：

（一）常用术语

常用术语是各种物体、现象、特性、行为等等普通的最常用的名称。这些术语在生活用语、文艺著作、科学著作、立法文件和公文中都同样使用。这类术语是词汇的基本部分，其特点是简单易懂。这类术语在立法上用其常用的意义，没有任何专门的意思，如"财物"、"金银"等等。

常用术语并不总是很妥当的，因为它们的涵义往往不很准确，可以在不同的意义上使用，以致难于正确地解释。因此，这种术语只能在它们的意思对大家都很清楚的时候才能使用，而且需要注意其上下文，以免产生歧义。

（二）常用的但在法律中有其专门涵义的术语

生活中的许多术语，在法律中可以有其专门的涵义，如"证据"、"第三者"等等。这些术语比起常用词来，优点在于用最简短的词汇，比较准确地、明晰地和充分地表明它应有的概念。这种术语在法律中为数不少，它们是法律术语的基本部分。这是因为，法律的使命是对许多不同的社会生活领域进行调整，所以不可能避开日常生活术语，同时，为了最准确地表达法律思想，要求每个概念只有一个专门的涵义。

对大多数人来说，上述术语的意思并不见得都很了解。因此，在法律中第一次采用这种术语时，应当对这种术语适当地下一个定义，或以一定的形式说明某一词汇在某处只在其狭义上使用，以免引起不正确的理解。

（三）专门法律术语

法律同社会生活中的任何专门领域一样，不可能没有特殊的术语。一般地说来，专门的法律术语可以准确地、扼要地说明法律中所专用的概念，如"原告"、"被告"、"前科"、"时效"等等。这样的术语通常都在法律中予以规定，在一般的口语中较少使用。

法律中的专门术语并不很多，只有当一般的用语中没有相应的概念时，才采用专门的法律术语。这些专门的法律术语有的是沿用古代法律的术语，有的是从外国法律中移植过来的，但是主要是由本国语言或用本国语言创造的词汇构成的。立法活动中所创造的许多术语，有的本来是纯粹的法律用语，后来逐渐运用于生活用语，在口语中和文学著作中常常可以见到。因此，这些术语已经不完全是法律术语，就其性质来说，介于常用术语和专门法律术语之间。

（四）技术性术语

在许多法律文件中，经常可以见到从科学、技术和艺术等各个领域借用的术语，以及各种职业用语。在法律中利用这些术语是很有必要的，因为法律规范涉及社会生活的各个领域，这些领域有自己的特点，并有自己的术语。法律调整的领域越是宽广，它所使用的技术性术语就越多。

技术性术语可以准确地、简短地表明它所反映的概念，消除把相近的概念混淆在一起的可能性，有助于更加确切地和简洁地表述法律的规定，从而有利于对法律更好地理解和正确地适用。

在法律中不应大量地使用外国的术语。但是，完全排除在法律中使用外国的术语，尤其是国际通用的术语，则是不合适的。在法律用语中，有些外国术语或国际通用的术语，已经成为本国的词汇。随着国际交往的日益频繁，法律中的术语的国际化的趋势将进一步发展。

四 法律文本的翻译

在许多国家中，法律同时用两种或两种以上的文字公布。在立法实践中，有些国家的法律草案先是用一种文字写成，法律正式通过以后，再翻译成其他文字。有些国家的做法则是用几种正式的文字同时准备法律草案，这几种文字的法律文本同时通过。比较起来，第二种方法更为妥善，它可以提高立法机关翻译法律草案的质量，并且可以使法律得到及时的公布。同时，这种方法可以使各种文字的法律文本减少文字上的歧义，有助于提高法律的权威性。

在翻译法律文本时，不允许修改法律的原文，不能替换术语，不能改变句型，不能随意进行文字加工。译文公布后，原则上不能任意修改。如果译文可以随时修改，就会降低译者的责任心，并忽视第一次译文的质量。当然，如果某个措词或个别术语译得不准确，不利于对法律的理解和实施，那么，可以作为特殊情况进行修改。

有些国家中的少数民族的文字缺少必要的法律术语。因此，在翻译法律文本时需要借用其他民族的文字中的法律术语，或创造本民族的法律术语。

立法机关应该配备通晓多种文字的工作人员，同时，在翻译法律文本时，还需要广泛地吸引水平较高的语言学家、法学家和其他专家参加。对法律的译文需要进行集体讨论，并向科学研究机关和实际部门广泛征求意见，以提高译文的质量。

翻译法律文本是一个复杂的创作过程，它与科学著作和文艺著作的翻译并不相同。对于翻译法律文本来说，特别需要最准确地表述法律的思想，以免使法律的概念含混不清，导致错误地理解和适用法律的规定。

为了准确地翻译法律文本，需要编写和出版从一种文字翻译成另一种文字的法律术语词典。这样的词典对于在各种不同文字的法律文本中统一使用术语和科学地制定法律概念很有用处。同时，在编写和出版法律术语词典的过程中，可以加强对法律术语的整理，清除陈旧过时和不够确切的术语，并研究和制定新的术语。

（1985 年）

立法预测和立法规划

一　立法预测

同一切事物一样，立法也有其发展的规律，根据这种发展规律，可以预见它的未来和发展趋势。立法预测是政治和社会经济预测的一个重要的组成部分。

立法活动中的预测，是采用专门的科学方法和手段，以获得有关立法的未来状况和发展趋势的预测资料的过程。这种预测的目的，是揭示出法律调整社会关系的客观需要，科学地预见法律的近期的和长期的结果及其社会效果，以及预见法律调整的形式和方法中可能发生的变化。立法预测是制定立法计划、起草法律草案和通过法律的整个过程中的一个很重要的方面。立法活动必须根据立法的现状及其未来状况和发展趋势来进行，这样才能选择最佳的完善立法的方案。因此，必须把立法预测看成是立法活动的一个重要的组成部分。

许多国家在立法活动的过程中加强了预测，这是因为：

第一，在现代，由于生产规模越来越扩大，使得科学技术、经济、社会和政治等各个领域都发生了很大的变化，法律需要加以调整的社会关系越来越复杂化、多样化。例如，由于科学技术革命和生产力的发展，环境保护的问题逐渐突出起来，需要以法律来进行调整。环境保护的法律问题涉及自然资源保护、大气保护、水资源保护、动物界的保护等一系列的复杂问题，都需要制定法律。如果不加强预测，就难以搞好立法工作。

第二，立法预测的范围是十分广泛的，不仅需要进行宏观的预测，即根据社会发展的客观规律来预测法律在资本主义社会中和社会主义社会中的发展前景和在共产主义社会中的最后命运；同时，也需要进行微观的预测，即根据立法实践和司法实践的大量材料来预测某一法律或某一法律中的某项具体规定的社会效果以及它的未来状况和发展趋势，从而发现法律调整这些社会关系的合理模式。

第三，由于国际交往的频繁，某些国家中法律调整社会关系的许多特征，也可能在其他国家出现。因此，在立法过程中，需要参考和借鉴其他国家的法律的各种有关规定的情况也越来越多。例如，西方国家的有些犯罪行为，常常是从美国最先开始发生，经过北欧各国传到西德，然后再传到附近其他各国。因此，这些国家的当局需要经常研究国际上犯罪行为和刑事立法的新动向，加强立法预测，以便采取各种措施及时预防它的蔓延。

第四，现代化的科学管理，越来越需要加强各项工作的计划性。因此，立法工作也要制定相应的计划。为了制定立法计划，就需要加强立法预测，特别是较近期的预测，如期限为五年至十年的预测。立法计划只有根据科学的立法预测来进行，才能制定最佳的方案，达到预期的效果。否则，这种计划就是盲目的、不切实际的、不科学的，因而也就不可能发生其预定的作用。

立法预测的基本任务是：一、在对各种材料进行具体的分析的基础上，科学地预测立法的发展规律，这包括整个立法及其一般的发展趋势，各个具体的立法部门（如宪法、行政法、民法、刑法、诉讼法等等）的发展趋势，各项具体的法律制度（如合同制度、婚姻制度、工资制度等等）的发展趋势，各项具体的法律规范的发展趋势等等。二、研究现行立法，预测立法的某一个部门或某一项法律文件达到其预期的社会效果的程度，以及今后需要进行修改、补充、废除或进一步完善的各种有关问题。三、发现现阶段和今后一段期间内必须通过立法手段加以调整的社会关系的范围，从而确定需要制定新的法律文件的可能性。四、预测法律调整方法和手段可能发生的变化，以及立法部门可能出现的新的原则，确定对社会关系进行法律调整的最有发展前途的方法和形式。五、在进行立法预测的过程中，获得有关科学技术革命、经济、人口、生态、政治等方面的社会预测的材料，并加以综合利用。

立法预测的工作应该由立法机关的一个具体的主管部门负责。由于立法预测是一项极其复杂而且科学性很强的工作，因此，需要广泛地吸引各方面的人员参加这一工作，其中应该包括：立法机关的负责人、法学理论和各部门法的有关方面的法学家、其他各方面的科学家（如经济学家、社会学家、人口学家、预测学家、哲学家等等）、国家机关中同某个问题有关的实际工作人员。国家权力机关和国家行政机关的各个主管部门、科学研究机构和高等学校等单位都应该参加这一工作。立法预测的主管机关应该规定立法预测的任务，其中包括确定预测的对象、预测的时期、预测的方法和形式、完成预测工作的期限等等。

二　立法规划

立法规划工作是同立法预测工作紧密地联系在一起的，并且是依靠立法预测而进行的。如果没有立法预测，要制定切实可行的立法规划是不可能的。

科学的管理工作的特点之一，是加强管理的计划性，在实施一项措施以前，需要预先拟定它的具体内容和实施的步骤。由于法律所调整的许多领域（当然不是一切领域）都有一定的计划，因此，立法也需要有计划地进行。只有这样，才能充分发挥法律对于管理经济和社会生活各个领域的重大作用，并且提高法律作为人们必须普遍遵守的行为规则的实际意义。如果立法工作无计划地进行，必然会产生各种缺陷，如各种法律不能成龙配套，某些部门的法律过于庞杂繁琐，某些部门的法律迟迟不予公布，上下左右发生矛盾，等等。

从60年代后期开始，在许多国家中，普遍地推行立法规划。例如，罗马尼亚的《规范性文件草案的制定和系统化的立法技术总方法》第十五条规定："立法规划草案由立法委员会根据中央国家机关和社会团体以及地方机关的建议拟定，并由立法委员会将其提交党和国家的最高领导批准。"保加利亚的《规范性文件法》也规定，立法工作必须按计划进行。依照该法第十九条，只有国民议会常设委员会和议员，才有权向国民议会提交不在法律草案工作计划之内的法律草案。

从各个国家立法规划的实践来看，有的国家的立法规划由最高国家权力机关通过，有的由最高国家行政机关通过，有的则由最高国家权力机关和最高国家行政机关联合通过。例如，罗马尼亚国务委员会通过了《1976—1980年立法工作纲要》，匈牙利部长会议通过了《关于 1976—1980 年立法任务的决议》。1977 年 12 月 12 日，苏联最高苏维埃主席团通过了《关于使苏联的立法与苏联宪法相一致的工作组织的决议》，批准了 1978 年至 1982 年的立法工作规划。1982 年 9 月 24 日，苏联最高苏维埃主席团和苏联部长会议通过决议，批准了 1983 年至 1985 年期间《关于立法文件和苏联政府决议准备工作的计划》。在执行这一计划时，具体的做法是：每一个法律或决议草案都由相应的主管部门负责起草，而苏联司法部则负责执行整个计划的组织工作，帮助各主管部门起草草案，并对起草工作进行监督。苏联科学院国家和法研究所及全苏苏维埃立法科学研究所的法学家经常参加起草法律草案的工作，并对立法规划提出了许多重要的建议和意见。当然，各个国家的立法规划的方法和形式各不相同，但是总的趋势是在立法工作中越来越普遍地实行计划原则。

从各国的立法实践来看，立法按照规划进行的办法是适宜的。过去曾经有一种意见，认为制定法律不是生产过程，很难制定规划。现在，实践已经表明，制定立法规划可以使得在立法过程中依靠各方面的力量，保证立法具有科学的根据，从而提高法律的质量。1978 年 5 月 18 日至 19 日，在华沙召开了社会主义国家法律创制活动规划问题的国际会议。会议认为，制定立法规划可以使立法活动取得预定的社会效果，并使立法工作具有计划性，防止匆促地制定法律，防止重复和遗漏现象。同时，制定立法规划还可以使国家机关和科研机构的工作同立法的发展计划相一致，并且有准备地参加立法工作。

制定立法规划的重要问题之一，是确定什么是规划的最佳期限。从一些国家的立法规划实践来看，有年度规划（短期规划）、二至三年的规划（中期规划）、五至七年的规划（长期规划）。在有些国家（如保加利亚），既有长期的立法规划，又有年度的立法规划。虽然各国的立法规划的期限有所不同，但可以看到一种趋势，即立法规划同国家经济和社会发展规划的期限一致。罗马尼亚《规范性文件草案的制定和系统化的立法技术总方法》规定，立法规划应当包括根据全国社会经济发展计划所规定的各项基本任务。立法工作应该按照立法规划进行，立法规划由立法委员会根据中央和地方各级机关的建议而提出草案，提交国家的最高领导机关批准后执行。在执行立法规划的过程中，各有关机关还制定年度计划。同时，立法委员会就整个立法的简化、合理化和系统化的工作制定年度计划。保加利亚的《规范性文件法》规定，立法规划应包括远景规划和年度规划。匈牙利部长会议责成各部和各主管部门的负责人定期（每两年至少一次）分析它们所颁布的规范性文件，匈牙利司法部长每两年就这方面的工作向部长会议提出专门报告。此外，司法部对法律文件的年度的、五年的、部门性的汇编和官方正式的汇编的按时出版，以及把这些汇编送到一切国家机关和企事业单位负监督责任。

各国法学家根据立法规划的实践经验，认为制定立法规划并公之于众，让公民进行全面的讨论，提出各种意见和建议，将有助于促进立法过程的民主化，并提高法律的质量。由于加强立法的计划性，立法工作就能有条不紊地进行，有利于法律的系统化。

（1985 年）

第三部分

社会主义民主与法制

一 社会主义民主

"民主"这个词，早在我国古书中就已有过，如《尚书》中记载："天惟时求民主"，意思是说，上天适时地为民求主，这同我们现在所讲的民主的含义是根本不同的。

我们现在所讲的"民主"这个词，来源于希腊文 demokratia，由 demos 和 kratos 两字合成。前者是"人民"和"地区"的意思，后者是"权力"和"统治"的意思。从希腊文的原义来看，"民主"这个词的基本含义是指"人民的权力"，或者是指"由人民通过地区选出的代表来统治"。2000 多年以前，古希腊著名的哲学家亚里士多德第一次把民主作为一种政体，他把一个国家统治者人数的多寡作为政体分类的标准。他认为，统治者为一个人时叫做君主政体，统治者为少数人时叫做贵族政体，统治者为多数人时叫做民主政体，这就是"民主"这个词的简单的由来。

为了更深刻地理解社会主义民主，有必要对民主作一番简单的历史考察。

古希腊是奴隶主国家，原来由奴隶主贵族掌握国家政权。公元前6世纪的时候，古希腊的经济有所发展，逐渐出现一些新型的经营工商业的奴隶主阶层。随着经济的发展，原来掌握政权的奴隶主贵族阶层就不适应了。后来，工商业奴隶主阶层出现一个代表人物，名叫梭伦。梭伦进行了一次政治上的改革，即实行民主，这种民主是奴隶主民主，按财产的多少作为一种资格，把公民分为4类。所谓公民，只包括奴隶主，不包括奴隶。奴隶主在全国人口中只占极少数，广大的奴隶不仅不是公民，而且还不算人，他们只是一种物，是可以买卖的东西。只有奴隶主，才算是公民。奴隶主按照其财产的多少分为4类，即4个等级。第一类公民的全年收入为500麦斗（1麦斗相当于52.3公升），第二类公民的全年收入为300麦斗，第三类公民的全年收入为200麦斗，第四类公民的全年收入为200麦斗以下，属于贫穷的公民。这些公民都必须有自己的田产，他们的收入，以谷物或者油、酒来计算。第一类公民和第二类公民有资格担任最高官职，即执政官，第三类公民有资格担任低级官职。至于第四类公民，则不能担任任何官职。同时，梭伦设立了一个"公民会议"，作为最高权力机构，讨论和决定国家大事，各类公民都有权参加。"公民会议"还选举一个常设的机关，称为"四百人会议"，由4个部落用抽签的方法各选100人组成，但是只有第一类、第二类和第三类公民才能当选。此外，还设立陪审法庭，凡是公民都可以被选为陪审员参加审判案件。这种根据奴隶主财产的多少来确定政治权力大小的民主，是最早的一种民主形态。

在封建社会的时候，不论在中国还是在外国，主要采取君主制，还是一种专制制度，由君主来进行统治，谈不到什么民主。但是，在封建制度下，也有过一些民主的共和国的政治形式，这种形式主要在中世纪的时候，在欧洲有些城市里曾经存在过。例如，意大利的城市威尼斯、热那亚，在中世纪的时候都成立过共和国。这种古代封建制度下的共和国，最初是受封建主支配的，由于手工业、商业的逐步发展，市民起来同封建主作斗争，后来，市民通过赎买或通过武力得到一些自治的权利。在很小的范围内，在城市里成立了共和国，取消了传统的封建专制制度。这些共和国由选举产生的市议会来领导，担任官职的人员也是由选举产生的。这就是封建主民主。在封建制度下，民主也是少数人的民主，这是民主的第二种形态。

民主发展到后来有第三种形态，即资产阶级民主。资产阶级革命胜利以后，随着资本主义生产方式的发展，资产阶级民主作为资产阶级国家政权组织形式也就产生了。特别是在 17 世纪和 18 世纪，资产阶级革命中产生了一些资产阶级的思想家，其中比较著名的有法国的孟德斯鸠、卢梭，他们从资产阶级的利益出发，提出三权分立的原则，普选制的原则，以及自由、平等的口号，等等。这些原则，都是资产阶级民主的重要组成部分。资产阶级民主制的核心是议会。但是，从它的国家政权组织形式来说，也不完全一样。例如，英国实行君主立宪制，还保留英王。美国实行总统制，是共和国，国家元首是由选举产生的总统，他同时又是行政首脑。法国则是议会制共和国。资产阶级国家以议会作为民主制的核心，但它的形式是多种多样的。总的来说，建立了议会制度，就算实行资产阶级民主。这种民主在形式上，与古代希腊的民主制的形式也有一些相似之处，就是说，它的权力不是属于某一个人。英国虽然有国王，但它是立宪制，有议会，主要权力不属于国王。在资产阶级国家里，尽管有普选，有议会，实际上政治权力还是属于资产阶级的。资产阶级思想家和政治家虽然强调民主，但有一个共同的特点，就是认为私有财产神圣不可侵犯。资产阶级国家的议会在立法时，也是不能破坏私有财产神圣不可侵犯这个原则的。资产阶级利用资产阶级民主制来保障资产阶级的财产的所有权，来保障对无产阶级和广大人民的统治。因此，在资产阶级民主制度之下，虽然标榜人民主权，实际上只是资产阶级的主权。在经济上，资本主义的私有制占统治地位；在政治上，资产阶级的代表人物占统治地位，广大人民没有真正参加管理国家的权力。在资产阶级民主制度之下，它的议会、政府和整个国家机构，虽然与封建社会不同，不是掌握在君主一个人的手里，但还是在占人口少数的资产阶级的手里。所以列宁说："资产阶级民主……始终是而且在资本主义制度下不能不是狭隘的、残缺不全的、虚伪的、骗人的民主，对富人是天堂，对被剥削者、对穷人是陷阱和骗局。"[①]

我们是社会主义国家，社会主义国家实行社会主义民主。社会主义民主虽然也是一种民主，但是，它与古代奴隶制民主、封建制民主、资产阶级民主相比，属于最高类型的民主。因为民主是国家的政治形式，在共产主义社会，国家将要消亡，那时，作为国家的政治形式的民主也就没有了。所以说，社会主义民主是一种最高类型的民主。

社会主义民主，或人民民主，是全体人民在共同享有对生产资料的不同形式的所有权、支配权的基础上，享有管理国家的最高权力。这就是社会主义民主包含的实际内容和它的主要特点。在奴隶制社会中，生产资料所有权、支配权掌握在奴隶主手里；在封建社会里，生产资料所有权、支配权掌握在封建主手里；在资本主义社会里，生产资料所有权、支配权掌握在资产阶级手里。而在社会主义制度下，生产资料所有权、支配权掌握在全体人民手里。所以，社会主义民主与过去所有各种形态的民主在阶级本

---

① 《列宁选集》第3卷，第630页。

质上有根本的不同。

由此可见，民主是指人民的权力、人民的统治，它不仅仅是民主权利和民主作风的问题，而且首先是国家形态的问题。民主作为一种国家形态，它总是同社会中的一定阶级联系在一起的，而不是非阶级的、超阶级的；在阶级社会中，决不可能存在什么抽象的、纯粹的民主。民主作为一种国家形态，是社会上层建筑的一部分，它总是在一定的经济基础上产生，并为其服务的；脱离经济基础来孤立地研究民主，便不可能得出正确的结论。

阶级社会的民主与专政从一开始出现，就是密不可分地结合在一起的。这种结合的集中表现，就是与氏族组织完全不同的一种组织，即国家。离开了民主和专政，便没有国家；离开了国家，便没有任何意义上的专政，自然也就没有与专政相结合的民主。列宁指出：“民主是一种国家形式，一种国家形态。因此，它同任何国家一样，也是有组织有系统地对人们使用暴力，这是一方面。但另一方面，民主意味着在形式上承认公民一律平等，承认大家都有决定国家制度和管理国家的平等权利。”①

社会主义制度在本质上是民主的，它同民主是不可分的。在社会主义制度建立之后，有没有充分的社会主义民主，这是关系到社会主义现代化建设事业能否实现、人民民主专政国家制度能否巩固、社会主义制度的优越性能否充分体现的根本问题。

社会主义国家是新型民主和新型专政的国家，在人民内部实行民主，对敌人实行专政。只有在社会主义国家，才第一次提供人民享受的、大多数人享受的民主，民主一词才第一次真正地符合了它的原意。当然，社会主义民主即无产阶级民主并不是从天而降的，它是从资产阶级民主发展而来的。列宁曾说：“发展的辩

---

① 《列宁选集》第 3 卷，第 257 页。

证法（过程）是这样的：从专制制度到资产阶级民主；从资产阶级民主到无产阶级民主；从无产阶级民主到没有任何民主。"① 在对待资产阶级民主的问题上，既要反对抹煞社会主义民主与资产阶级民主的根本区别，盲目崇拜资产阶级民主的右的倾向；又要反对抹煞社会主义民主与资产阶级民主的历史联系，拒绝吸收资产阶级民主制度中某些合理因素的"左"的倾向。在当前，我们既要反对资产阶级自由化的倾向，同时也要注意继续清除"左"的倾向。

邓小平同志在《坚持四项基本原则》的重要讲话中明确指出："我们在宣传民主的时候，一定要把社会主义民主同资产阶级民主、个人主义民主严格地区别开来"，②"中国人民今天所需要的民主，只能是社会主义民主或称人民民主，而不是资产阶级的个人主义的民主。"③ 为了澄清一些人盲目崇拜资产阶级民主的糊涂认识，为了使我国高度民主的社会主义政治制度的建设能够健康地发展，划清社会主义民主与资产阶级民主的原则界限，无疑具有十分重要的现实意义。

社会主义民主与资产阶级民主的根本区别表现在以下几点：

1. 社会主义民主建立在生产资料公有制的基础上，是绝大多数人享有的民主。我们国家的阶级状况已经发生了根本的变化，作为阶级的地主阶级、富农阶级已经消灭了，资本家阶级也已经不再存在了，其中有劳动能力的人已经成为社会主义社会中的自食其力的劳动者。我们国家的工人、农民、知识分子以及拥护社会主义的爱国者都是社会主义的主人，都享有民主权利。

---

①　列宁：《马克思主义论国家》，第 24 页。

②　《邓小平文选》第 2 卷，第 176 页。

③　同上书，第 175 页。

　　资产阶级民主建立在生产资料私有制的基础上，是少数人享有的民主。例如，英国议会由上院和下院这两个院所组成。上院为贵族院，由各类贵族所组成，其中很多人是世袭的，也有一些人是由英王指定的，这根本谈不上民主。下院即众议院，议员由选举产生，从表面上看来是实行了民主。但是，在选举中实行一种保证金制度，按照这种保证金的制度，凡是想参加竞选的人，必须缴纳 150 英镑的保证金，如果在选举中所得到的选票不足该选区全部选票的八分之一，保证金就被没收。一个政党如果在全国 630 个选区都提出候选人，就必须在选举前缴纳保证金 94500 英镑。这样，就把广大劳动人民排除在选举之外。能够当选的议员，绝大多数是很有钱的上层分子，以及他们的代理人。例如，1971—1972 年，英国的保守党、工党和自由党在英国的下院有 627 个议员，其中有 375 个企业的董事长，870 个董事，194 个企业的经理，还有 201 个高级律师（由于一个议员往往在几个企业担任职务，因此总数超过 627 个）。由此可见，资产阶级民主是少数人的民主。

　　2. 社会主义民主的内容十分广泛，我国新宪法对社会主义民主的内容作了具体的规定。随着我国经济的发展，人民科学水平、文化水平的逐步提高，社会主义民主的内容还会越来越丰富，越来越广泛。

　　资产阶级民主是残缺不全的，它往往采取各种手段，阻挠广大人民群众来管理国家的事务。例如，法国在 1974 年 6 月修改选举法，把选民的年龄从 21 岁降到 18 岁，从表面上看比过去民主了，但实际上还受到许多方面的限制。例如，选民必须有固定的住所，必须连续 5 次缴纳直接税，或者每年参加一定的劳役，才能有选举权。1973 年，法国登记有选举权的人为 26880025 人，占全国人口的百分之五十二点七，但实际参加投票的人仅占登记选民的人数的百分之八十一点八，其中很多人因受到各种限制而不能投票。由此可见，资产阶级民主的内容是十分狭小的。

3. 社会主义民主是有物质保障的民主，是能真正实现的民主。社会主义国家是人民当家作主的国家，人民对生产资料有各种不同形式的所有权和支配权，这是人民行使民主权利的物质保障。

在资产阶级国家中，由于人民没有物质条件的保障，因此表面上再多的民主权利，也是无从实现的。例如，在资产阶级的报纸上，可以刊登广告，批评总统。这在形式上看来很民主，但普通人付不起广告费，就不可能刊登这种广告。由此可见，资产阶级民主对劳动人民来说并不是民主，资产阶级民主只是一种形式上的民主，社会主义民主则着重保障人民的真正民主权利。

当然，社会主义民主也并不是完美无缺的。同任何事物一样，对待社会主义民主，我们既要看到它在本质上优越于资产阶级民主，又要看到它还需要有一个历史发展的过程。以我国来说，同我国社会发展正处于社会主义初级阶段相适应，社会主义民主的发展也处于初级阶段。我们必须认识到：一、肃清封建专制主义的流毒和清除资本主义的影响需要一个过程。二、建设社会主义民主，不可能脱离社会主义经济的发展和人民文化水平的提高，这也需要一个过程。三、建设社会主义民主还缺少比较成熟的经验，只能在实践中逐步健全完备的民主制度，而民主制度的运用，也需要一个过程。因此，社会主义民主只能逐步地发展和完善。社会主义民主在一定时期、一定程度上以及若干环节方面也可能出现这样那样的问题，但是，这并不是社会主义民主制度中的本质问题，在它的发展中，是可以逐步得到解决的。社会主义民主从产生到现在，只有几十年的时间。人民自己真正掌握国家政权，这在全部人类历史上是第一次，难免需要经历曲折的道路，需要一定时间来摸索和积累经验，才能使社会主义民主制度逐步健全和完善起来。社会主义民主具有强大的生命力，前途是无限光明的。

二　社会主义法制

"法制"这个词含义很广，我们经常见到的有以下 3 种用法：

1．"法制"一词，可以指国家制定法律和法规的活动。例如，建国以后，在政务院设立过法制委员会，现在全国人大常委会设立了法制工作委员会，国务院设立了法制局。

2．"法制"一词，可以指国家的法律和制度。例如，在大学法律系，开设中国法制史这门课程，就是讲中国的法律和制度的历史。

以上的两种概念都是比较广泛的，从这两种概念来说，世界上各种不同类型的国家都有自己的法制。一切剥削阶级国家的法制，都是剥削阶级意志的反映，剥削阶级国家的法制是少数人统治多数人的工具。社会主义国家的法制则与此相反，它是工人阶级和广大人民意志的反映，它保证在人民内部实行民主，对敌人实行专政。

3．"法制"一词，还可以指依法办事。依法办事有两方面的意义：一方面要求有法可依，这就需要国家制定全国统一的法律；另一方面要求有法必依，执法必严，违法必究，这就需要一切国家机关认真执行法律，一切国家机关工作人员和公民都要严格遵守法律。在这个意义上来说，没有一般的法制，只有资产阶级法制和社会主义法制。因为在封建制的国家里，虽然有各种各样的法律，但是封建社会的法律公开规定各个阶级是不平等的。封建皇帝不受法律的约束，而且可以任意变动法律。高层的封建等级的成员都有特权，也可以不守法。同时，封建社会的法律还有一个特点，即它的地方当局的法律有很大的独立性，全国的法律很难统一起来。封建的法律明文规定维护封建的等级特权。例如，唐律有明文规定，特权人物可以免去劳役。还规定，特权人物可以按照"八议"减刑或免刑。由此可见，在封建社会根本谈不上法律面前人人平等，也谈不上有法必依。

随着封建社会内部的资本主义经济成分的产生和发展，封建制度成了生产力发展的障碍。资产阶级提出了法制原则，并且把它提到了很高的地位。资产阶级思想家认为，法制原则是全部国家制度和社会制度的基础。资产阶级的法制原则，要求国家机关的活动要以法律作为根据，不能超出法律所规定的范围。资产阶级的法制原则，还要求法律面前人人平等，反对封建特权。这些资产阶级思想家在反封建的斗争中所提出的法制原则，在当时的条件下具有进步的意义。但是，在帝国主义时期，情况发生了根本的变化。在资本主义总危机的条件下，资产阶级的法制正在衰落，非法行为和专横行为正在增加，资产阶级的民主和法制正在经受着破坏。尤其是在无产阶级的阶级斗争和劳动人民反对剥削制度的运动对资产阶级的统治造成威胁的情况下，资产阶级感到法制是一种累赘，是对自己的一种束缚，法制使无产阶级有可能用公开的斗争形式去反对资产阶级，因此，资产阶级就经常破坏自己的资产阶级法制。列宁在讲到帝国主义时代资产阶级法制的崩溃过程时曾经指出："现在，十分明显，他们就要走到事情的反面，就要为了保存资产阶级的统治而不得不毁掉他们的这种法制了。"[1] 他还指出："利用资产阶级建立的法制的时代将由伟大的革命斗争的时代所代替，而且这些革命斗争在实际上将摧毁全部资

---

[1] 《列宁全集》第16卷，第309页。

产阶级法制，摧毁整个资产阶级制度，而在形式上将以资产阶级企图摆脱法制的慌张挣扎而开始（现在已开始）。法制为资产阶级所建立，如今却成为它所不能忍受的东西了！"①

社会主义法制是无产阶级和广大人民在摧毁了资产阶级法制以后所建立起来的，它与无产阶级法制在性质上根本不同。我国社会主义法制的基本要求，是有法可依，有法必依，执法必严，违法必究。社会主义法制的这四个方面是一致的，是互相联系的，不能片面地强调其中的某一个方面，而忽视另外三个方面。只有完全做到这四个方面，社会主义法制才能得到贯彻和加强。一、加强社会主义法制首先要做到有法可依，为此就需要加强立法工作，制定法律和其他法规。立法是加强社会主义法制的前提，如果没有法律和其他法规，就根本谈不上社会主义法制。在林彪、"四人帮"横行时期，立法工作受到他们的严重破坏，全国人民代表大会不能定期举行，很多必要的法律和法规无法制定。粉碎"四人帮"以后，全国人民代表大会恢复和加强了立法工作，制定了许多重要的法律，这是一件大事。正如邓小平同志所说："在建国以来的29年中，我们连一个刑法都没有，过去反反复复搞了多少次，三十几稿，但是毕竟没有拿出来。现在刑法和刑事诉讼法都通过和公布了，开始实行了。全国人民都看到了严格实行社会主义法制的希望。"② 我国宪法规定，全国人民代表大会和全国人民代表大会常务委员会行使国家立法权，国务院制定行政法规，省、自治区和直辖市的人民代表大会和它们的常务委员会，在不同宪法、法律、行政法规相抵触的前提下，可以制定地方性法规，报全国人民代表大会常务委员会备案。只有这样，才能保证社会

① 《列宁全集》第16卷，第309页。
② 《邓小平文选》第2卷，第243页。

主义法律的稳定性、连续性和极大的权威。二、加强社会主义法制必须做到有法必依。如果有法而不依，就等于无法。在法律制定以后，必须坚定地予以实施，要把法律当做一种行动的准则，而不是当做一种形式。三、加强社会主义法制必须做到执法必严。只有严格地执行法律，才能维护社会主义法制的权威性，这是社会主义法制能不能取信于民的关键所在。这就要求国家机关的工作人员一定要依法办事，严格地执行法律，模范地遵守法律，决不能知法犯法，失信于民。四、加强社会主义法制必须做到违法必究。无论是干部还是群众，无论是高级干部还是普通干部，如果违反了法律，都必须受到追究，决不能敷衍了事。这四个方面完全做到了，社会主义法制就能得到加强。同时，要使法律能够得到严格的遵守和切实的执行，还必须加强法律的监督。按照宪法的规定，人民检察院是法律监督机关。除了加强检察院的工作以外，还要加强党组织对法律监督的领导，特别要动员群众的力量，加强对执行法律的监督，使广大人民群众能够充分运用法律武器，监督国家机关及其工作人员严格地依法办事，对违法行为进行检举、揭发和斗争，保证法律的贯彻和执行。

党的十一届三中全会以来，我国的社会主义法制建设取得了十分巨大的成就。但是，建设有中国特色的社会主义法制，不可能一蹴而就，一劳永逸地完备起来，而是需要有一个不断摸索和接受实践检验的过程。这是因为：一、社会主义法制是一个新生事物，它必然需要一个发育和成长的过程。二、社会主义法制是一种上层建筑，它必然要随着经济基础的不断发展而发展。三、社会主义法制是实现人民民主专政的手段，它必然要随着人民民主专政在不同时期所要完成的主要任务的变化而变化。所以，社会主义法制只能在实践中不断完善和发展。总之，建设有中国特色的社会主义法制，应当在马克思主义的指导下，从中国的具体实际情况出发，走中国自己的道路。而要做到这一点，归根到底，必须依照邓小平同志指出的"真正摸准、摸清我们的国情"。[①] 只有这样，有中国特色的社会主义法制才能逐步地建立起来。

三　社会主义民主与社会主义法制的关系

社会主义民主与社会主义法制相辅相成、相互作用、相互依存，离开民主讲法制，法制就失去了依据；离开法制讲民主，民主就失去了保障。因此，必须把社会主义民主与社会主义法制紧密地结合起来，不可偏废。民主与法制都是社会的上层建筑，都由经济基础所决定，同时又对经济基础起着重大的反作用，它们的终极目的都是为了保护和发展生产力，建设社会主义现代化强国。从这个意义上讲，民主与法制都不是目的，而是一种手段。但是，就民主与法制彼此之间的相互关系来说，它们是互为手段与目的的。

（一）社会主义民主是社会主义法制的基础

社会主义民主是社会主义法制所固有的属性，是它的前提和基础。人民无权，就没有社会主义民主，当然也不可能有社会主义法制。所以，马克思和恩格斯说："工人革命的第一步就是使无产阶级上升为统治阶级，争得民主。"[②] 这里所说的民主，就是人民掌握政权，管理国家，管理经济，管理文化教育，管理整个社会。

人民为了行使自己的权利，就要把自己争得的民主，把自己

---

① 《邓小平文选》第 2 卷，第 356 页。

② 《马克思恩格斯选集》第 1 卷，第 272 页。

建立的制度以及自己如何管理国家各项事业的意见和想法，通过自己选举产生的代表所组成的国家权力机关，集中起来，肯定下来，制定成法律，即把自己的意志上升为国家意志，使它获得所有公民都必须遵守的效力，用国家的强制力作为它的后盾，以保障人民民主权利，保卫社会主义建设事业，而对那些违法犯罪分子予以制裁。

马克思说：应当"使法律成为人民意志的自觉表现"，"它应该同人民的意志一起产生并由人民的意志所创立"。① 这种"人民的意志"，不是各个人的意志的简单相加。在现阶段，人民中间还有阶级、阶层的划分，还有先进与落后的区别。他们的意见，不一定都是完全妥善可行的。只有在充分发扬民主的基础上，实行高度的集中，才能有真正的人民意志。因此，作为社会主义法制基础的民主，只能是社会主义民主，而不是资产阶级个人主义的"民主"；只能是有利于加强人民民主专政的民主，而不是削弱人民民主专政的"民主"；只能是在党的领导下的民主，而不是摆脱党的领导的"民主"；只能是在马克思列宁主义、毛泽东思想指导下的民主，而不是某些人所鼓吹的什么"纯粹民主"、"绝对民主"。

没有社会主义民主，就没有社会主义法制。充分发展民主，也就是"使全体居民群众真正平等地、真正普遍地参与一切国家事务，参加对消灭资本主义的一切复杂问题的处理"。② 人民应当享有实际的、而不是名义的，具体的、而不是抽象的行使当家作主的权利，这是确定不移的原则。我们在当前和今后一个相当长的时期内，都要继续努力解决这个迫切的问题。然而，正如列宁

① 《马克思恩格斯选集》第 1 卷，第 184 页。
② 《列宁全集》第 23 卷，第 14 页。

指出的：“任何单独存在的民主都不会产生社会主义，但在实际生活中民主永远不会是‘单独存在’，而总是‘相互依存’的，它也会影响经济，推动经济的改造，受经济发展的影响等等。这是活生生的历史的辩证法。”[1] 从这个意义上说，社会主义民主除了同我们的社会主义制度、人民民主专政、党的领导和指导我们思想的理论基础马克思列宁主义毛泽东思想是互相依存的而外，归根结底，它是依存于社会主义经济建设事业的发展的。也就是说，社会主义经济建设越发展，社会主义民主也必然越发展，社会主义法制必然越健全。同样，社会主义民主越发展，社会主义法制越健全，必然会有力地推动和保障社会主义经济建设的进行。发展民主是为了促进社会主义经济建设，加强法制是为了保障社会主义经济建设。如果有人借口发展民主，破坏社会主义经济建设所需要的安定团结的政治局面，妨碍社会主义经济建设的顺利进展，那是完全错误的。

历史经验证明，无产阶级争得民主，需要一个过程，充分发展民主，切实保障民主，也需要一个过程。社会主义法制也在这个过程中逐步健全和加强起来，决不会一蹴而就。在这个过程中，一方面要反对官僚主义集中制，另一方面要反对无政府主义和极端民主化的错误思潮。不论是官僚主义集中制，或者是无政府主义和极端民主化，实际上都是否定社会主义民主，破坏社会主义法制。

社会主义民主作为社会主义法制的基础，贯穿在法律的制定、执行和遵守的整个过程之中。列宁曾经说过：“民主组织原则（其高级形式，就是由苏维埃建议和要求群众不仅积极参加一般规章、决议和法律的讨论，不仅监督它们的执行，而且还要直接执行这

---

[1] 《列宁选集》第3卷，第238页。

些规章、决议和法律），意味着使每一个群众代表、每一个公民都能参加国家法律的讨论，都能选举自己的代表和执行国家的法律。"① 在民主基础上制定的法律和在民主基础上对法律的执行和遵守，是社会主义法制的基本原则。

　　首先，从法律的制定来说，在立法的程序上，应该充分发扬社会主义民主，法律应该由人民选举产生的代表组成的最高国家权力机关制定。最高国家行政机关制定的行政法规，省、自治区、直辖市以及省、自治区的人民政府所在地的市和经国务院批准的较大的市的人民代表大会及其常务委员会制定的地方性法规，民族自治地方制定的自治条例和单行条例等等，也具有法律效力，但这些都是根据宪法和法律的规定而制定的，并且不能同宪法和法律相抵触，否则就是无效的。只有这样，才能体现工人阶级和广大人民的统一意志和根本利益，体现人民当家作主的地位。同时，民主也是社会主义法律的力量和源泉。因此，在立法过程中，必须大走群众路线，倾听群众意见。这样才能做到从实际出发，根据客观形势的发展，及时对法律进行制定、修改或废除，而不至于脱离实际，无视广大群众的要求和普遍的呼声，在实际迫切需要而又时机成熟的情况下，对一些法律迟迟不予以制定，或者只凭主观想象而闭门造车，生搬硬套，制定一些不切实际的法律。要使立法工作充分适应实际的需要，就一定要集中群众的经验和智慧，充分发扬民主。从立法的动议到着手调查研究，收集材料，从拟定草案到反复讨论修改，从通过法律到公布施行，每一个环节，都不能同发扬民主脱节。五届人大以来各次会议所通过的各项法律，都是在充分发扬民主的基础上制定的。在拟定法律草案的过程中，曾组织了许多人员参加工作，进行认真的调查研究，

---

① 《列宁全集》第 27 卷，第 194 页。

并广泛地征求过有关方面的意见，加以反复的修改。在会议上，许多代表又对法律草案提出了有益的建议和修改的意见。使这些法律能够真正代表广大人民的意志，符合国家和人民的需要。

其次，从法律的执行来说，应该吸引广大人民群众的参加。我国的法律在制定和颁布以后，必须通过国家政权，用强制的力量来保证其执行，否则就不能起到应有的作用。法律的执行，需要公、检、法等专门机关。但是，不吸引广大人民群众的积极参加，只有专门机关也是不行的。我们的政法机关把专门机关的工作和依靠群众结合起来，这是政法工作的根本路线。贯彻这条路线，就能够保证在执行法律的过程中，充分发扬民主，直接依靠广大人民群众，使我们的政法机关具有强大的力量源泉。这是我们的政法机关区别于一切剥削阶级的警察、法庭等等机构的一个标志。如果不充分发扬民主，不直接依靠人民群众，那么，我们的政法机关就不可能很好地完成保卫人民民主专政、保卫社会主义建设事业的艰巨任务，也不可能在工作中切实有效地防止偏差，减少错误，杜绝重大错误。

为了在执行法律的过程中切实贯彻社会主义民主原则，我国的宪法和法律明确规定了公开审判、陪审制、辩护制等等，广泛吸引人民群众参加审判活动。在认真地贯彻执行这些制度并不断地加以改进和完善的情况下，我们的政法工作就能在尖锐激烈的斗争中完成艰巨复杂的任务。在法律的执行过程中贯彻社会主义民主原则，这决不是一个一般的方法问题或手段问题，而是直接关系到我们政法机关的性质。今天，我们要加强社会主义法制，使它建立在充分民主的基础上，就必须在新的历史条件下，使这些制度更加完善和健全，这样才能适应社会主义建设的需要。

最后，从法律的遵守来说，也需要以民主为基础，用民主的方法教育人们守法。我们的法律，能够得到绝大多数人民群众的真诚拥护和自觉遵守。人民守法，这是人民自觉地维护自己的最高利益的表现。我们的法律所规定的和维护的利益，是全局利益、整体利益和长远利益，也就是占人口绝大多数的人民的利益。在现阶段，在社会的物质财富还不是极大的丰富，在人民群众的觉悟还没有极大提高的情况下，全局利益和局部利益之间、整体利益和个人利益之间、长远利益和暂时利益之间，总会有这样或那样的矛盾。这些矛盾在当前和今后的一个相当长的时期内，会以各种形式表现出来。我们必须正确地对待这些矛盾，恰当地处理这些矛盾。社会主义法律就是教育人们正确对待和据以恰当地处理这些矛盾的准则。马克思主义者并不否认个人的、局部的和暂时的利益。但是，必须看到，个人的、局部的、暂时的利益是寓于整体的、全局的、长远的利益之中。如果不顾后者，一味强调前者，不仅前者不能解决，而且会妨碍和破坏后者的解决。归根到底，个人利益和整体利益、局部利益和全局利益、暂时利益和长远利益是一致的，而我国的法律就体现了这种一致性。因此，人民守法，就是个人利益服从整体利益、局部利益服从全局利益、暂时利益服从长远利益的表现。

应该看到，在我们的国家，绝大多数人民群众是遵守法律的。少数人违反法律，有各种各样的原因，经过耐心细致的教育，其中大多数是可以改正过来的。我们有这样的信心，也有很有效的方法。这就是民主的方法，说服教育的方法。在民主的基础上，用民主的方法，教育人们守法，这是社会主义法制的一个极大的优点，我们只有坚持这样做，才能使人民高度自觉地守法。

不能否认，社会主义法制也是有强制性的，但是，这种强制只是用民主的方法进行说服教育的一个辅助手段。如果加以滥用，如果超出了它所适用的范围，就会走向反面。我们对群众进行守法教育，目的是提高群众守法的自觉性，让人民群众掌握法律这个武器，向极少数坏人作斗争，充分发挥社会主义法制的强大威力。

各级干部以身作则，带头守法，这是贯彻社会主义法制的民主原则的一个至关紧要的问题。如果干部要群众守法，自己却不守法，口头上说发扬民主，实际上却压制民主，那就决不可能得到群众的信任，决不可能做好工作。因此，各级干部要自觉地打掉官气，打掉特权，模范地维护社会主义法制的尊严。人民群众要实行自己的民主权利，监督国家机关干部，揭发国家机关中的坏人坏事，与之坚决斗争。

这几年来，我们已经在发展社会主义民主和加强社会主义法制方面做了大量的工作，取得了显著的成绩。今后要继续努力，使社会主义民主在正确的轨道上进一步发展，使社会主义法制在社会主义民主的基础上进一步加强，以促进和保障社会主义建设的胜利进行。

（二）社会主义法制是社会主义民主的保障

把法制作为保障民主的一种手段，特别是运用宪法作为国家的根本大法来保障民主，这应当说是资产阶级的一大发明。但是，作为一种方法，我们社会主义国家也是可以采用的。

法制是保障民主的一种手段，如果没有法制的强有力的保障，民主既不可能真正实现，也不可能进一步发展。列宁曾经指出："工人阶级夺取政权之后，像任何阶级一样，要通过改变所有制和实行新宪法来掌握和保持政权，巩固政权。"[1]

社会主义法制对社会主义民主的保障，概括起来，可以归纳为以下三个方面：

---

[1]　《列宁全集》第30卷，第433页。

首先，社会主义法制是民主成果的总结。对于人民争得民主这一事实的记录和承认，并运用国家的强制力予以保障，这是社会主义法制的一项极为重要的作用。正如斯大林在《列宁主义问题》中所说："新宪法草案是已经走过的道路的总结，是已经取得的成就的总结。所以，它是把事实上已经获得和争取到的东西登记下来，用立法手续固定下来。"无产阶级在领导人民夺取政权、争取民主之后，应该运用社会主义法制的形式，把这个胜利成果加以记录，予以承认，使社会主义民主的原则以法律形式固定下来。我国宪法以清楚明确的条文规定了社会主义民主制度，并且为保障人民的民主权利提供了日常立法的依据。这样，就可以使广大人民群众清楚地感到，自己所享有的当家作主的民主权利，不仅获得了法律上的明文确认，而且还有法律上的有力保障。

其次，社会主义法制对社会主义民主的实现有推动作用。在我们社会主义国家里，法制并不是仅仅消极地等待有了民主的事实之后再去总结它、保护它，而是积极地推动民主的实现、巩固和发展。社会主义法制负有指明前进道路的任务，尽管某些利益和权利尚未成为或没有完全成为事实，但只要它是从无产阶级和广大人民共同利益中产生的要求，并且经过努力又有实现的可能性，社会主义法制就应当加以规定，给人民指明前进的道路和奋斗的目标。例如，实现社会主义现代化的任务，尽管我们现在还只是在努力争取实现的过程中，尚未完全成为事实，但我们还是用宪法这个根本大法的形式十分庄严地把它固定下来。又如，我国宪法所规定的人民管理国家事务、管理经济和文化事业、管理社会事务，以及公民的劳动、教育、休息等各项权利等等，既有已成事实的部分，也有未完全成为事实的部分。把人民应当享有的这些权利规定下来，既是要承认它、保障它，也是要争取它、发展它。实际上，社会主义民主也只能随着经济基础的不断发展，政治制度的不断完善，人民群众的思想文化水平的不断提高，逐步地实现和发展的。社会主义法制这种对实现民主的推动作用，必将随着法制的日益健全和完备而越来越显示出它的重要性。

最后，社会主义法制对保障社会主义民主的正确行使有制约作用。人民在行使民主权利的时候，要以主人翁的态度，自觉地遵守社会主义法制。宪法和法律规定的公民权利，必须坚决保障，任何人不得侵犯，宪法和法律规定的公民义务，必须切实履行，任何人不得例外。我们所需要的民主，只能是社会主义民主，而不是资产阶级个人主义民主。因此，一定要把民主和专政、民主和集中、民主和法制、民主和纪律、民主和党的领导结合起来。如果离开社会主义法制的基本原则去讲绝对的民主，那就不是社会主义民主，而只能是无政府主义。社会主义法制所保障的民主，是有利于人民根本利益的民主，是有利于维护正常的社会秩序、生产秩序和工作秩序，以保证社会主义现代化建设胜利进行的民主。所以，在强调发展社会主义民主的同时，必须同时注意加强社会主义法制，以社会主义法制来保障民主的正确行使。

发展社会主义民主，健全社会主义法制，这是时代的要求，历史的必然，人民的愿望。社会主义民主和社会主义法制是紧密相连和相互制约的。中共中央《关于建国以来党的若干历史问题的决议》指出："必须巩固人民民主专政，完善国家的宪法和法律并使之成为任何人都必须严格遵守的不可侵犯的力量，使社会主义法制成为维护人民权利，保障生产秩序、工作秩序、生活秩序，制裁犯罪行为，打击阶级敌人破坏活动的强大武器。"我们一定要在党的领导下，运用社会主义法制这个强大的武器，为保障社会主义民主而努力奋斗。

四　社会主义民主和法制与现代化建设

发展社会主义民主，健全社会主义法制，这是党的第十一届三中全会提出的一个重大的课题。

现在，我国已经进入了一个非常重要的历史时期，要实现工业、农业、国防和科学技术的现代化，就必须实现政治民主化，而要实现政治民主化，就必须健全社会主义法制，使得我们的民主制度化、法律化，使得我们的法制具有稳定性、连续性和极大的权威。

加强社会主义民主和法制，对于社会主义现代化建设具有的重大意义主要是：

1. 只有加强社会主义民主和法制，才能巩固社会主义制度，更好地组织和领导社会主义现代化建设。我们的国家，是工人阶级领导的、以工农联盟为基础的人民民主专政的社会主义国家。我们的国家在人民内部实行广泛的社会主义民主。如果没有高度的民主，也就不能做到高度的集中，这样就难以建设社会主义。长期以来，很多人把民主看成是一个工作作风的问题，还有人把民主当做点缀，认为民主可多可少，可有可无。这些观点都是错误的。民主问题是一个国家制度的问题，破坏了社会主义民主，也就是破坏了我们国家的社会主义性质，这就会使国家蜕化变质，社会主义现代化建设就根本无从谈起。为了巩固我国的社会主义制度，还必须加强社会主义法制，必须使民主制度化、法律化，使这种制度和法律不因领导人的改变而改变，不因领导人的看法和注意力的改变而改变。

2. 只有加强社会主义民主和法制，才能巩固我国安定团结的政治局面，顺利地进行社会主义现代化建设。安定团结是进行社会主义现代化建设的重要前提。林彪、"四人帮"犯了一系列的罪行，破坏了我们的社会主义民主和法制，也就破坏了社会主义建设的政治基础。粉碎"四人帮"以来，我们对"四人帮"所制造的大批冤、假、错案，进行了大规模的平反工作。被林彪、"四人帮"所破坏的各项政策，也采取各项措施来加以落实。这样，我国以工人阶级为领导、以工农联盟为基础的社会主义劳动者和拥护社会主义的爱国者的革命统一战线就得到了巩固和发展，我国人民民主专政的基础就更加稳固和扩大，形成了安定团结的政治局面。但是，由于林彪、"四人帮"长期的破坏，不利于安定团结的因素还是存在的。现在，阶级斗争已经不是主要矛盾，但是还有反革命分子、敌特分子、各种破坏社会主义秩序的犯罪分子、贪污盗窃分子、投机倒把分子，各种阶级敌人还是长期存在，阶级斗争并没有结束。因此，必须充分运用法制这个武器来制裁和打击敌人。否则，安定团结的局面就会受到破坏，社会主义建设就不可能很好地进行。另一方面，还要扩大社会主义民主，对人民内部的矛盾采取民主的方法来解决。只要加强社会主义民主和法制，就会巩固已经形成的安定团结的政治局面，就能克服各种困难，保证全国人民团结一致地进行社会主义建设。

3. 只有加强社会主义民主和法制，才能充分发挥全国人民在社会主义建设中的积极性和创造性。现在，全国人民的最大利益和迫切愿望，就是搞社会主义现代化。加强社会主义民主和法制，充分保障广大人民当家作主，以主人翁的姿态来建设和管理国家，就能激发广大人民群众的责任感，把社会主义现代化建设真正当做自己的事业。要充分发挥广大人民群众的社会主义积极性和创造性，就必须用社会主义法制来保障人民的民主权利，保障人民的生命财产的安全。在林彪、"四人帮"横行时期，一句话就可以把人打成"反革命"，广大的干部和群众可能随时被揪斗、关押、抄家,人身安全毫无保障,这样就根本不可能调动广大人民建设社会主义的积极性和创造性。只有加强社会主义民主和法制,使每个人思想解放,心情舒畅,才能调动广大人民群众的积极性和创造性,推动我国的社会主义建设事业的前进。

4.只有加强社会主义民主和法制,才能从政治制度上堵住林彪、"四人帮"一类阴谋家进行反革命复辟活动的漏洞,使社会主义建设得到可靠的保障。林彪、"四人帮"篡夺了党和政府很大一部分权力,并且横行了 10 年,使我们国家遭到很大的灾难。出现这样的情况,其原因是多方面的,而我国缺乏社会主义民主生活,法制不健全,也是一个重要的原因。林彪、"四人帮"一上台,就践踏了党和国家的民主集中制,后来又提出"砸烂公、检、法"的反动口号,使我们的政法机关受到很大的损失。社会主义民主和法制,是林彪、"四人帮"篡党夺权的重大障碍。如果我们有一系列切实的措施来加强社会主义民主和法制,林彪、"四人帮"要上台就没有那么容易,也不至于造成后来那样一种局面。现在,我们已经吸取了教训,随着社会主义民主和法制的不断完善,以及人民群众思想政治水平的不断提高,一定可以从政治制度上堵住林彪、"四人帮"一类阴谋家篡党夺权的漏洞,同时,还要切实纠正不正之风,阻止少数人独断专行,有效地克服官僚主义作风,这样,社会主义建设就有了保障,四个现代化一定能够实现。

邓小平同志在 1985 年 5 月 20 日的一次谈话中指出:"中国在粉碎'四人帮'以后出现一种思潮,叫资产阶级自由化,崇拜西方资本主义国家的'民主'、'自由',否定社会主义。这不行。中国要搞现代化,绝不能搞自由化,绝不能走西方资本主义道路。"[①]在民主和法制的问题上,资产阶级自由化的一个主要表现,就是

---

① 《邓小平文选》第 3 卷,第 123 页。

离开四项基本原则，宣扬抽象的民主。有的人把民主和专政对立起来，片面强调民主，否定专政；把民主和集中、民主和法制、民主和党的领导对立起来，否定社会主义民主需要集中，需要法制，需要党的领导。然而，世界上任何民主、自由都不是抽象的，不要任何秩序的民主、自由是根本不存在的。即使是在资产阶级国家，他们也要使资产阶级民主制度化、法律化，也不能不运用制度和法律的力量，以协调他们本阶级内部的矛盾，并使之更有效地对人民群众实行专政。在我国现实生活中，有些人背离四项基本原则去讲所谓民主、自由，个别人甚至采取错误的做法，扰乱正常的生产秩序、工作秩序和社会秩序。事实已经十分清楚地表明，任何背离四项基本原则去讲什么个人的民主、自由，都必然要走到邪路上去，必然会对社会主义现代化事业造成损失。因此，必须进一步坚持四项基本原则，坚决反对资产阶级自由化，才能把我国建设成为一个有高度文明、高度民主的现代化社会主义国家。

坚持四项基本原则，不仅不会妨碍发展人民民主即社会主义民主，恰恰相反，正是为了正确指导和切实保障广大人民的自由、民主和其他权利得到充分实现。宪法规定，我国是工人阶级领导的、以工农联盟为基础的人民民主专政的社会主义国家。我们这种国家制度的性质决定，一切权力属于人民。这是我们国家制度的核心内容和根本准则。作为国家和社会的主人，我国人民在法律上和事实上享有空前广泛和真实的民主权利。当然，在现实生活中，有的地方确实还存在着不尊重乃至压制公民的民主权利的现象，有的还相当严重，这是违背宪法和法律规定的，必须加以纠正，我们的党和国家也正在采取各种措施努力加以纠正。那些搞资产阶级自由化的人，无视客观事实，抓住我们在发展社会主义民主、健全社会主义法制过程中的缺点和失误，大做文章，鼓吹只要民主、自由，不要领导，不要集中，不要纪律，不要专政，不要法制，企图用资产阶级民主代替社会主义民主。如果他们的主张得以实现，那就从根本上否定了我们人民民主专政的国家制度，广大人民的民主权利就要丧失，社会主义民主也无从谈起了。因此，反对资产阶级自由化也是一场捍卫社会主义民主的斗争。

为了发展社会主义民主，健全社会主义法律，保障公民的合法的自由和权利，维护社会秩序，维护安定团结的政治局面，有领导、有计划、有步骤地进行经济体制改革、政治体制改革，顺利地进行社会主义现代化建设，全国人大常委会于 1987 年 1 月 22 日通过了《关于加强法制教育维护安定团结的决定》。这个决定指出："发展社会主义民主，健全社会主义法制，是我们国家面临的一项根本任务。我们一定要进一步加强法制教育，使各级国家机关和国家工作人员、广大人民群众熟悉和掌握宪法和法律，做到人人知法、守法，并且运用法律武器同一切违反宪法和法律的行为作斗争，维护人民的合法的自由、民主和其他权利，维护社会秩序，维护安定团结的政治局面。这样，我们就一定能够比较顺利地建设一个具有高度的社会主义民主和健全的社会主义法制的有中国特色的繁荣富强的社会主义国家。"这个决定，是在全体人民中进行宪法教育的重要教材，是坚持四项基本原则、反对资产阶级自由化的有力武器。贯彻执行这一决定，对于维护和发展安定团结的政治局面，保障改革、开放和社会主义现代化建设的顺利进行，具有重大的意义。只要我们进一步加强法制教育，使广大干部、群众增强宪法观念和公民意识，都把宪法作为自己活动的根本准则，并且运用宪法和法律的武器，同一切违反宪法和法律的行为作斗争，我们就一定能够团结一致，克服各种困难，把社会主义现代化事业不断推向前进。

1987 年中国共产党第十三次全国代表大会的报告指出："必

须以安定团结为前提，努力建设民主政治。社会主义应当有高度的民主，完备的法制和安定的社会环境。在初级阶段，不安定因素甚多，维护安定团结尤为重要。必须正确处理人民内部矛盾。人民民主专政不能削弱。社会主义民主政治的建设，既因为封建专制主义影响很深而具有特殊的迫切性，又因为受到历史的社会的条件限制，只能有秩序有步骤地进行。"① 现在，政治体制改革已经提到日程上来。进行政治体制改革，就是要兴利除弊，建设有中国特色的社会主义民主政治。改革的长远目标，是建立高度民主、法制完备、富有效率、充满活力的社会主义政治体制。这是需要长期努力才能实现的。改革的近期目标，是建立有利于提高效率、增强活力和调动各方面积极性的领导体制。总之，应当通过改革，使我国社会主义民主政治一步一步走向制度化、法律化。这是一项宏伟的事业，也是一项艰巨复杂的任务。党的第十三次全国代表大会已经确定了今后经济建设、经济体制改革和政治体制改革的基本方针，大会以后，各项工作都出现了新的局面，我们将沿着建设有中国特色的社会主义的道路继续前进。

（1988 年）

---

① 《人民日报》，1987 年 11 月 4 日。

中国社会主义法律与国家管理

我国是工人阶级领导的、以工农联盟为基础的人民民主专政的社会主义国家，国家的一切权力属于人民。为了充分发挥社会主义制度的优越性，加速现代化建设事业的发展，在政治上，必须充分发扬人民民主，保证全体人民真正享有通过各种有效形式管理国家的权力。邓小平同志在《党和国家领导制度的改革》的讲话中，科学地总结了我国的历史经验，提出了一系列的重大的改革措施，其中包括："要使我们的宪法更加完备、周密、准确，能够切实保证人民真正享有管理国家各级组织和各项企业事业的权力。"[①] 在这一思想的指导下，新宪法明文规定："人民依照法律规定，通过各种途径和形式，管理国家事务，管理经济和文化事业，管理社会事务。"以马克思列宁主义毛泽东思想为指导，探讨我国社会主义法律与国家管理的理论和实践问题，对于建立具有中国特色的社会主义法制，有着十分重要的意义。

---

① 《邓小平文选》第 2 卷，第 339 页。

一　社会主义国家管理的特点

所谓管理，不仅含有保管和料理的意思，而且含有对某项工作进行组织和安排，以保证人们的共同活动得以顺利进行的意思。凡是有人们共同活动的地方，就离不开管理，否则，就会使人们的共同活动失去一致的目标，以致发生各种混乱现象。

马克思在《资本论》一书中，研究了社会劳动的各种形式，并作出了一个对于理解社会管理的产生和实质来说是极其重要的结论。他指出："一切规模较大的直接社会劳动或共同劳动，都或多或少地需要指挥，以协调个人的活动，并执行生产总体的运动不同于这一总体的独立器官的运动——所产生的各种一般职能。一个单独的提琴手是自己指挥自己，一个乐队就需要一个乐队指挥。"① 人们的共同劳动构成了任何人类社会的基础，而社会管理则是这种共同劳动的必要因素，也是人类社会存在和发展的必要条件。社会管理的使命，是保证人们的共同活动具有目标一致的方向，使每个人的行为在共同的活动中互相配合和协调。为了使人们的共同活动得以顺利进行，必须对各个人的行动加以组织和安排，使共同活动的参加者服从统一的意志。

随着国家的产生，最重要的社会管理的职能便成了由国家行使的职能。正如恩格斯所说："政治统治到处都是以执行某种社会职能为基础，而且政治统治只有在它执行了它的这种社会职能时才能持续下去。"② 同时，一部分管理社会的职能仍由非国家组织去行使。由此可见，国家管理是社会管理的一种形式，它是以国

---

① 《马克思恩格斯全集》第23卷，第367页。
② 《马克思恩格斯选集》第3卷，第219页。

家的名义在国家所管辖的范围内行使管理的职能。

国家是一种管理社会事务的组织，而社会则是人的总和，这些人居住在具体的领土之上，属于不同的阶级和社会集团，处于一定的生产关系和其他关系的体系之中，进行生产活动和其他活动。因此，社会是各种复杂的因素的总和。国家管理活动不仅面对整个社会，而且也面对社会的每一个因素。

由于国家是阶级统治的工具，因此，国家管理首先是对人的管理。但是，决不能把国家管理仅仅归结为对人的管理。除了对人的管理以外，国家还管理领土及其自然财富，管理它所支配的物质资源和财政资源。当然，国家关于领土和物质资源或财政资源的任何决定，都不可能不经过一定的人去实现。但是，以关于变更行政区域的界线的决定为例，虽然这一决定是由具体的人作出和实现的，而且变更行政区域的界限不可能不涉及这些区域的居民的利益，否则这一变更就失去了意义，然而这一决定的实质仍然是对有关领土的支配。因此，国家管理的对象不仅是人，而且包括物。同时，在大部分管理关系中，人和物质对象不是孤立的，而是处于一定的统一的形式之中。行政区域组织、企业、机构、团体等等，就是这种形式。

充分估计国家对物的管理的作用和意义，是十分必要的。恩格斯曾以古代的波斯和印度为例，指出不管在那些国家兴起或衰落的专制政府有多少，但它们都十分清楚地知道自己首先是河谷灌溉的总的经营者。因为在那里，如果没有灌溉，农业是不可能进行的。[①] 资本主义国家除了对劳动人民进行镇压以外，也管理各自的领土及其自然财富，管理它们所支配的物质资源和财政资源。

---

① 《马克思恩格斯选集》第3卷，第219页。

社会主义国家管理的根本目的，是在于要解决社会主义和共产主义建设的宏伟任务。因此，它根本不同于奴隶制国家、封建制国家和资本主义国家的国家管理。社会主义国家管理就其在社会发展历史中的地位而言，是新型的管理，它具有以下几个特点：

1. 无产阶级领导的革命胜利的结果，改变了国家的阶级本质，使社会主义国家对人的管理根本上不同于先前的国家的对人的管理。社会主义国家管理表达人民的意志和利益，为人民服务，向人民负责。同时，广泛地吸引人民群众参加国家管理，特别强调人民群众直接参加生产的管理。

2. 社会主义国家管理的基本方法是说服，而不是强制。广大人民群众相信社会主义国家管理的各项方针的正确性，这是通过说服方法进行国家管理的基本条件。正如列宁所说："只有当我们正确地表现人民所意识到的东西时，我们才能管理。"① 在社会主义国家里，绝大多数公民能自觉地遵守法律，但是也有一些人实施违法行为，因此需要对这些人进行强制。社会主义国家管理中的说服和强制是结合起来进行的。也就是说，要在说服大多数人相信国家管理的各种法规和措施的正确性和合理性的基础上，对少数违反国家管理法规和措施的人进行强制。列宁指出："我们必须首先说服然后再强制。我们无论如何必须先说服，然后再强制。"② 社会主义国家管理应该遵循这一原则。

3. 在社会主义国家里，基本的生产资料属于国家所有，这就使社会主义国家对物的管理的范围前所未有地得到了扩大。因此，社会主义国家的国家管理活动比任何国家的管理活动复杂得多。

---

① 《列宁全集》第33卷，第269—270页。

② 《列宁全集》第32卷，第200页。

我国国家管理的范围，大体上包括以下几项：管理经济工作和城乡建设；管理教育、科学、文化、卫生、体育和计划生育工作；管理民政、公安、司法行政和监察等工作；管理对外事务；管理国防建设事业；管理民族事务。其中每一项都可以分为许多方面，例如，管理对外事务可以分为外交方面的管理，对外经济贸易方面的管理，对外文化交流方面的管理，等等。搞好国家管理，对于积极推动和促进社会主义物质文明和精神文明的发展，起着重大的作用。

二　国家管理活动的法律形式

社会主义国家的职能由各种不同的国家机关行使，每一种国家机关都有其不同的活动形式和活动方法。在我国，根据宪法，统一的国家权力是通过不同形式的活动来实现的，其中包括：一、国家权力机关统一地行使国家权力的活动；二、国家行政机关所进行的管理活动；三、国家审判机关所进行的司法活动；四、国家检察机关所进行的法律监督活动。由于它们的任务、目的和工作方法各不相同，所以各种各样的国家活动不能同时由一个机关进行，而是必须由各个国家机关分工合作，相互配合，协调一致地工作。国家机关的这种合理的分工，既可以避免权力过分集中，又可以使国家的各项工作有效地进行。

我国的国家管理活动由国家行政机关行使。国家行政机关是国家权力机关的执行机关，受它的监督，对它负责，并向它报告工作。国家行政机关与国家权力机关的这种关系，是由我国国家的本质所决定的。我国的一切权力属于人民，人民行使国家权力的机关是全国人民代表大会和地方各级人民代表大会。在法律的制定和重大问题的决策上，必须由国家权力机关，即全国人大和地方各级人大，充分讨论，民主决定，以求真正集中和代表人民的意志和利益；而在它们的贯彻执行上，必须实行严格的责任制，以求提高工作效率。这种责任制对于发展社会主义民主，保证人民行使国家权力，是不可缺少的。人民通过国家权力机关作出决定以后，只有这些决定得到行政机关的迅速有效的执行，人民的意志才能得到实现。

当然，任何国家机关都有一定的管理活动，为此，都要设立相应的机构来负责这一活动。例如，全国人大常委会、最高人民法院、最高人民检察院以及各省、自治区、直辖市人大常委会都设立办公厅，作为管理机构。但对上述这些机关来说，它们的基本职能不是管理。这些机关所以要设立管理机构，是为了创造一定的条件以保证完成本身的任务。因此，这种管理活动对上述这些机关来说只是辅助性的，而不是主要的工作。只有国家行政机关才以管理活动作为自己的主要工作。

从根本上说，国家管理活动可以分为法律形式和非法律形式。国家管理活动的法律形式包括制定法律规范和适用法律规范两种。

第一，制定法律规范。

根据宪法，我国的国家立法权由最高国家权力机关全国人民代表大会及其常设机关全国人民代表大会常务委员会行使。最高国家行政机关国务院是最高国家权力机关的执行机关，它根据宪法和法律，规定行政措施，制定行政法规，发布决定和命令。各部、各委员会根据法律和国务院的行政法规、决定、命令，在本部门的权限内，发布命令、指示和规章。省、自治区、直辖市以及省、自治区的人民政府所在地的市和经国务院批准的较大的市的人民政府，可以根据法律和国务院的行政法规，制定规章。县级以上地方各级人民政府依照法律规定的权限，发布决定和命令。由以上的规定可以看出，我国的国家管理活动是以法律为根据的。

但是，法律的规定往往是比较原则的，而国家行政机关担负着对国家管理进行日常领导的繁重的任务，它们所面临的许多问题都是十分具体的，为了执行法律，国家行政机关就必须以法律为根据，在自己的职权范围内制定法律规范，即发布各种不同等级的法律文件。这些法律文件的特点是：1.它们是规范性文件，含有法律规范，包括假定、处理和制裁三个组成部分，这就使它们明显地区别于一般的行政文件。一般的行政文件往往是针对某一具体问题而制定的，不具有规范性。2.这些法律文件的法律效力是由宪法所规定的，其中国务院所制定的行政法规的法律效力仅次于国家的法律，只有全国人民代表大会常务委员会才能予以撤销。3.这些法律文件必须根据法定的程序通过和发布。

在国家行政机关制定法律规范方面，有许多问题尚待深入探讨和研究。首先，需要研究如何区分省、自治区、直辖市人民代表大会及其常务委员会所制定的地方性法规与省、自治区、直辖市人民政府所制定的规章。这两者所规定的事项有什么不同，效力有什么差别，现在并不十分明确。其次，根据法律的规定，各部、各委员会发布的不适当的规章，省、自治区、直辖市以及省、自治区的人民政府所在地的市和经国务院批准的较大的市的人民政府所发布的不适当的规章，以及地方各级国家行政机关发布的不适当的决定和命令，应该由国务院予以改变和撤销。但是，由什么机关或人员提出这类问题，经过什么专门机关和形式进行审查，审查的期限应该有多久，在审查期限内这些规章有无法律效力，经审查宣布改变和撤销这些规章后，对以前已经根据这些规章办理的事项应如何处理和补救，等等，都缺少明确的规定，尚有待总结经验，使之法律化、制度化。特别是各部发布的规章与各地方所发布的规章，有时互不协调，甚至互相矛盾，执行起来有很多困难，不是顾此失彼，就是各行其是，这显然不利于加强社会主义法制，不利于社会主义建设，必须引起重视，及时予以解决。为此，应该充分重视行政法规和各种规章的整理和编纂工作，对历年来颁布的大量的行政法规和规章进行清理，并结合近年来国家机构改革工作的成果，对原有的行政法规和规章进行修改和补充，或及时制定新的行政法规和规章。最后，国务院组织法规定，国务院会议分为全体会议和常务会议两种，国务院工作中的重大问题，必须经国务院常务会议或者国务院全体会议讨论决定。但是，国务院发布的行政法规，需经何种程序通过，在国务院组织法中缺少明确的规定。例如，行政法规草案应该由什么机关或人员提出，国务院会议讨论通过行政法规时，是否需要过半数才能通过，这些都不明确。又如，国务院组织法明文规定国务院发布的行政法规由总理签署，但实践中也有既未经签署也未注明由国务院会议讨论通过的行政法规。特别是各主管部、委员会在本部门的权限内发布规章，更缺少程序性的规定。看来，及时制定各部和各委员会的组织法或条例，明文规定其发布规章的程序，是很有必要的。

第二，适用法律规范。

长期以来，我国法学界对法律规范适用的概念，有各种不同的观点。有人认为，适用法律的活动是人民法院、人民检察院和公安机关的专门活动。也有人认为，适用法律是所有的国家机关即国家权力机关、国家行政机关、国家司法机关及其公职人员的活动。看来，把适用法律规范仅仅归结为公、检、法机关的专门活动，这种理解未免过于狭窄。国家权力机关和国家行政机关在适用法律规范方面的活动，是大量的，不可忽视的。特别是国家行政机关作为国家权力机关的执行机关，为了保证法律的遵守和执行，除了以法律为根据而颁布从属于法律的各种规范性文件即制定法律规范以外，还必须对法律规范予以适用，使法律规范的一般性规定，在社会的实际生活中得到实现。

国家行政机关为了进行国家管理而适用法律规范的活动，与其他国家机关适用法律规范的活动相比，具有一些共同的特征。这些共同的特征是：1.它们都是依据法律并为了实施法律而进行的活动。2.适用法律规范的机关都以国家的名义来行使自己的职权，不受其他国家机关、社会团体或个人的干涉。3.它们在适用法律规范时都以国家的强制力为后盾，它们所作出的决定，对于它们所适用的人和具体事实有约束力，受到国家强制力的保证。4.它们在适用法律规范时必须遵守法定的程序，不能离开法定程序任意行动。5.它们在适用法律规范时要作出适用法律规范的文件，这种文件是针对具体的人或事实的，能够引起具体的法律关系的产生、变更或消灭。

由于国家行政机关担负着国家管理的日常的繁重的任务，其性质不同于其他国家机关，因此，它在适用法律规范方面也有自己的特点，主要是：1.国家行政机关在适用法律规范时，要受上级机关的领导。宪法规定，国务院统一领导各部和各委员会的工作，领导不属于各部和各委员会的全国性行政工作，统一领导全国地方各级国家行政机关的工作，并规定，县级以上的地方各级人民政府领导所属各工作部门和下级人民政府的工作。至于人民法院和人民检察院则依照法律规定，独立行使审判权和检察权、上级人民法院监督下级人民法院的审判工作，但并不直接领导、指示下级人民法院的审判工作。上级人民检察院领导下级人民检察院的工作，但在具体案件的处理上，下级人民检察院行使职权是独立的。2.国家行政机关负有管理全国或本行政区域内的经济和文化建设，领导所属各工作部门和下级人民政府的工作的任务，为了提高工作效率，必须迅速有效地执行国家权力机关的决定，因此，国家行政机关在适用法律规范时，必须在自己的职权范围内主动地采取各种行政措施，不能被动地等待公民的请求。只有这样，才能推动社会主义建设事业的顺利发展。至于人民法院，则是在人民检察院提起公诉或公民提起自诉以后，才进行审判。

3. 我国幅员辽阔，人口众多，各地的经济和文化发展很不平衡，各级国家行政机关只有根据实际情况，灵活地适用法律规范，才能搞好国家管理。如果不顾各地区的差别，生搬硬套，削足适履，就难以处理千变万化的社会情况。因此，国家行政机关适用法律规范而作出的决定是多种多样的。至于人民法院在审理各种案件时则没有这样大的灵活性。当然，根据不同的情况，人民法院审理案件也有一定的幅度，但不能越出法定的幅度之外。

国家行政机关在进行国家管理时适用法律规范主要有两种方法。1. 国家行政机关为了实施法律规范的规定而进行的业务活动。例如，国务院审定行政机构的编制，任免、培训、考核和奖励行政人员；国务院各部、各委员会在本部门的权限内对某项具体工作发布命令和指示；县级以上的地方各级人民政府任免和奖惩国家机关工作人员，为了管理本行政区域内经济、文化建设和民政、公安等工作而规定行政措施，等等。2. 国家行政机关为了维护法律规范的规定而对行政违法行为采取的强制措施。例如，违反社会治安管理的行为，由公安机关负责执行处罚；违反市场管理的行为，由工商行政机关执行处罚；违反金融管理制度的行为，由财政税务机关执行处罚；违反食品卫生管理制度的行为，由食品卫生监督机构负责执行处罚。行政处罚的种类很多，包括没收、罚款、警告、拘留、责令停业、吊销许可证等等。

在国家行政机关适用法律规范方面，也有许多问题尚待深入探讨和研究。首先，我国虽然已经制定了大量的行政管理法规，但还没有得到充分的实现。究其原因，一方面是由于有些行政部门的干部缺乏依法办事的法制观念，不知道必须严格适用法律规范，才能提高国家管理的效率，有条不紊地进行行政工作。少数干部甚至藐视法制，懈怠失职，滥用职权，违法乱纪。因此，不仅必须加强干部队伍的法制教育，提高他们的社会主义法律意识，而且如果国家行政工作人员违反行政管理法规的规定，应当严格追究其行政责任，予以行政制裁。另一方面，经过国家机构的改革，虽然取得了不少的成绩，但是这项工作并未全部完成，一些地区和部门仍然存在着人浮于事，工作效率很低的现象，而有一些国家管理方面的法规，则又因没有明确的主管机关，以致得不到充分的实现。因此，法制建设必须协调一致地进行。在制定某一法规时，必须同时考虑到这一法规应该由什么机关来贯彻实施，并对有关干部进行必要的专业培训，使他们能胜任这一工作。还要在群众中广泛地开展宣传教育，使他们增强法制观念。其次，在我国大量的行政管理法规中，几乎全部是实体法，而十分缺少行政程序法，这样就出现了有法难依的局面。近年来，已经有一些法律规定，各级人民法院承担某些处理行政案件的任务。对此，还需要在实践中总结经验，从我国国情出发，建立健全的受理行政违法案件的机构，并制定一套比较完备的行政诉讼程序的法律，对如何申诉、立案、调查、审理、裁决、上诉、终审裁决、强制执行等问题予以明确的规定。只有这样，才能改变我国国家管理领域中有法难依的局面，使国家管理能顺利地进行。

以上探讨了国家管理活动的法律形式，这些法律形式对于我国的社会主义国家管理起着重大的作用。缺少必要的法律形式，国家管理就失去必要的依据和保障，就会陷于混乱状态，贻误社会主义物质文明建设和精神文明建设工作。但是，不能把国家管理的全部活动都归结为法律形式，而不重视具体的组织工作和专门的业务工作，否则就会出现形式主义，这同样地对国家管理是十分有害的。

三　进一步改善国家管理活动

邓小平同志在《党和国家领导制度的改革》的讲话中强调指出："官僚主义现象是我们党和国家政治生活中广泛存在的一个大问题。"① 他还进一步指出："它同我们长期认为社会主义制度和计划管理制度必须对经济、政治、文化、社会都实行中央高度集中的管理体制有密切关系。我们的各级领导机关，都管了很多不该管、管不好、管不了的事，这些事只有有一定的规章，放在下面，放在企业、事业、社会单位，让他们真正按民主集中制自行处理，本来可以很好办，但是统统拿到党政领导机关、拿到中央部门来，就很难办。谁也没有这样的神通，能够办这么繁重而生疏的事情。这可以说是目前我们所特有的官僚主义的一个总病根。官僚主义的另一病根是，我们的党政机构以及各种企业、事业领导机构中，长期缺少严格的从上而下的行政法规和个人负责制，缺少对于每个机关乃至每个人的职责权限的严格明确的规定，以至事无大小，往往无章可循，绝大多数人往往不能独立负责地处理他所应当处理的问题，只好成天忙于请示报告，批转文件。"② 针对这种情况，邓小平同志认为："必须从根本上改变这些制度。"③ 邓小平同志的这次重要讲话，对于克服官僚主义，改善我国的国家管理工作，意义是十分重大的。

---

① 《邓小平文选》第 2 卷，第 327 页。
② 同上书，第 328 页。
③ 同上。

我们国家现行管理制度中官僚主义的各种表现，主要有以下几个方面：1. 权力过分集中。各个企业、各个生产单位没有独立地进行经济活动的合理权力，许多重要权力集中于这些企业、生产单位之上的多层次的行政管理机关，这就往往会发生离开生产活动越远、权力越大、机构越多、工作越难的现象。2. 权限职责范围不明。从国务院到地方各级政府，没有制定出系统的切合实际的行政法规，对各部门、各地方、各单位以至各个人的工作范围、工作权限、办事规则，没有明确的划分或具体的规定。3. 干部制度很不适应社会主义建设时期的需要。各级政府对于干部的选拔、任用、考核、培养、奖惩、淘汰等等，没有一套健全的制度。各部门、各单位吸收使用干部，很少采取严格的招考、招聘的方法，量才适用，大多数由组织、人事部门委派，不能适应现代化的任务。4. 机构臃肿，层次繁多，人浮于事，副职虚职过多，工作效率低落。

要克服这种官僚主义的弊病，关键在于切实改革国家管理制度、机关工作制度、干部制度和机构组织方面的不合理现象。具体办法是：1. 要对企事业单位实行权力下放。要让各个企业、各个事业单位拥有在国家统一领导下真正独立经营和独立活动的必要的自主权。有些行政部门可以改为企业或事业组织，有些可以合并。当然，权力下放，决不能削弱必要的统一管理。2. 要用行政立法来明确规定各个行政机构和各机构内各单位和各个人的职责范围。从国务院到地方各级政府，都要有系统的行政法规，明确划分各部门、各单位的职权范围和各种职权的行使原则，以及某些特殊问题的处理办法。各部门、各单位也要制定各种岗位的工作细则，使得人人都明确自己应负的责任。3. 要努力改革干部制度。对各级各类干部的任用、考试、考核、奖惩、训练、提拔、调动、退休、解职等等，都要制定具体的切实可行的制度。4. 要建立和健全检查、监督制度。为了检查和监督各级政府机关和政府工作人员的工作，除了各级党组织和党的纪律检查委员会的监督以外，还要认真处理群众的来信来访和适当地运用报刊的揭发批评。同时，还要提倡人民代表的检查，上级机关的检查和下级机关的检举。

近年来，在克服官僚主义弊病的斗争中，取得了不少的成绩。但是，这一任务尚未彻底完成，距离所要达到的目标还相当远。除了继续进行改革，克服官僚主义的各种弊病以外，为了进一步改善国家管理活动，从长远的观点来看，还有不少工作要做。其中包括：

第一，加强对行政法和行政学的研究。

长期以来，我国虽然陆续制定了各种行政法规，但是缺少对行政法的理论和实践问题进行研究。建国以来，在我国大专院校法律专业课程中，没有开设过中国行政法学的课程，对外国行政法学的介绍，也是十分贫乏的。至于行政学，在我国更是一个缺门。而在西方，对行政法和行政学比较重视，其目的，是为了更好地利用人力和物力，使其发生较大的效率，为他们的政府服务。第二次世界大战以后，西方国家的行政学可以分为两个分支，其中一支是国家管理学，主要研究如何在国家行政管理方面建立完整的体系和严密的制度，提高政府部门的工作效率；另一支是经营学，主要研究如何管理生产，如何改善企业的业务活动。在苏联和东欧，除了行政法以外，还开辟了一些新的领域。例如，苏联的一些大学开设了社会管理概论、国家管理、社会主义生产管理等课程，民主德国等国家开设了国家管理的科学组织等课程，并出版了一系列著作。这些情况，都值得我们参考和借鉴。现在，我国高等学校法学专业已经开设行政法的课程，并编写出版了第一本教材，这是可喜的现象。但是，对行政法的研究仍然比较薄弱，需要迎头赶上。对行政学的研究，更需组织专门力量，进行开拓的工作。

第二，在国家管理工作中采用科学技术的新成就。

当前，我们面临世界新的技术革命的形势，国家管理必须适应新的形势的发展，提高工作的效率和质量，推动社会主义建设的顺利进行。为此，国家管理必须以科学为依据，广泛地采用科学技术的新成就。只有在经过有科学根据的计算和决策的基础上，才能合理地使用新的技术和装备。在选择管理的形式和方法时，必须充分考虑到生产过程的变动性，有效地掌握各种因素的不断变化的情况，更好地利用人力和物力。随着生产过程机械化和自动化的逐步实现，管理过程机械化和自动化的问题也提上了日程。由于信息数量的大量增加，使用电子计算机对各种信息进行收集、加工、分析、整理的任务也已经摆在国家管理工作者的面前。因此，需要考虑建立全国性的自动化的信息中心，以及在各地区、各部门、各公司、各企业逐步建立自动化的管理体系，以便以全国性的信息中心为基础，把它们联合为一个统一的体系。这样，国家管理将建立在新的技术基础上，从而提高其工作效率，以解决崭新的繁重的任务。与此相适应，国家管理机关的体制、职能、结构和干部队伍将发生新的变化。为此，必须从现在起就注意提高国家管理干部的科学知识，使干部队伍能适应新的形势的需要。同时，随着新的科学技术的推广，广大人民群众的知识和觉悟将不断地提高，这就为进一步实现国家管理的民主化打下良好的基础。

总之，国家管理是一种综合性的活动，它包括政治、法律、组织、经济、科学、技术、教育等各种因素。这些因素存在着有机的联系，必须把它们合理地结合起来加以利用。只有这样，才能进一步改善国家管理活动，提高国家管理的水平，使我国的国家管理适应我国的国情，加速社会主义现代化建设事业的发展。

（1987 年）

三权分立与反封建斗争

三权分立是资产阶级国家政治制度的一项重要原则。所谓三权分立，就是立法、行政和司法这三种国家权力分别由三个不同的机关所掌握，各自独立行使职权而又相互制约。二百多年来，在资产阶级国家中，一般都由议会行使立法权，内阁或总统行使行政权，法院行使司法权。

封建的君主专制是阻碍
社会进步的反动力量

君主专制是由君主独揽大权的政权组织形式。在这种制度下，国家最高权力完全属于君主（国王、皇帝、沙皇等）。君主的意志就是国家的法律，臣民必须绝对服从；宫廷是国家政治生活的中心，依靠以官僚制度组织起来的完全忠于君主的军政机关，维护其专制统治，对人民实行残酷的剥削和压迫。列宁说，在专制政体下，君主"颁布法律，任命官吏，搜刮和挥霍人民的钱财，人民对立法和监督管理一概不得过问。因此，专制制度就是官吏和警察专权，而人民无权"①。

英国在都铎王朝统治时期（1485—1603年），王权空前强化。国王亨利七世大权独揽，实行专制统治。作为国家最高管理机关的枢密院，完全由国王的亲信大臣所组成，惟国王之命是从，而且国王在处理重要政务时，也不一定征求或采纳枢密院的意见。在枢密院中，又分设出一个"星法院"，专门用来惩治不顺从国王的贵族，后来这个机构就成为专门审判政治案件镇压进步分子的非常法院。早在1265年就建立起来的作为等级代表机关的议会，事事屈从于国王，遵循国王的指示办事，成了国王的御用工具，因而国王对议会的活动不加限制。到了17世纪初期，在斯图亚特王朝统治时期，随着资本主义的发展，资产阶级的力量逐渐得到加强，他们不仅不再依赖王权，而且越来越感到专制制度是他们经济利益进一步发展的障碍，企图利用议会来限制王权。国王詹姆士一世为了对抗新兴资产阶级反对封建君主专制的斗争，大肆鼓吹君权神授论，宣扬国王受命于上帝，权力无限，国王创造法律，而不是法律创造国王，因此国王应该高踞于法律和议会之上。他先后多次悍然解散议会，甚而逮捕反对派议员。这时，资产阶级新贵族同封建专制政府之间的矛盾十分尖锐，资产阶级革命的形势已经形成。

法国的君主专制制度开始于法兰西斯一世（1515—1547年），集大成于路易十四（1645—1715年）。当时，法国已完成政治统一，国王的权力日益加强，成为专制君主。早在1302年就已建立起来的作为等级代表会议的三级会议，一直没有召开。国王的命令就是法律，人人必须服从。国王还亲自主持国务会议，处理政务，任命中央和地方官吏，并且可以干涉一切诉讼案件的审理。

---

① 《列宁全集》第4卷，第231页。

在这种制度下，国王至高无上，集立法、行政、司法大权于一身。路易十四公然宣称："朕即国家。"他在 1670 年的敕令中宣布："朕系受命于天，制定法律之权为朕所独有，一切臣民须受朕所制定之法律之指导及制裁。"路易十五也在 1766 年宣称："主权的权力寄于我的身上。立法权仅属于我一人而已，无所依赖也不得分享。整个公共秩序皆自我出，全国的权利和利益必然与我的利益联成一体，而且都在我的掌握之中。"[①] 这种君主专制制度，已经成了严重阻碍社会生产力继续发展的反动力量，引起了资产阶级和广大人民的强烈反抗。

分权学说是同君主专制
针锋相对的进步思想

在封建社会内部，很早就出现了反对君主专制、主张限制和分散君主大权的进步思想。16 世纪时，西欧各阶层的居民，从贵族到农民和平民群众，都广泛地卷入了反封建的宗教改革运动。以宗教言论的形式提出的宗教改革的要求，实际上反映了参加宗教改革的各种势力的物质利益。

法国在宗教战争中，形成了以浩特曼、布鲁塔、鲍埃西等人为代表的"反暴君派"。浩特曼在《法兰克——高卢》一书中说，人民的主权是不能动摇的。这里说的人民，是指各等级的代表。布鲁塔（莫耐的化名）在《反暴君论》一书中说："所有国王都应该服从法律，而且承认法律在他们之上。""法律是多数圣贤理智的集合，多数的真知远见远胜于一个人；故信奉法律比信奉一个聪明的人格外安全。法律是不可扰乱的理智，既不受感情好恶的

---

① 转引自索布尔《法国革命》，三联书店 1956 年版，第 28 页。

势力牵制，亦不为悲哀威吓所动。"①他认为，人民对不尽事神义务的国王，都有反抗权，但是私人对于国王却不能反抗，只有全体人民的代表才有反抗权。他所说的人民代表，乃是由贵族组合起来的议会，是以监视国王做事，或以保障国家和教会的安全为责任的。尽管这些人只希望限制国王的权力，恢复等级代表制度，但提出的许多思想具有重大的意义，反抗暴君的主张后来屡次成为法国资产阶级革命的口号。

在其他国家中，也有许多人提出了反对君主专制的主张。苏格兰的新教徒布卡南于 1579 年出版了《王权论》一书。他认为，法律是人民的创造，而不是多数圣贤理智的结晶。人民从各阶级中选出代表，由代表组织议会来创造法律。国王不但没有法律的解释权，就连法律的补充权也没有。如果因为时势变迁，法律出现缺陷，也不由国王补充。西班牙学者马利纳于 1599 年出版了《王权与王的教育》一书，他认为，王权是人民授予的，但立法权仍然保留在人民手中。议会是民意机关，其中包括教徒、贵族和城市代表。议会有权制定国家根本法。

在 17 世纪的英国资产阶级革命中，各个革命阶级的思想家都起来反对君主专制制度。由于这些阶级所处的地位不同，因此，他们提出的政治学说具有各自的特色。独立派的思想反映英国中等资产阶级和新贵族的利益，他们反对专制制度，但企图保留王位和上院，要求根据财产资格选举新议会。平等派代表小资产阶级的政治观点和利益，主张取消王位和上院，取消一切特权，对年满 21 岁的男子普遍授予选举权，并在普选的基础上建立一院制的议会。他们还主张立法权和行政权分立，反对把两者混为一体。

---

① 转引自高一涵《欧洲政治思想史（中卷）》，商务印书馆 1925 年版，第 63—64 页。

这一要求，对后来资产阶级政治学说的进一步发展，产生了巨大的影响。掘土派代表乡村贫民和城市贫民的利益，主张废除君主制和上院，建立共和国，一切公职人员由选举产生，每年更换一次。议会是国家元首，每年改选一次。议会通过的法律，如果在一个月以内人民不加反对，就发生效力。

英国革命后期的思想家洛克，在他于 1689 年发表的《政府论》一书中，改进了平等派提出的分权思想。他把国家权力分为三种，即立法权、行政权和联盟权。他认为，立法权应该属于议会，议会定期开会，通过法律，但不能干预法律的执行。行政权（包括司法权）应该属于国王，国王指导法律的执行，任命大臣、法官和其他公职人员。国王的活动服从于法律，但他对议会有一定的特权（否决权、解散议会权等等）。国王还有联盟权（处理战争与和平问题以及同别国关系问题）。洛克认为，立法权是国家的最高权力。他在谈到立法权的时候指出："处在政府之下的人们的自由，应有长期有效的规则作为生活的准绳，这种规则为社会一切成员所共同遵守，并为社会所建立的立法机关所制定。这是在规则未加规定的一切事情上能按照我自己的意志去做的自由，而不受另一人的反复无常的、事前不知道的和武断的意志的支配。"①洛克特别指出，如果国王不经议会而自行立法，任意改变选举制度，或者使国家从属于另一君主，那么，他将丧失自己的权力。在这种情况下，人民可以"向上天呼吁"，也就是拿起武器起来革命。洛克的分权学说，对后来资产阶级政治思想和政治制度的发展有重大的影响。

法国的启蒙思想家孟德斯鸠进一步发展了分权学说，他把国家的权力分为立法权、行政权和司法权三种，认为这三种权力应

---

① 洛克：《政府论（下篇）》，商务印书馆 1964 年版，第 16 页。

该分别属于三个不同的国家机关，使他们互相平衡，互相制约，而不能集中于同一个人或同一机关的手里，因为这不能保证政治自由。他在1748年出版的《论法的精神》一书中说："当立法权和行政权集中在同一个人或同一机关之手，自由便不复存在了；因为人们将要害怕这个国王或议会制定暴虐的法律，并暴虐地执行这些法律。""如果司法权不同立法权和行政权分立，自由也就不存在了。如果司法权同立法权合而为一，则将对公民的生命和自由施行专断的权力，因为法官就是立法者。如果司法权同行政权合而为一，法官便将握有压迫者的力量。""如果同一个人或是由重要人物、贵族或贫民组成的同一机关行使这三种权力，即制定法律权、执行公共决议权和裁判私人犯罪或争论权，则一切便都完了。"[①] 孟德斯鸠认为，最好的办法是三权分立。立法权应该由人民集体享有，由人民选出的代表机关来行使，代表机关的任务就是制定法律和监督法律的执行。他认为，行政权应该由君主行使、司法权由法院行使。

法国激进的民主主义者卢梭的政治观点比孟德斯鸠更前进了一步。他根本反对君主制，主张建立以社会契约为基础的国家制度，即民主的国家制度。人民为了保证自己的自由，才订立契约，结成国家，推举统治者。统治者如果变成专制暴君，就应该推翻。他提出主权在民的学说，主张立法权属于人民，行政权应属于全体人民的大会。他认为，只有在全体公民参加立法的国家里，自由才能保持。每个公民应当参加讨论和通过法律，人民直接赞同的文件才能成为法律。领土辽阔的国家可以实行人民代议制，但代表们的决议要成为法律，必须经过全民公决。他说："凡是不曾

① 孟德斯鸠：《论法的精神（上册）》，商务印书馆1961年版，第156页。

为人民所亲自批准的法律都是无效的，那决不能是法律。"①

所有这些思想家所传播的分权学说，虽然其出发点不尽一致，其内容也各不相同，但这些学说的共同之处是要求实行民主，反对封建特权和专制制度，这在当时，是同君主专制针锋相对的进步思想，对于资产阶级革命的发生起了重要的作用。

三权分立是经过反复斗争
而确立的政治制度

三权分立制度的形成，是同资产阶级和广大人民群众反对封建专制主义的历史分不开的。三权分立不是轻而易举地建立起来的，而是经过长期的、反复的斗争才最后确立下来的政治制度。

在英国，1640 年发生了资产阶级革命。在新议会的选举中，资产阶级和新贵族获胜。由于议会和国王发生冲突，国王亲自带领卫队到议会搜捕议员，并用武力讨伐议会，使英国发生了内战。在内战期间，旧的专制机构被废除，议会成为国家最高权力机关，设立许多委员会，分别掌握行政、立法、司法、宗教、军事、财政和外交大权。议会上院的势力被削弱，下院的地位日益加强。后来，议会与军队发生冲突，军队取得胜利。不久，军队内部又产生了分歧。独立派军官主张保留王位和上院，要求按财产资格选举新议会。平等派军官要求取消一切特权，在普选的基础上建立一院制的议会，作为全国的最高权力机关。后来，两派重新联合，清洗议会中拥护国王的议员。由议会和军队共同组成特别最高法庭，判决对英王查理一世处以死刑。接着，议会又通过决议，废除君主制，取消上院。1649 年 5 月，英国宣布为共和国。在共

---

① 卢梭：《社会契约论》，商务印书馆 1962 年版，第 110 页。

和国时期，一院制的议会是最高立法机关，议会每年选举国务会议，掌握行政权。但是不久以后，克伦威尔实行独裁统治，就任"护国主"，颁布政府约法，规定"护国主"终身任职，兼陆海军总司令。立法权属于"护国主"和议会，议会的法令必须取得"护国主"的同意，方能生效。议会为一院制，凡财产不足二百镑的人，不得参加选举。行政权归"护国主"和国务会议行使。1660 年，斯图亚特王朝复辟，恢复君主专制统治。资产阶级和新贵族在 1688 年发生政变。次年，议会通过权力法案；1701 年，又通过了王位继承法。从此以后，英国才确立了按照三权分立的原则建立起来的君主立宪政体。两个法律的主要内容是：一、肯定了议会是最高立法机关，议会有讨论和表达意见的自由，一切法律必须经议会通过，才能生效；二、限制了王权，制定了王位继承原则和程序，国王未经议会准许，不得颁布法律或中止现行法律，不得擅自征税，不得征兵和维持常备军；三、规定法官终身制，只有议会有权解除法官的职务。到了 17 世纪末和 18 世纪初，行政权力逐步由国王转移到内阁手中，英王作为国家元首，只有象征性的作用而没有实权。

18 世纪中期，北美的殖民地落入英国的手中，由英王任命的总督统治。广大人民群众不断开展反殖民当局、争取统治和经济权利的斗争。1775 年，美国发生了独立战争，于 1783 年取得胜利。1787 年召开费城会议，制定宪法。这部宪法以三权分立作为政权的组织原则。国会是立法机关，由参议院和众议院组成。参议院任期六年，每州产生议员两人，每两年更换其中的三分之一。众议员每两年按各州居民人数比例进行选举。总统执掌一切行政权力，任期四年，他和由他任命的各部部长不对国会负责。总统对立法有相对否决权，但总统否决的法案，如国会两院再以三分之二票数通过，仍可生效。最高法院是最高司法机关，法官终身任职，由总统任命。后来，最高法院取得了解释宪法的权力。

1789 年，法国爆发了资产阶级革命，第三等级的代表宣布自己是代表全体人民的国民议会。不久，国民议会改名为制宪议会，并通过《人权宣言》。提出：在权利方面，人们生来是而且始终是平等的；法律是公共意志的表现，在法律面前人人平等；公民有权亲自或推举代表参加制定法律，有言论、出版自由，但必须受法律的制约；财产是神圣不可侵犯的，不得剥夺。《人权宣言》宣布了资产阶级的自由、平等的民主原则，把资产阶级启蒙思想家所阐述的思想用法律形式肯定下来，在打击封建制度、限制王权和进一步启发人民革命意识方面，具有重大的作用。1791 年，制宪议会制定了宪法，规定法国为君主立宪制国家。国王掌握行政大权，有权任命大臣和最高军政长官，否决议会的决议。立法权属于一院制的立法议会，议会按两级选出，任期两年。最高司法权由大理院和最高法院行使，国王和行政机关不得干涉审判活动。宪法虽然确立了三权分立的原则，但保留了世袭的国王，国王还享有很大的权力。1792 年，革命胜利，宣布废除国王，建立共和国，召开国民公会。次年，国王路易十六被判处死刑，国民公会通过了新宪法。宪法宣布，一院制的立法议会是国家最高立法机关，每年改选一次。最高行政机关是执行会议，由立法议会任命。最高司法机关是上诉法院。这部宪法所宣布的三权分立原则，不仅对法国革命，而且对其他各国的资产阶级革命，都发生了深刻的影响。但是，三权分立的制度并没有最后确立下来。后来，法国又经历了拿破仑第一帝国时期、波旁王朝复辟及七月王朝时期，直至在 1848 年爆发革命，推翻七月王朝，颁布新宪法。但是，1852 年路易·波拿巴又发动政变，并在宪法中以共和的形式确立了个人独裁，后来，干脆建立了拿破仑三世的第二帝国。1870 年，拿破仑三世失败，废除帝制，恢复共和。1875 年重新制定宪法，才在法律上最后肯定了共和制度，实行了三权分立的原则。

　　资产阶级通过了同封建专制主义的反复斗争，才建立了资产阶级民主制度。为了防止资产阶级民主蜕化为封建专制，防止封建专制制度卷土重来，资产阶级确立了三权分立的原则。资产阶级民主制度就其本质来说，当然是为资本主义统治服务的。在资本主义社会里，"人民主权"实际上只是资产阶级的主权。资产阶级民主制度下的议会、政府、法院等机关，虽然不像在封建专制制度下掌握在君主一人手里，但它们也并不是由人民组成和建立的，而是由资产阶级组成和建立的。但是，分权学说作为人类在反封建的斗争中创造出来的进步的文化遗产，作为在推翻封建专制和防止封建专制卷土重来的实践中形成的历史经验，对于一个像我们这样具有长期封建传统和封建残余至今犹存的社会主义国家来说，是值得研究和借鉴的。

（1982 年）

党组织必须在宪法和法律的
范围内活动

一　加强法制必须依靠党的领导

党的十一届三中全会指出：为了保障人民民主，必须加强社会主义法制，使民主制度化、法律化，使这种制度和法律具有稳定性、连续性和极大的权威性，做到有法可依，有法必依，执法必严，违法必究。加强社会主义法制，需要在党的领导下进行。中国共产党在国家政治生活中的领导地位和作用，在我国的宪法中有明确的规定。中国共产党是全中国人民的领导核心，工人阶级经过自己的先锋队——中国共产党实现对国家的领导。十分清楚，要加强社会主义法制，就必须依靠党的领导，这是不容置疑的。

党对加强社会主义法制工作的领导，首先是政治领导。党规定了我们国家的总路线和总任务，指出了我国社会主义革命和建设的方向、道路和方法。党根据当前国家生活中最重要的问题，采取依靠群众的方法，制定正确的路线、方针、政策。这些路线、方针、政策，经过在国家机关中工作的党员同群众的商讨和研究，制定成为法律和其他决议的草案，交由人民代表大会等国家机关进行讨论和决定后，以法律和其他形式的法的文件公布于众，成为全国人民必须遵守并由国家强制力保证执行的法律规则。在党的领导下，大力开展立法工作，这是加强社会主义法制的重要方面。

党还要经过组织领导来加强社会主义法制工作。党制定了正确的路线、方针、政策、方法，并由国家机关制定成为法律和其他形式的法的文件以后，还要从组织上保证其实现。因此，党必须挑选和提拔德才兼备的干部（包括党和非党干部），把他们输送到政法机关中去工作。党在各级行政区域中均设有党的委员会，对国家机关包括政法部门进行具体的领导。

党章明确规定，共产党员必须遵守党纪国法。县、团以上各级党委设立纪律检查委员会，加强对党员的遵纪守法教育，并检查执行情况，同党员和干部中的各种违法乱纪行为作斗争。党要求广大党员在遵纪守法上起模范带头作用，不允许任何人有超越于党纪国法之上的特权，这对于加强社会主义法制具有重大的意义。我国宪法规定，每个公民都必须遵守宪法和法律。这就要经常地对广大干部和群众进行法制教育，使广大干部和群众树立法制观念。这项工作，只有在各级党委的统一领导下，由国家机关、群众团体以及各个单位一齐动手来做，才能做好，单靠政法机关是不够的。

由此可见，党的领导和加强社会主义法制，不论从哪个方面来说，都是完全一致的。

为了进一步明确党的领导和加强社会主义法制的关系，还必须弄清以下几个问题：

1. 党的路线、政策是法律的根据，法律是党的路线、政策的体现。政策和法律在形式上虽然有所不同，而从本质上看，两者是完全一致的。但是，这并不是说，有了政策，就可以不要法律了。法律是国家机关制定或认可的、人人必须遵守的行为规则，并以国家的强制力来保证其执行。正如列宁所说："意志如果是国家的，就应该表现为政权机关所制定的法律。"而党的政策则是由党的组织提出和制定的，带有号召性、指导性，贯彻执行党的政策主要靠党的组织和党员的先锋模范作用，靠说服教育，靠党的纪律，而不是靠国家的强制力。如果党员违反党的政策和纪律，党的组织要进行教育，并且可以按照具体情况，给以党纪处分。如果违反法律，则应由国家机关按照具体情况，给以法律处分。由此可见，党的政策和国家的法律是有区别的。那种认为有了政策就可以不要法律的观点，不是加强了党对社会主义法制工作的领导，而是削弱党的领导，只能给社会主义法制带来损失。当然，只看到法律的作用而忽视政策的作用，这也是不对的，也会造成损失。

2. 党对政法机关进行领导，但具体工作仍要通过政法机关来做，而不是包办政法机关的具体工作。政法机关接受党委的领导，主要是在事关路线、方针、政策和阶级斗争形势等重大问题上请示党委，使政法机关的工作同党的中心工作协调一致，紧密配合阶级斗争的形势。这样，党领导的各项工作就成为一个有机的整体，而政法机关也能更好地发挥作用。党是政法机关的领导核心，但它不能代替政法机关。斯大林曾经说过："党是政权的核心。但它和国家政权不是而且不能是一个东西。"[①] 毛泽东同志也曾经指出："党的主张办法，除宣传外，执行的时候必须通过政府的组织。国民党直接向政府下命令的错误办法，是要避免的。"[②] 有人认为，政法机关事无巨细都要通过党委，甚至只有由各级党委直

---

① 《斯大林全集》第 8 卷，第 40 页。
② 《毛泽东选集》第 1 卷，第 78 页。

接来办案，才算加强党的领导，这是对党的领导的误解。加强党对法制工作的领导，丝毫不意味着党的组织可以代替政法机关。如果由党的组织来包办政法工作，这不是加强了党对社会主义法制工作的领导，而是削弱了党的领导。它一方面使党的组织陷于具体的办案工作，忽视政治上、组织上、思想上的领导；另一方面又使政法部门产生依赖思想，放弃自己的职责。这样，是不利于开展政法工作的。

3. 人民法院独立行使审判权，人民检察院独立行使检察权，是同接受党的领导完全一致的，这决不意味着不服从党的领导。人民法院独立行使审判权，是指人民法院必须依照法律办事，必须以法律为准则来判断某种行为是否违法和如何处理，也就是说，人民法院审判案件要以事实为根据，以法律为准绳，依法判决，不受行政机关、社会团体和个人的干涉。人民法院依照法律规定独立行使审判权，同接受党的领导不是对立的。因为，我国的法律是在党的领导下制定的，人民法院依法判决，正是接受党的领导，而不是反对党的领导。党对司法人员的要求，是对国家的法律负责，不徇私舞弊，不玩忽职守，保证法律的正确执行。贯彻执行人民法院依照法律规定独立行使审判权的原则，可以使人民法院在执行法律的时候，能够做到公平合理，向一切违法行为进行不调和的斗争，以保护国家和人民的利益。这一原则丝毫不意味着人民法院对国家是独立的，是可以脱离党和人民的监督的。人民法院是人民民主专政的机关之一，是为人民服务并受人民监督的。根据宪法和法律的规定，各级人民法院必须受人民检察院的监督，下级人民法院的审判工作要受上级人民法院的监督，地方各级人民法院和专门人民法院的审判工作要受最高人民法院的监督，各级人民法院都受由人民代表组成的国家权力机关的监督。各级人民检察院，也要受国家权力机关的监督。由此可见，认为实行人民法院独立行使审判权和人民检察院独立行使检察权的原则，会使法院和检察院脱离党的领导或不受人民的监督，这是完全没有根据的。

二　党组织必须遵守宪法和法律

新宪法规定："一切国家机关和武装力量、各政党和各社会团体、各企业事业组织都必须遵守宪法和法律。一切违反宪法和法律的行为，必须予以追究。""任何组织或者个人都不得有超越宪法和法律的特权。"党的十二大通过的新党章规定："党必须在宪法和法律的范围内活动。"宪法和党章的这些规定，对于加强社会主义法制具有十分重要的意义。

中国共产党是我们国家的执政党，它是依靠其正确的纲领、政策，来对国家实行领导的。但是，光有党的纲领、政策还不行，还必须有宪法和法律，来规定国家的性质，国家的政治制度和经济制度，公民的基本权利和义务，国家机构的组织和活动原则，以及国家和社会生活中各个方面的具体的行为规则，以便全体公民共同遵循，并且由国家强制力保证其实施。只有这样，才能组织、管理和建设好国家。

在我国，共产党的纲领和政策是工人阶级和广大人民群众的根本利益的科学表现，是制定宪法和法律的依据；宪法和法制则是党的纲领、政策的条文化和定型化。所以，宪法和法律所反映的就不仅是作为工人阶级先锋队和在国家中居于领导地位的党的主张，同时也是工人阶级和广大人民的国家意志。党在宪法和法律的范围内活动，实质上就是为了广大人民群众的最大利益而活动。因此，可以这样说：党的任何一个组织和党员，在宪法和法律的范围内活动，这同贯彻和执行党的纲领和政策，承认和遵守党的章程，不但是完全一致的，没有任何矛盾的，而且是互相促进、互为保证的。

但是，也有一些党员，甚至还有一些党的干部，只知道应该遵守党的纲领和方针、政策，不知道应该遵守国家的宪法和法律，甚至把党的纲领和方针、政策同国家的宪法和法律对立起来。他们认为党的政策是必须执行的，不执行就会犯错误；至于宪法和法律，只是用来管普通老百姓和违法犯罪的人的，对党组织和党的活动没有什么约束力。这种思想是非常错误的，必须坚决纠正。

我国的宪法和法律，都是在党的领导下，由全国人民代表大会或它的常务委员会制定的。党领导人民制定宪法和法律，也应该领导人民遵守和执行宪法和法律。这是因为，中国共产党是执政党，在全国各个地区、各条战线、各个部门里，党都处于领导的地位。如果执政党的党组织和党员不守法，不严格依法办事，那怎么能要求其他政党、团体和全体公民守法呢？在维护宪法和法律的尊严，保证宪法和法律的实施方面，党的组织负有特别重要的责任。实践已经表明，一旦党的组织和党的活动置宪法和法律于不顾，我们的宪法和法律就会形同虚设，国家生活和社会生活就会处于不正常的状态。在"文化大革命"期间，不通过由全国人民选举产生的最高国家权力机关和正常的法律程序，在党的会议上便打倒了经过全国人民代表大会选举产生的国家主席，神圣的中华人民共和国宪法变成了一纸空文。接着，又在全国各地出现了将法律踩在脚下，到处"造反"、"夺权"的局面。其结果，是延续达十年之久的内乱，至今我们仍然还能感到它的某些影响。由此可见，如果国家的宪法和法律没有极大的权威，不能得到全国上下一致的切实遵守和执行，尤其是如果党组织的活动不在宪法和法律范围内进行，那么，就会对社会主义民主和社会主义法制造成极大的破坏，就会使社会主义建设事业不能顺利地进行，就会给全国人民带来严重的损失。

马克思在 1871 年起草的《国际工人协会共同章程》中曾经指出："工人阶级的解放斗争不是要争取阶级特权和垄断权，而是要争取平等的权利和义务，并消灭任何阶级统治。"① 他还把权利和义务的关系精辟地概括为："没有无义务的权利，也没有无权利的义务"② 我国新宪法充分体现了马克思提出的这个原则，它明确规定："任何公民享有宪法和法律规定的权利，同时必须履行宪法和法律规定的义务。"这个原则，对于社会主义国家的公民和一切国家机关、政党团体、企业事业组织都应该适用。中国共产党在国家中的领导地位是得到宪法的确认和保障的，这就是说，全国各族人民和各种社会组织都必须接受和服从党的领导；而党在行使自己的领导权的时候，也担负着忠实地代表全国人民的利益、充分尊重他们的意志和愿望的崇高责任。我国工人阶级和全体人民的根本利益和意志是反映在国家的宪法和法律里面的，因此，遵守宪法和法律，自觉地坚持在宪法和法律的范围内活动，就不仅成为党的组织和党员必须履行的义务，而且也是全国人民对党的组织和党员的要求。新宪法中关于"任何组织或者个人都不得有超越宪法和法律的特权"的规定，正是这种要求的制度化、法律化的体现。如果某个党组织或党员的活动，凌驾于国家之上，超越于宪法和法律之外，那么，这种活动就不仅破坏了党的章程，违背了工人阶级和全国人民的根本利益和意志，而且也是为国家的宪法和法律所绝对不能容许的。

中华人民共和国成立后，我国曾颁布过四部宪法。其中 1954 年宪法和 1978 年宪法只规定了国家机关工作人员和公民必须遵守

---

① 《马克思恩格斯选集》第 2 卷，第 136 页。

② 同上书，第 137 页。

宪法和法律，没有谈到政党；1975年宪法只规定公民必须服从宪法和法律，对国家机关工作人员和政党等社会组织的守法问题，都没有谈到。新宪法不仅规定了公民和一切国家机关有遵守宪法和法律的义务，同时还规定了各政党也必须遵守宪法和法律，以宪法为根本的活动准则。这在我们国家的宪法史上，还是第一次。

党的十一届三中全会以来，在党中央的正确领导下，我国扭转了立法工作长期停顿的局面，制定了一系列重要的法律。这些法律是实现新时期的总任务和建设高度文明、高度民主的社会主义国家的重要保障，是我们国家发展社会主义民主、健全社会主义法制的重要标志。同时，也为党在宪法和法律范围内的活动提供了根本的依据。我们每一个党组织，都必须做到在宪法和法律的范围内活动，并教育党员要努力学习和掌握宪法和法律，不断增强社会主义法制观念，提高守法的自觉性，做遵纪守法的模范，切实保障"党必须在宪法和法律的范围内活动"这一重要原则得到真正的贯彻执行。

三　干部和党员要做守法的模范

我国的宪法和法律，是工人阶级和广大人民意志的体现，在许多根本问题上，明确地规定了什么是合法的，或者是法定必须执行的，又规定了什么是非法地，必须禁止的。这些规定，都是以全国人民的根本利益为依据的。因此，我国的宪法和法律，得到广大人民群众的热烈拥护，绝大多数人是能够自觉地守法的。

但是，我们也要看到，宪法和法律的规定并不会自然而然地得到实现，违法的现象还是会不断地产生的。这是因为：一方面，我国是一个长期受封建专制主义统治的国家，缺少民主和法制的传统。封建主义的思想在我国根深蒂固，许多人受到了封建思想意识的严重侵蚀。这种封建的思想意识，同社会主义民主和法制是格格不入的。我国新民主主义革命的胜利，推翻了帝国主义、封建主义、官僚资本主义的统治，建立了人民民主专政的中华人民共和国，颁布了许多法律，并在 1954 年颁布了第一部宪法。但是，社会主义民主和法制的建设需要进行长期的、大量的工作，宪法和法律的规定由条文变成现实，也需要经过相当长的一个过程，有时甚至还要经历一段曲折的道路。新宪法规定："任何组织或者个人都不得有超越宪法和法律的特权。"这是十分正确的。然而事情并不是一帆风顺的，有一些居于领导岗位的人，往往习惯于家长式的领导方式，不习惯于社会主义民主，特别不习惯于用法律把民主制度化，不习惯于依据宪法和法律来行使民主权利和履行义务。有的人受了资本主义思想的影响，醉心于资产阶级自由化，他们误以为要发扬民主，就可以为所欲为，不受宪法和法律的任何约束。有的人只想享受权利，不肯履行义务。这些人既分不清社会主义民主和法制同资本主义民主和法制的区别，也分不清社会主义民主和法制同封建专制及其法制的区别，当然就不可能很好地守法。

另一方面，在我国，虽然剥削阶级作为阶级已经消灭，但是，阶级斗争还将在一定范围内长期存在，并且在某种条件下还有可能激化。现在，还有形形色色的敌对分子从经济上、政治上、思想文化上、社会生活上进行蓄意破坏和推翻社会主义制度的活动。这些人将采用各种卑劣的手段，破坏宪法和法律的实施，这是阶级斗争的必然规律。我们必须作好长期斗争的精神准备，坚持人民民主专政国家的专政职能，坚持用法律手段同他们斗争，强迫他们遵守宪法和法律。当他们破坏宪法和法律的时候，要依法予以惩办和改造。新宪法规定："国家维护社会秩序，镇压叛国和其他反革命的活动，制裁危害社会治安、破坏社会主义经济和其他犯罪的活动，惩办和改造犯罪分子。"这一规定，是从我国实际情况出发的，是非常必要的。

由于以上的原因，在法律公布以后，违反法律规定的现象并不会就此而自行消灭，因此，我们必须同违反法律的现象做有力的斗争。

党的十二大通过的中国共产党章程，把自觉遵守国家的法律作为党员必须履行的义务。十二大报告指出："从中央到基层，一切党组织和党员的活动都不能同国家的宪法和法律相抵触。"这就是说，一切党组织和党员都必须遵守宪法和法律，不能有任何例外。中国共产党不是自外于人民的特殊组织，而是人民的一部分。党章规定："党除了工人阶级和最广大人民群众的利益，没有自己的特殊的利益。"共产党员不是自外于人民的特殊分子，而是劳动人民普通的一员。党章规定："除了制度和政策规定范围内的个人利益和工作职权以外，所有共产党员都不得谋求任何私利和特权。"一切党组织，都必须同其他政党和社会团体一样，在宪法和法律的范围内活动。一切党员，都必须遵守宪法和法律，同任何公民一样，在法律面前一律平等，不得有超越宪法和法律的特权。我国的宪法和法律是人民的意志和党的主张的体现。党员守法，同党章中所规定的"党员个人服从党的组织，少数服从多数，下级组织服从上级组织，全党各个组织和全体党员服从党的全国代表大会和中央委员会"是完全一致的。党员守法，就是同党中央在政治上保持一致的一个重要方面；党员违法，就是背离党中央的路线、方针、政策。

中国共产党是中国工人阶级的先锋队，是中国各族人民利益的忠实代表，是中国社会主义事业的领导核心，共产党员是工人阶级的有共产主义觉悟的先锋战士。因此，各级党组织和广大党员，应该带头遵守宪法和法律，自觉地起先锋模范作用。尤其是党员干部，作为党的事业的骨干，更应该模范地履行党员的各项义务，严格地遵守宪法和法律。实践表明，哪个地方的党员尤其是党员干部能够带头遵守宪法和法律，起先锋模范作用，那个地方的工作就搞得比较好，社会上的违法现象就比较少；相反，哪个地方的党员，尤其是党员干部本身行为不正，违反宪法和法律的规定，甚至蜕化变质，堕落成为犯罪分子，那个地方的工作就搞不好，社会上的违法犯罪现象就比较严重。因此，教育和监督党员尤其是党员干部模范地遵守宪法和法律，是十分重要的。

有的党员以为，只要不做违反宪法和法律规定的事，就算已经遵守了宪法和法律。这种看法，是片面的，也是不正确的。遵守宪法和法律，决不能片面地从消极方面来理解。对于任何公民来说，光是不做违反宪法和法律规定的事，并不等于很好地遵守了宪法和法律。对于党员尤其是党员干部来说，这就更加不够了。遵守宪法和法律，必须从积极的方面来理解。这就是说，首先，党员应该竭尽自己的力量，模范地为实施宪法和法律的一切规定而斗争。新宪法不仅在序言中指出了今后国家的根本任务，规定了坚持中国共产党的领导、坚持马克思列宁主义毛泽东思想、坚持人民民主专政和坚持社会主义道路四项基本原则，而且在条文中对如何发扬社会主义民主、建设社会主义的物质文明和精神文明、切实保障公民的基本权利、实行国家体制的改革等重大问题，作出了一系列具体的规定。要完成这些任务，除了依靠党在各方面的正确措施之外，还必须依靠党员尤其是党员干部在一切工作和社会生活中的先锋模范作用。为此，党员必须根据宪法和法律的规定，积极地开展工作，努力使宪法和法律的规定得到全面的实施。做不到这一点，就不是一个完全合格的共产党员。其次，共产党员应该勇于同一切违反宪法和法律的现象作坚决的斗争。有的党员以为，同违反宪法和法律的现象进行斗争，是国家机关的事，是政法部门的事。这种看法，也是片面的、不正确的。要保证宪法和法律的实施，单靠国家机关、政法部门是不够的，必须人人动员起来，同一切违反宪法和法律的现象进行斗争。共产党员如果听任违反宪法和法律的现象发生，熟视无睹，袖手旁观，不敢挺身而出，不能坚决加以制止，这不仅不符合共产主义道德的要求，丧失了一个共产党员应有的品质，而且也是同遵守宪法和法律的精神背道而驰的。

有的党员认为，党员违反了法律，只受党的纪律处分就够了，可以不受法律处分。这种看法，是非常有害的。党章要求党员遵守党的纪律，也要求党员遵守国家的法律，这两者是一致的。坚决维护党的纪律和国家的法律，是党的每个组织的重要责任。每个党员，都必须自觉地接受党的纪律和国家的法律的约束。党组织对违反党的纪律的党员，应当本着惩前毖后、治病救人的精神，按照错误的性质和情节的轻重，给以批评教育直至纪律处分。同时，违反政纪国法的党员，必须受到行政机关或司法机关依据政纪或法律的处理。严重触犯刑律的党员，必须开除党籍，并受法律制裁。只有这样，才能维护党的纪律的严肃性，才能使党组织有坚强的战斗力。党员违反了法律，也就同时违反了党的纪律，当然应当给予应有的纪律处分。但是，决不能以党的纪律处分代替政纪或法律的处理。否则，就是在实际上纵容和包庇那些违法犯罪分子。公民在法律面前一律平等，任何公民违反了法律，都不能超越于法律之外而不受到处理。对于违法犯罪的党员，必须既给予党的纪律处分，又由行政机关或司法机关依据政纪或法律进行处理。只有这样，才能维护社会主义法制应有的权威。

要使党员模范地遵守宪法和法律，就要在党员中尤其要在党的各级干部中广泛地、深入地进行宪法和法律的宣传教育，使广大党员和干部掌握宪法和法律的基本知识。目前，有些党员和干部的宪法和法律知识，还是比较贫乏的，甚至根本不懂宪法和法律的党员和干部，也是不乏其人的。这些同志，当然不能做到严格地遵守宪法和法律，更说不上起应有的先锋模范作用。只有知法，才能自觉地守法。如果根本不知道宪法和法律的内容，就不可能自觉地依据宪法和法律办事，维护宪法和法律的尊严。因此，需要把宪法和法律教育作为党的宣传教育的一个重要内容。各级党委除了保证本单位的干部尤其是领导干部学好宪法和法律以外，还要加强在广大群众中进行宪法和法律的宣传教育，普及宪法和法律知识。一切党员和党的干部，都必须做守法的模范，同全国人民一起，为把我国建设成为高度文明、高度民主的社会主义国家而斗争。

（1984 年）

各项制度的改革与立法工作

十一届三中全会以来，我国在许多具体制度方面，进行了一系列的重要改革。这些改革所取得的巨大成就，正在越来越充分地显示出来。社会主义制度是我国的根本制度，它由比较不完善到比较完善，是一个长期的历史过程。我国各项制度的改革，不是改变社会主义这个根本的制度，而是改革那些不够健全的具体制度和组织形式，从而使社会主义制度更加完善，加速现代化建设事业的发展。

为了从法律上保证各项制度的改革所取得的巨大成就，必须加强立法工作，制定一系列的法律和法规，使各项制度的改革的成果在立法上规定下来，成为以国家强制力保证执行的、人人必须严格遵守的制度。各项具体制度的改革和新制度的建立，只有有了法律的保障，才能扎扎实实地巩固下来。新建立的制度如果不加以法律化，就缺少必要的权威性和稳定性，就有可能发生动摇，甚至已经取得的成就也有得而复失的危险。

各项制度的改革是一项艰巨的长期的任务，而国家政治制度的改革，又是实现这一任务的带关键性的问题。新宪法在建设高度的社会主义民主、实行国家政治制度的改革方面，认真地总结了过去的经验，作出了许多重要的规定。实行这些规定，可以使全国人民更好地行使国家权力，使国家机关更有效地领导和组织社会主义建设事业，使各个国家机关更好地分工合作和互相配合。这对于建设高度的社会主义民主，实现我国人民在新的历史时期的根本任务，保证社会主义现代化建设的顺利进行，有着重大的作用。

随着社会主义现代化建设事业的发展，随着各项具体制度改革的进行，尤其是经济制度改革的进行，立法工作迫切需要加强，特别是经济立法工作更需要大力加强。但是，我国在立法工作的许多具体制度方面，还不够完善。立法制度也需要改革，才能适应加强社会主义法制的需要，才能更好地用法律形式把各项制度改革的成果固定下来。

立法工作的具体制度的改革，包括许多复杂的问题。本文仅就加强立法预测和立法规划、健全立法程序以及改进立法技术三个方面，谈一谈自己的意见。

一　加强立法预测和立法规划

近几年来，我国在立法工作方面所取得的成就是十分显著的。但是，我国还没有进行科学的立法预测，缺少全面的立法规划。因此，有些需要用法律来调整的领域，无法可依的现象仍然存在。同时，在各项法规之间，也缺少协调和平衡。而且，随着各项制度改革的进行，过去颁布的法规，有的已经过时，但仍在沿用，没有及时地予以整理、修订或废除。现行的法规中，也存在着互相矛盾、互不衔接的现象。要消除法律的自相矛盾之处，一条重要的途径是对立法进行预测和规划。只有研究和分析政治和社会经济发展的需要，预测社会发展的趋势和对立法工作提出的要求，才能加强对立法工作的组织和指导，从而做到全面规划，统筹安排，明确重点，集中力量，有计划、有步骤地制定各种法律，并使它们避免互相矛盾和互不衔接的现象。

同一切事物一样，立法也有其发展的规律，根据这种发展规律，可以预见它的未来和发展趋势。立法预测是政治和社会经济预测的一个重要的组成部分。立法活动必须根据立法的现状及其未来状况和发展趋势来进行，才能选择最佳的完善立法的方案，因此，必须把立法预测看成是立法活动的一个重要的前提。

近年来，许多国家在立法活动的过程中加强了预测。实践表明，这是很有必要的。我们建议，立法预测工作可由全国人民代表大会法律委员会负责，并广泛吸引各界人士特别是法学界的人士参加这一工作。立法预测的主管机关应规定立法预测的任务，其中包括确定预测的对象、预测的时期、预测的方法和形式、完成预测工作的期限等。

立法规划工作是同立法预测工作紧密地联系在一起的，并且是依靠立法预测而进行的。科学的管理工作的特点之一，是加强管理的计划性。在实施一项措施以前，需要预先拟定它的具体内容和实施的步骤。由于法律所调整的许多领域（当然不是一切领域）都有一定的计划，因此，立法也要有计划地进行。只有这样，才能充分发挥法律在制度改革中对于管理经济和社会生活各个领域的重大作用。

从 60 年代后期开始，许多国家在立法工作中越来越普遍地实行计划原则。在我国，立法规划工作刚刚开始。1982 年，国务院经济法规研究中心根据各方面提出的建议，草拟了《1982—1986年经济立法规划（草案）》，经国务院和全国人大常委法制委员会原则批准，转发给各有关部门及各省、自治区、直辖市人民政府参照执行。许多地方也制定了本地区的经济立法规划，例如，上海市人民政府办公厅已拟定了《上海市 1983—1985 年经济行政立法规划设想》的草案，湖北省也准备拟定一个立法方面的规划。但是，这些规划都是局部的规划。我们认为，立法规划不应局限于经济立法，而应是一个包括各个部门法在内的全面规划。立法规划的期限，最好与国家的国民经济和社会发展计划相一致，并在此基础上制定年度的立法计划。如果把立法规划公之于众，由公民进行全面的讨论，提出各种意见和建议，这将有助于促进立法过程的民主化，并提高法律在巩固制度改革的成果中的作用。

二　健全立法程序

立法程序是指国家机关在制定、废除或修改法律方面的活动程序。随着各项制度的改革，不少法律需要制定、废除或修改。为了使立法活动有条不紊和提高效率，立法工作应该严格依照法律规定的程序进行。

有的人把立法前的调查研究和起草草案的工作看做立法程序的一个阶段。这种看法表面上似乎有理，实际上它不适当地扩大了立法程序的概念，这是不妥的。

我们认为，立法程序的第一个阶段是提出法律草案，即被授予专门权限的机构和人员向立法机关提出法律草案，使法律草案列入议事日程，成为立法机关讨论的对象。立法机关对列入议事日程的法律草案有讨论的义务，讨论的结果或者是积极的通过，或者是消极的否决，两者必居其一。

长期以来，我国法律中对立法提案权的归属问题一直不太明确。1954 年和 1982 年的全国人民代表大会组织法仅规定哪些机关和人员有提出"议案"的权利。"议案"一词的涵义较广，并不专指法律案，但应包括法律案在内，这是没有疑问的。我们认为，由于法律案内容复杂，性质重要，不同于一般的议案，因此，宜明确把法律案同一般的议案分出来。此外，尚需设立一定的机构，以协助有立法提案权的机构和人员起草法律草案。

立法程序的第二个阶段是讨论法律草案，即在立法机关中对列入议事日程的法律草案进行正式的审议和展开辩论。同时，讨论法律草案还包括立法机关有组织有领导地在公民中举行的对重要的法律草案的讨论，在讨论中对法律草案提出的意见，由立法机关收集汇总，并在立法机关对法律草案进行审议时予以考虑。

各项制度的改革是国家政治生活、经济生活和文化生活中的大事，尤其是以法律形式把改革的成果固定下来，更必须集思广益，慎重对待。为此，必须充分发挥人民代表和广大群众在讨论和审议法律草案中的作用。在我国的立法实践中，由于全国人民代表大会会期较短，而需要讨论的法律草案又往往较多，因此，有时对法律草案的讨论似嫌过于仓促。今后似可规定，法律草案列入议事日程后，必须经过一定日期，才能交付表决，以便代表有一定时间对法律草案进行研究分析，并收集群众的意见。同时，重要的法律草案必须经过公民讨论，应在法律上规定下来，成为一项制度，并宜规定公民讨论法律草案的具体方法和步骤。

全国人大的各个专门委员会，特别是法律委员会，在审议法律草案中有十分重要的作用。今后，宜及时总结专门委员会工作的方法和步骤，形成制度，搞好法律草案的审议工作。

立法程序的第三个阶段是通过法律，即立法机关对法律草案表示正式同意。从此，法律草案便成为法律。

我国宪法仅规定修改宪法以及通过法律和其他议案的法定人数。这一规定虽然是很有必要的，但还是不够的。在我国的立法实践中，法律草案的表决，是就整个草案进行的。如果考虑到有许多法律的篇幅较长，则可以采取三种表决的方法：一、对法律草案逐条进行表决；二、按章或按节进行表决；三、就整个法律草案进行表决。这样，可以使法律草案的通过更加慎重，并更能反映代表和广大群众的意见。

在我国的立法实践中，有一种"原则通过"（或"原则批准"）和"试行"（或暂行）的做法。这是一个值得研究的问题。法律的要求，本来应该是明确的、具体的，不能含混不清或模棱两可。否则不仅会引起理解上的分歧，而且在执行中也会产生许多困难。对法律的理解和执行，固然不能脱离整个法律的基本精神而死抠条文，但是也不能单靠"原则通过"的基本精神而不考虑具体条文。法律采取"原则通过"的方式，容易使人理解为，该项法律的基本精神在原则上是应该遵循的，而某些具体的条文则不一定非执行不可，可以灵活运用。这样势必影响该项法律的效力，不能形成应有的权威。

法律采取"试行"（或"暂行"）的方式，本来不是一种长久之计。"试行"的法律并不是正式的法律，它应限于一定的时期，然后再由立法机关通过，成为正式的法律。但是，我国有的法规长期试行，始终未正式通过。这种做法，使法律的权威性和稳定性受到很大的削弱，今后似宜避免。如确有必要，宜在该项法律中明文规定试行的期限（如一年、二年），不应长期试行，以维护法律应有的严肃性。

立法程序的第四个阶段是公布法律，即立法机关在法定的专门刊物上对立法机关通过的法律予以正式的公布。

法律的公布与法律的实施有着密切的关系。凡是未经公布的法律，都不能认为已经发生法律效力。但是，法律公布的时间与法律实施的时间并不一定完全一致。法律自公布后，传布到边远地区尚需一定的时间，而且实施一项新的法律需要做许多具体的准备工作。因此，似宜规定，如果法律本身没有规定其生效的期限，则应在公布以后一定的期限（如若干天或一个月）内生效。

我国宪法和全国人民代表大会组织法对立法程序的规定比较简单，现在看来，有必要制定立法程序法，建立严格的立法程序，以利于立法工作的顺利进行。

三 改进立法技术

立法技术是在立法工作的实践过程中形成的方法和技巧的总和，它包括关于法律的内部和外部结构的形式、法律的修改和废止的方法、法律的文体和术语、法律的系统化等许多方面的规划。这些规则并不是没有任何政治内容的单纯的形式上的规则，它们与法律本身的内容有着密切的联系。

在立法时，首先要考虑的当然是立法政策，以便根据当前各项制度改革的情况，在法律上规定一整套措施和办法，来实现政治上、经济上和文化上的各种改革。但是，法律能否充分反映预定的立法政策，在很大的程度上取决于立法技术。因此，在起草法律草案时充分利用立法技术，是使法律草案得以完善的一条必经的途径。法律草案准备得越是周密细致，立法技术的各项要求完成得越是认真，就越能使立法政策在法律草案中得到正确的反映，并便于法律的贯彻执行。在起草法律草案时，如果法律术语表达得不妥当，立法技术上发生错误和遗漏，就会引起各种疑问和争论，以致不得不作出必要的补充解释。起草法律草案的人员，必须具备丰富的经验和渊博的知识，这种知识不仅包括一般的法律知识和法律草案所涉及的内容的专门知识，而且还必须包括立法技术知识。

由于法律草案往往是由各种不同的机构和人员分别起草的，因此，就一个国家来说，需要制定一个起草法律文件的共同规划，以改进法律草案的文字表达形式，防止起草法律草案的机构和人员自行其是而造成的法律草案五花八门、互不协调的局面。罗马尼亚于 1976 年制定了《规范性文件草案的制定和系统化的立法技术总方法》，包括七章，分为一百一十一条。他们的经验值得我们借鉴和参考。

每一件法律草案都包含两个重要的组成部分，一个组成部分是立法政策，另一个组成部分是立法技术。这两者互相联系，密不可分。立法政策决定法律草案的内容，立法技术决定法律草案的文字表达形式，从而可以影响到立法政策的制定和贯彻。在有些国家里，立法政策的审议和抉择由立法机关经过一定的立法程序作出决定，至于立法技术是否妥善，应由法律草案的提案人负责。

总之，各项制度的改革，需要加强立法工作，从法律上把制度改革的成果固定下来，与此同时，立法制度本身也要进行必要的改革，才能适应各项制度的改革对立法工作所提出的要求，并促进各项制度改革的进行，顺利地推动现代化建设事业的发展。

（1983 年）

政治体制改革与社会主义民主政治

江泽民同志在党的十五大的报告中指出："当前和今后一段时间，政治体制改革的主要任务是：发展民主，加强法制，实行政企分开、精简机构，完善民主监督制度，维护安定团结。"

同经济体制改革一样，政治体制改革也是我国社会主义改革的一个重要的组成部分，是一个有关国家前途和命运的根本问题。有的国家在这个问题上发生重大失误，不得不咽下他们自己酿成的苦酒，这是一个值得注意的严重教训。这些国家的情况同我国相比，形成了鲜明的对照，更显得邓小平同志对政治体制改革的论述，是多么英明和精辟，这些论述是我国政治体制改革的指导方针，为我国政治体制改革指明了正确的方向，值得理论工作者进行全面和深入的研究。

一　政治体制改革的必要性和必然性

十一届三中全会以来，邓小平同志多次强调政治体制改革的必要性。早在 1980 年 8 月 18 日《党和国家领导制度的改革》的文章中，邓小平同志就指出："为了适应社会主义现代化建设的需要，为了兴利除弊，党和国家的领导制度以及其他制度，需要改革的很多。"在《邓小平文选》第3卷中，他对政治体制改革的必要性又作了进一步的阐述。

我们国内正在进行的改革是全面的改革，既包括经济体制改革，也包括政治体制改革，还包括相应的其他各个领域的改革，如科技体制改革、教育体制改革，等等。所有的改革最终能不能成功，还是决定于政治体制的改革。因此，应该把政治体制改革作为改革向前推进的一个标志。

现在我们的经济体制改革进行得基本顺利，但是随着改革的发展，不可避免地会遇到障碍。现在经济体制改革每前进一步，都深深感到政治体制改革的必要性。不改革政治体制，就不能保障经济体制改革的成果，不能使经济体制改革继续前进，就会阻碍生产力的发展，阻碍四个现代化的实现。由此可见，政治体制改革是十分必要的。

政治体制改革不仅有其必要性，而且有其必然性。

首先，社会主义经济发展的一般规律决定着政治体制改革的必然性。

可以说，在任何社会主义国家的革命和建议过程中，都要经历由计划经济向市场经济体制改革的过程，因为社会主义经济都要经历创建阶段和发展阶段。这种经济体制的转变和改革顺利与否，直接关系到国家经济发展的速度和水平。

经济决定政治，社会主义国家的经济体制既然都要经历由计划经济到市场经济的改革过程，由此决定，社会主义政治体制也必然要进行改革，从以计划经济为基础的政治体制改革转为以市场经济为基础的政治体制。

其次，社会主义政治发展的一般规律决定着政治体制改革的必然性。

由于社会主义革命在政治上要推翻剥削阶级的统治，建立工人阶级和广大劳动人民的政权，因此，在革命的开始阶段就会遭到剥削阶级的强烈反对和武装镇压。这样，在无产阶级推翻反动统治的革命过程中，武装斗争始终是首要问题，战争的残酷性要求无产阶级政党必须建立党、政、军合一的高度集中的政治体制，才能领导革命从胜利走向胜利。

在夺取政权之后，新的社会主义国家建立之初，由于国内外的阶级敌人还会以十倍的疯狂、百倍的努力，向新的政权反扑，企图把新生的社会主义国家扼杀在摇篮中，这时，还必须沿用行之有效的党、政、军合一的高度集中的政治体制，直到政权十分稳固之后，才能逐步地下放权力。

因此，社会主义政治体制在夺取政权和巩固政权时期，必须是高度集中的。到以巩固和发展稳定的社会主义政治环境为主要任务时，就应把高度集中的体制改变为新的政治体制。所以，任何社会主义国家都必然经历一个政治体制改革的过程。

最后，我国社会主义革命和建设的具体发展过程决定着政治体制改革的必然性。

社会主义革命发展的一般规律，决定我国政治体制改革是必然的。在我国社会主义革命和建设的具体实践中，从1956年开始，就应该进行政治体制改革，把革命战争时期形成的高度集中的政治体制，改革成为适应建设时期需要的新的政治体制。但是，遗憾的是，我们并未抓住这一历史契机，并没有进行政治体制改革，没有完成政治体制从革命时期到建设时期的转变，反而一直沿用战争时期的高度集中的政治体制，使权力更加集中，以至后来产生了"文化大革命"。

也就是说，在我国社会主义革命和建设的过程中，没有实现政治体制从战争时期到建设时期政党转换。当然，造成这一结果的原因是多方面的。到 1978 年党的十一届三中全会之前，我国的经济体制和政治体制已经到了非改不可的程度。党的十一届三中全会举起了改革的旗帜，领导了早在 20 年前就应该进行的体制改革。

二　我国政治体制改革的准备

我国政治体制改革虽然是必要的和必然的，但并不是无条件的。认为我国政治体制改革可以随意进行的观点是错误的，因此，必须深入探索我国政治体制改革的必要准备。

首先，我国政治体制改革的经济准备。在体制改革中，经济体制改革是先行者，政治体制改革是适应经济体制改革的发展需要进行的。因此，政治体制改革以经济体制改革为前提条件。在社会结构中，经济是基础，政治是上层建筑，经济决定政治，政治反映经济的需要，为经济服务。在改革中，也要遵循这一规律。也就是说，政治体制改革的要求是从经济体制改革中提出来的，政治体制改革成功与否的惟一标准，是看能否推动生产力的发展。因而，虽然政治体制改革的任务十分紧迫，但不能操之过急，不能走在经济体制改革之前。必须用经济体制改革的成果去推动政治体制改革。如果在经济体制改革所创造的条件还不成熟的情况下，就强硬地自上而下地进行政治体制改革，势必受到挫折。

其次，我国政治体制改革的理论准备。治国活动既有很强的政治性，又有很强的科学性。政治体制改革是重要的治国内容，也把政治性和科学性合于一体。改革的政治性反映了治国活动的阶级性，改革的科学性反映了治国的水平。政治体制改革的阶级性，要求政治体制改革一定要坚持社会主义方向，为工人阶级和广大劳动人民的利益服务。政治体制改革的科学性，要求结合我国实际深入研究各种政治现象，探索一些规律性的认识，建立科学的政治结构。目前，当务之急是加强政治体制改革的科学性，为政治体制改革做好充分的理论准备。要做到这一点，需要从两方面进行努力。第一，在政策上要创造一种宽松的理论研究环境，允许和鼓励广大理论工作者探讨政治现象。这是加强政治体制改革理论研究的前提条件。政治现象除有其阶级性一面，也有其客观性、科学性一面，因此，任何政治现象都是科学研究的对象，对于这一点，要有足够的认识。第二，理论工作者要深入研究各种政治现象，探索其规律性。由于政治现象有极强的阶级性，有些政治现象只利于某个阶级，所以，研究政治现象一定要注意结合中国的实际，避免空谈，又要防止生搬硬套。

最后，政治体制改革的文化准备。从文化角度看，主要是思想觉悟、心理素质和实际能力问题。广大国家干部思想觉悟水平和心理承受能力，是政治体制改革的重要文化条件。广大国家干部既是改革的领导者，又是改革的对象，如果干部不从传统的保守意识转变为现代的改革意识，那么，政治体制改革就无法进行。同样，公民的改革意识也是不可缺少的。公民不仅要积极地投身到改革的热潮中去，做改革的促进派，而且要有很高的改革能力，才能推动政治体制改革顺利进行。

三 政治体制改革的阶段

政治体制改革十分必要，但并不容易，不是一年两年的事情。它比农村经济体制改革和城市经济体制改革更复杂，邓小平同志曾设想有些方面用三至五年的时间可以见效，有些方面甚至要花十年左右的时间才能见效。虽然政治体制改革不容易，但非改不可。所以，政治体制改革要分步骤、有领导、有秩序地进行。要先从一两件事上着手，不能一下子大干，那样就乱了。国家这么大，情况太复杂，改革不容易，因此决策一定要慎重，看到成功的可能性较大以后再下决心。

这就是说，我们既要看到政治体制改革的必要性，也要看到政治体制改革的复杂性，既要下决心改革，也要慎重行事，既不能急于求成，也不能止步不前。正确的态度是一切从社会主义初级阶段的实际出发，根据这个实际来制订规则，循序前进。

政治体制改革是一项宏伟的科学工程，有其自身的发展规律。从科学角度看，在我国，政治体制改革的发展应该经历两个阶段：第一阶段是局部改革；第二阶段是整体改革。

（一）我国政治体制改革的第一阶段：局部改革

政治体制的局部改革是指在经济体制改革的过程中，与经济体制改革同步进行的、适应经济体制改革发展需要的政治改革。这是政治体制改革首先要经历的阶段。为什么称之为局部改革呢？因为这时的政治体制改革是根据经济体制改革的要求进行，以不阻碍经济体制改革的发展为标准。而经济体制改革并不是一下子就能完成的，也要经历由浅入深的逐渐发展过程。经济体制改革的新要求是依据实际情况而一部分、一部分地提出来的，凡是经济体制改革有新要求的地方，就及时进行改革。因此，这时的政治体制改革只能是局部改革。

有些同志基于善意的心理和极强的忧患意识，以及对不良政治现象的痛恨，认为要进行政治体制改革，就要大刀阔斧，恨不得一个早晨就改革完毕，彻底消灭不良政治现象。应该承认，这种动机是好的，但却不符合事物发展的规律。我们暂且不说经济决定政治、政治体制改革要后于经济体制改革这一方面，就是政治体制改革的自身，也要经历一个由局部到整体的发展过程。对国情的认识、对政治现象的认识、改革经验的积累，都要经历这一过程。所以，对于政治体制改革，既要有很高的革命热情，又要有严肃认真的科学态度。

作为政治体制改革第一阶段的局部改革有以下特点：（1）滞后性。即政治体制改革要跟在经济体制改革的后面，不能超越经济体制改革的发展阶段；（2）灵活性。这时的政治体制改革是根据经济体制改革的发展需要进行的，适应性很强；（3）见效快。这时的政治体制改革的结果马上能够在经济体制改革中起作用，得到证实、检验和丰富；（4）试验性。由于经济体制改革是摸着石头过河，决定了政治体制的局部改革也不能立即定论，而要在经济体制改革的经验成熟之后才能决定取与舍。

（二）我国政治体制改革的第二阶段：整体改革

政治体制的整体改革是指在经济体制改革完成之后，政治体制从宏观整体上进行全面的调整和改革。政治体制的局部改革是政治体制整体改革的必要准备，政治体制的整体改革是政治体制局部改革发展的必然趋势。只有局部改革，没有整体改革，政治体制在宏观上就会出现某些不协调；只有整体改革，没有局部改革，就不能为政治体制改革积累成熟的经验。因此，局部改革和整体改革是政治体制改革发展过程中的两个必经阶段。

但是，政治体制的局部改革与整体改革是有明显区别的。首先，局部改革是根据经济改革提出的新要求进行的，是被动的、滞后的，是在经济体制改革的推动下实现的。而整体改革是经济体制改革完成之后进行的，是主动的、超前的，是从政治体制自身的发展需要自觉进行的。其次，局部改革的途径是从经济到政治。而整体改革的途径是从政治到经济。最后，局部改革较为灵活，见效快，具有试验性，行不通就再改。而整体改革涉及全局，必须稳妥，没有充分的把握是不行的。

既然局部改革与整体改革是我国政治体制发展的两个必经阶段，那么，局部改革和整体改革划分的标准是什么，从什么时候开始政治体制的局部改革才能过渡到整体改革？这个标准就是社会主义市场经济体制的建立与完善。经济体制改革的目标是建立与完善社会主义市场经济体制，也就是说，市场经济的建立与完善，标志着我国经济体制改革的完成。在市场经济建立之前，我国的政治体制改革是处在第一阶段，即局部改革阶段；在市场经济体制建立之后，我国的政治体制改革则发展到第二阶段，即整体改革阶段，目标是建设有中国特色的社会主义民主政治。

四　政治体制改革的指导原则

一般讲政治体制改革都讲民主化，但是，民主化的含义在社会主义社会和资本主义社会各不相同，世界上没有抽象的民主。我们说，中国的政治体制改革要扩大民主，这是指社会主义民主，和资产阶级民主的概念不同。在有些人看来，只有照搬西方的一套，实行西方的民主，才算进行政治体制改革。否则就是不搞政治体制改革。这种说法完全不对。邓小平同志强调指出，我们的政治体制改革是有前提的，即必须坚持四项基本原则。因此，我们的改革不能搬用西方那一套所谓的民主，不能搬用他们的三权鼎立，不能搬用他们的资本主义制度，而要搞社会主义民主。我们改革的总目的，是要有利于巩固社会主义制度，有利于巩固党的领导，有利于在党的领导和社会主义制度下发展生产力。

中国正处在特别需要集中注意力发展经济的过程中。如果追求形式上的民主，结果是既实现不了民主，经济也得不到发展，只会出现国家混乱、人心涣散的局面。对这一点，我们有深切的体验，因为我们有"文化大革命"的经历，亲眼看到了它的恶果。中国人多，如果今天这个示威，明天那个示威，三百六十五天，天天会有示威游行，那么就根本谈不上搞经济建设了。我们是要发展社会主义民主，但匆匆忙忙地搞不行，搞西方那一套更不行。

坚持四项基本原则，是中国政治体制改革最根本的指导原则。把四项基本原则落实到实处就变成许多具体的指导原则，主要有下列原则。

（一）政治与科学相结合的原则

国家管理是政治行为与科学行为的结合。国家不同、统治阶级不同，政治与科学相结合的原则表现也不一样。一般说来，剥削阶级在治理国家时，其政治性与科学性总是矛盾的，因为一切剥削阶级都仅仅是历史上的过客，但每一剥削阶级都认为自己是永恒存在的，违背客观规律去推行自己的政治行为。只有工人阶级符合历史的发展方向，第一次将政治性与科学性统一了起来，只要如实地反映客观实际，就是贯彻了工人阶级的意志。

但是，这只是一种客观可能性，要把它变成现实性，还需经过统治阶级的主观努力。具体说来，在政治体制改革中坚持政治性与科学性相结合的原则，主要标准有：第一，政治行为的可能性。透明度要高，使全国人民都能够认识和了解。第二，政治行为的可行性。一切政治行为都要从中国实际出发，在实践中显示其强大的生命力。第三，政治行为的连贯性。不能朝令夕改，必须保持政策的连续性、政治的稳定性。如果政治行为符合这三个标准，就应视为符合科学性的原则，实现了政治性与科学性的统一。

（二）民主与效率相结合的原则

在国家管理中，一般说来，民主和效率是矛盾的。发扬民主，必然是多数人参政；民主程度越高，参政人数就越多，相对地说，效率也就越低。因此，既要提高民主程度，又要提高工作效率，是一项很艰巨的任务。

然而，在现代国家管理中，必须发扬民主，吸收多数人参政议政，以保证决策的科学性、准确性。在发扬民主中提高效率，最有效的方法是设计一套行之有效的民主程序，并用法律加以定型化，然后，按照法定的民主程序办事，就能提高效率。在这里，程序是重要的，没有程序的民主就不是民主，同样，没有科学程序的民主，也不是理想的民主。因此，在政治体制改革中，一定要在民主程序上下功夫，只有科学的程序，才能使民主与效率统一起来。

（三）分工与制约相结合的原则

政治权力的合理分工始终是政治体制改革的重要内容。权力分工的目的是克服权力专制、防止权力腐败，为此，必须设计有效的制约机制，使权力分工与权力制约结合起来。权力分工是防止政治权力在总体上的专制，权力制约是防止已经分开的各种权力闹独立性。权力制约是权力分工的保障。只有权力分工，没有权力制约，分开的政治权力还会各自独断专行，因此，权力制约十分重要。权力制约是各种权力之间的相互限制，既不破坏每种权力的独立性，又使各种权力处在相互联系中，形成通畅、稳定的权力网络。

权力分工和制约是防止权力专制的有效手段。但是，并不是任何形式的权力分工和制约都能够防止专制，只有科学合理的、符合本国实际情况的权力分工和制约才能有效地克服权力专制，防止权力腐败。政治体制改革的重要内容之一是设计科学合理的权力结构，使各种权力处在合理的分工与制约之中。

（四）法治原则

法治和人治是两种治国的方法。法治是指各种决策的最终来源是依法定程序作出的，人治是指决策的最终来源取决于个人意志。法治与人治都离不开人和法律，其根本区别不在于有无法律，而在于法律的地位。在法治状态下，法律高于一切，无论是国家的最高决策，还是权力的运行，都要按法律的规定行事。在人治状态下，虽然也有法律存在，但国家最高统治者是不受法律约束的，他凌驾于法律之上，国家的一切大事，都依他的个人意志为转移。这是一种非科学的、冒险的治国方法。在政治体制改革中，要从根本上杜绝人治方法，坚持法治原则，依法治国，使政治体制改革顺利进行。

（1999 年）

继续推进政治体制改革

江泽民同志在党的十五大的报告中指出："我国经济体制改革的深入和社会主义现代化建设跨越世纪的发展，要求我们在坚持四项基本原则的前提下，继续推进政治体制改革，进一步扩大社会主义民主，健全社会主义法制，依法治国，建设社会主义法治国家。"

在中国，进行政治体制改革与发展社会主义民主，是一个逐步积累的渐进过程。从 1978 年 12 月中国共产党第十一届中央委员会第三次会议以来，中国的政治体制改革已经取得了显著的成效，中国的社会主义民主也正一步一步地向前发展。

根据宪法的规定，中华人民共和国是工人阶级领导的、以工农联盟为基础的人民民主专政国家。在中国，一切权力属于人民。但是，十二亿人民不可能都来直接掌握和行使国家权力，而必须通过自己的代表组成国家机关。正如列宁所说："如果没有代议机构，那我们就很难想象什么民主，即使是无产阶级民主。"[①] 人民行使国家权力的机关是全国人民代表大会和地方各级人民代表大

---

① 《列宁选集》第 3 卷，第 211 页。

会。各级人民代表大会的代表都由民主选举产生，对人民负责，受人民监督。国家行政机关、审判机关、检察机关都由人民代表大会产生，对它负责，受它监督。这种按民主集中制原则组织起来的人民代表大会制度，是适合中国情况并且能够充分体现社会主义民主的政权组织形式。

就国家的性质而言，中国所实行的民主是新型的民主，是社会主义民主，是资本主义民主所不可比拟的。民主的原意是人民政权，也就是人民当家作主的意思。所以，民主问题首先是国家政权问题。正如列宁所说的："民主是一种国家形式，一种国家形态。"① 一切剥削阶级的民主，包括奴隶主民主、封建主民主和资产阶级民主，都是少数人的民主，是以维护剥削阶级私有制为基础的。资产阶级民主虽然比封建专制制度进步得多，但它是资产阶级当家作主的政权，也就是说，它仍然是少数人的民主。社会主义民主则是更高类型的民主，因为：第一，社会主义民主建立在生产资料公有制的基础上，是绝大多数人享有的民主。在中国，工人、农民、知识分子以及拥护社会主义的爱国者都是社会主义国家的主人，都享有民主权利，只有依法被剥夺政治权利的人除外。资产阶级民主则建立在生产资料资本家所有制的基础上，是少数人享有的民主。第二，社会主义民主是非常广泛的。在政治生活、经济生活、文化生活和社会生活的各个方面，人民能够当家作主。在资产阶级国家里，议员和官员往往脱离人民群众，成为高高在上的统治者，人民无法监督他们的活动。至于在经济生活方面，企业的所有权归资本家，人民根本不得过问。因此，资产阶级民主是很狭小的。第三，社会主义民主是有保障的民主。一种是法律上的保障。中国的宪法从根本上保障了国家的一切权

---

① 《列宁全集》第 3 卷，第 257 页。

力属于人民，选举法、民法、民事诉讼法、刑法、刑事诉讼法等其他法律，从各个方面保障了社会主义民主的实现。另一种是物质上的保障。在中国，人民对生产资料有各种不同形式的所有权和支配权，这是社会主义民主最根本的物质保障。在资本主义国家里，制定了许多法律，但都是为了保障资产阶级民主。而且，由于生产资料属于资产阶级私有，广大人民的民主权利不可能有真正的物质保障。

但是也要看到，就中国政权的组织形式而言，民主还很不够。社会主义民主建设是一个长期的过程，需要进行大量的工作。从国际范围来说，由于社会主义制度的历史比较短，还来不及很好地总结实行社会主义民主的经验。而在中国来说，更有其特殊的情况。中国是一个受封建统治很久的国家，长期以来缺少民主的传统。全国解放以后，在实行民主制度方面虽然也做了一些工作，但还很不够。在"文化大革命"中，社会主义民主一度受到践踏，自中国共产党十一届三中全会以来，社会主义民主才得到了恢复和发展。

中国的政治体制改革，不是改变社会主义民主这个根本制度，而是改变那些不够健全的具体的制度和组织形式，从而使社会主义民主制度更加完善。进行政治体制改革，就是要兴利除弊，建设有中国特色的社会主义民主政治。改革的长远目标是建立高度民主、法制完备、富有效率、充满活力的社会主义政治体制。这是需要长期努力才能实现的。改革的近期目标，是建立有利于提高效率、增强活力和调动各方面积极性的领导体制。

通过改革，使中国的社会主义民主政治一步步走向制度化、法律化，这是一项宏伟的事业，也是一项艰巨复杂的任务。中国共产党十一届三中全会以来，对政治体制进行了一系列的改革，包括改善党的领导、加强人民代表大会制度、提高政府的工作效率、取消实际上存在的领导职务终身制、改革干部人事制度、发挥地方政权的作用、加强社会主义法制建设等等。

一　改善党的领导

中国共产党是中国社会主义事业的领导核心。只有改善党的领导制度、领导方式和领导作风，才能加强党的领导作用。党领导人民制定了宪法和法律，党应当在宪法和法律的范围内活动。党领导人民建立了国家政权、群众团体和各种经济文化组织，党应当保证政权组织充分发挥职能，应当充分尊重而不是包办群众团体以及企事业单位的工作。

十一届三中全会以来，在改善党的领导方面作了很大的努力。为了适应党的领导方式和活动方式的转变，对党的组织形式和工作机构进行了调整。各级党委不再设立不在政府任职但又分管政府工作的专职书记、常委。党委办事机构少而精，与政府机构重叠对口的部门予以撤销，它们现在管理的行政事务则由政府有关部门办理。

党的十五大继续强调加强和改善党的领导。十五大修改后的党章在总纲中明确规定："党的领导主要是政治、思想和组织的领导。党要适应改革开放和社会主义现代化建设的要求，加强和改善党的领导。党必须集中精力领导经济建设，组织、协调各方面的力量，同心协力，围绕经济建设开展工作。党必须实行民主的科学的决策，制定和执行正确的路线、方针、政策，做好党的组织工作和宣传教育工作，发挥全体党员的先锋模范作用。党必须在宪法和法律的范围内活动。党必须保证国家的立法、司法、行政机关、经济、文化组织和人民团体积极主动、独立负责、协调一致地工作。党必须加强对工会、共产主义青年团、妇女联合会等群众组织的领导，充分发挥它们的作用。党必须适应形势的发展和情况的变化，不断改进领导方式和方法，提高领导水平。"

二　加强人民代表大会制度

人民代表大会制度是中国根本的政治制度。为了保证人民更好地行使国家权力，对加强人民代表大会制度作出了许多新的规定，主要是：

（1）扩大全国人大常委会的职权，将原来属于全国人大的一部分职权，包括一部分立法权，交由全国人大常委会行使。以前，全国人大常委会只能制定法令，不能制定法律。现在，全国人大和全国人大常委会都行使国家立法权。两者立法权限的划分是：全国人大修改宪法，制定和修改基本法律；除此之外的法律都由全国人大常委会制定和修改。在全国人大闭会期间，全国人大常委会可以对全国人大制定的法律进行部分的补充和修改，但不得同该法律的基本原则相抵触，全国人大有权改变或者撤销全国人大常委会不适当的决定。这一规定，弥补了全国人大由于代表人数多，不便于开会、不便于讨论问题的缺陷。全国人民代表大会代表有2900人，在举行会议时确有许多不便。但是，中国人口占全世界的首位，达12亿，有50多个少数民族，2000多个县级行政单位，代表人数不宜太少。现在，立法任务极为繁重，为了保证立法工作的顺利进行，不致延误时日，有必要扩大全国人大常委会的职权。全国人大常委会有委员150余人，有广泛的代表性，可以说是常务代表，经常开会比较方便。扩大全国人大常委会的职权，可以更好地发挥国家最高权力机关的作用。

（2）加强全国人大及其常委会的组织。全国人大设立民族委员会、法律委员会、内务司法委员会、财政经济委员会、教育科学文化卫生委员会、外事委员会、华侨委员会和其他需要设立的专门委员会。在全国人大闭会期间，各专门委员会受全国人大常委会的领导。各专门委员会在全国人大和全国人大常委会的领导下，研究、审议和拟订有关议案。专门委员会的设立，可以使得包括法律草案在内的各项议案得到更周密的研究和审议，从而提高其质量。

(3) 规定全国人大常委会委员不得担任国家行政机关、审判机关和检察机关的职务。这样，实际上将有相当数量的委员是专职的，这就可以使全国人大常委会委员中的多数人能专心致志地履行自己的职责。

三　提高政府的工作效率

中国的国务院即中央人民政府，是最高权力机关的执行机关，是最高国家行政机关。由于国务院在领导全国的行政工作和组织现代化建设中具有极其重要的作用，必须提高其行政工作效率，使之充分发挥其应有的作用。为此，对国务院的组成和领导体制进行了改革。现在，国务院实行总理负责制，总理领导国务院的工作，副总理、国务委员协助总理工作。国务院会议分为国务院全体会议和国务院常务会议两种，均由总理召集和主持。国务院全体会议由总理、副总理、国务委员、各部长、各委员会主任、审计长、秘书长组成。国务院常务会议由总理、副总理、国务委员、秘书长组成。国务院工作中的重大问题，必须经国务院常务会议或者国务院全体会议讨论决定。各部和各委员会实行部长、主任负责制。各部部长、各委员会主任负责本部门的工作，召集和主持部务会议或者委员会会议、委务会议。这样，一方面加重了总理对整个国务院工作的责任和各部部长、各委员会主任对本部、委工作的责任，赋予他们在自己的职责范围内集中处理行政事务的权力，另一方面，又可以发挥国务院会议的成员和各部、委组成人员的集体作用。

为了克服政府机构庞大臃肿的弊病，按照经济体制改革和政企分开的要求，合并裁减专业管理部门和综合部门内部的专业机构，使政府对企业由直接管理为主转变到间接管理为主。同时，适当加强决策咨询和调节、监督、审计、信息部门，转变综合部门的工作方式，提高政府对宏观经济活动的调节控制能力。为了提高行政工作的效率，层层建立行政责任制，加强对行政工作和行政人员的监察，依法追究一切行政人员的失职、渎职和其他违法违纪行为的责任。

四　取消实际上存在的领导职务终身制

中国宪法在许多条文中分别规定，国家主席、副主席，全国人民代表大会常务委员会委员长、副委员长，国务院总理、副总理、国务委员、最高人民法院院长，最高人民检察院检察长，连续任职不得超过两届，即十年。这些规定，就是取消实际上存在的领导职务终身制。

实践证明，代表机关和国家领导人的任期如果过短，就要频频不断地进行选举，除了费时费事之外，还会耽误工作。特别在中国这样幅员较大和人口众多的国家，更是不便。但是，任期如果过长，就等于实际上实行终身制。中国现在所规定的国家领导职务的任期，既总结了中国实践经验，适合国情，而且与各国的规定相比，也是比较适中的。

五　改革干部人事制度

为了提高政府工作的效率，必须对干部人事制度进行改革。中国的干部人事制度存在着一些重大的缺陷，主要是："国家干部"这个概念过于笼统，缺乏科学分类；管理权限过于集中，管人与管事脱节，管理方式陈旧单一，阻碍人才成长，管理制度不健全，用人缺乏法治。因此，干部人事工作长期面临两大问题：一是年轻优秀的人才难以脱颖而出，二是用人问题上的不正之风难以避免。进行干部人事制度的改革，就是要对"国家干部"进行合理的分解，改变集中统一管理的现状；建立科学的分类管理体制，改变用党政干部的单一模式管理所有人员的现状，形成各具特色的管理制度；改变缺乏民主法制的现状，实现干部人事的依法管理和公开监督。

当前干部人事制度改革的重点，是建立国家公务员制度，即制定法律和规章，对政府中行使国家行政权力、执行国家公务的人员，依法进行科学管理。准备进入公务员队伍的人，应当通过法定考试，公开竞争；他们的岗位职责有明确的规范，对他们的考核按法定的标准和程序进行，他们的升降奖惩应当以工作实绩为主要依据；他们的训练、工资、福利和退休的权利由法律保障。实行国家公务员制度，有利于加强和改善党对人事工作的领导，有利于造就德才兼备的政务活动家和行政管理家，有利于提高政府的工作效率和国家行政管理的稳定性。建立和完善这样的制度，需要相当长的过程。

在建立国家公务员制度的同时，还按照政企分开和管人与管事既紧密结合又合理制约的原则，对各类人员实行分类管理。主要有：党组织的领导人员和机关工作人员，由各级党委管理；国家权力机关、审判机关和检察机关的领导人员和工作人员，建立类似国家公务员的制度进行管理；群众团体的领导人员和工作人员、企事业单位的管理人员，原则上由所在组织或单位依照各自的章程或条例进行管理。

六 发挥地方政权的作用

为了充分发挥地方政权的积极性和主动性，加强了地方国家权力机关的建设。主要是：在县和县以上地方各级人民代表大会设立常务委员会；省、直辖市的人民代表大会和它的常务委员会有权制定地方性法规。这些规定，同样适用于民族自治地方。

中国幅员辽阔，人口众多，各个地方的政治、经济、文化情况也发展不平衡。人口最多的四川省，拥有人口达一亿；其余如河南、山东、江苏、广东、湖南、河北等省，人口均在五千万以上，相当于欧洲的一个大国。因此，充分发挥地方政权的作用，这是一个十分重要的问题。过去，立法权完全集中在中央。现在，省、直辖市的人民代表大会和他们的常务委员会，在不同宪法、法律、行政法规相抵触的前提下，可以制定地方性法规，报全国人民代表大会常务委员会备案。民族自治地方的人民代表大会有权依照当地民族的政治、经济和文化的特点，制定自治条例和单行条例。自治区的自治条例和单行条例，报全国人民代表大会常务委员会批准后生效。自治州、自治县的自治条例和单行条例，报省或者自治区的人民代表大会常务委员会批准后生效，并报全国人民代表大会常务委员会备案。这样，就大大地扩大了地方的权力，使各个地方可以根据本行政区域的具体情况和实际需要，制定地方性法规，规定自治条例和单行条例。由于地方各级人民代表大会的代表很多，接近群众，也就便于人民群众行使国家权力。同时，地方各级人民代表大会能充分地反映人民群众的意见和利益，可以因地制宜，结合地方的实际情况，在本行政区域内，保证宪法、法律和行政法规的遵守和执行。因此，充分发挥地方各级人民代表大会的作用，明确规定省一级的人民代表大会及其常务委员会有权制定地方性法规，有利于发挥地方的主动性和积极性，加速整个国家的建设。

七　加强社会主义法制建设

中国社会主义法制的基本要求，是有法可依，有法必依，执法必严，违法必究。这四个方面是一致的，是互相联系的，不可分割的。(1)加强社会主义法制首先要做到有法可依，为此就需要加强立法工作，制定法律和其他法规。十多年来，全国人民代表大会及其常务委员会先后制定一系列重要的法律，国务院制定了许多行政法规，省、自治区、直辖市人民代表大会及其常务委员会也制定了适合于本地区的地方性法规。这样，就形成了具有中国特色的社会主义法律体系。(2)加强社会主义法制必须做到有法必依。在法律制定以后，强调要坚定地予以实施。把法律当做一种行动的准则，而不是当做一种形式。(3)加强社会主义法制必须做到执法必严。只有严格地执行法律，才能维护社会主义法制的权威性，这是社会主义法制能不能取信于民的关键所在。这就要求国家机关的工作人员一定要严格地执行法律，模范地遵守法律，决不能知法犯法，失信于民。(4)加强社会主义法制必须做到违法必究。无论什么人，如果违反了法律，都必须受到追究，决不能敷衍了事。以上这四个方面完全做到了，社会主义法制就能加强。

中国的法制建设贯穿于经济体制改革和政治体制改革的全过程。凡是应兴应革的事情，都用法律或制度的形式加以明确。通过改革，使社会主义民主政治一步一步走向制度化、法律化，保证国家的长治久安。

除以上七个方面以外，中国还完善共产党领导的多党合作和政治协商制度，进一步发挥各民主党派和无党派爱国人士在国家政治生活中的作用，提高选举的民主程度，完善民族区域自治制度等等。这都是中国政治体制改革的重大方针和成果的反映。实行这些改革，是为了使全体人民更好地行使国家权力，使国家机关更有效地领导和组织社会主义建设事业，使各个国家机关更好地分工合作和互相配合。这对于发展社会主义民主，实现中国人民在新的历史时期的根本任务，保证社会主义现代化建设的顺利进行，有着重大的作用。

十五大在党的文献中，第一次提出要依法治国，建设社会主义法治国家。法治是和人治相对立的。人治是靠掌权者个人的意志来决定国家的大政方针，治理国家。法治则是靠体现统治阶级集体的意志和根本利益的法律来治理国家。在我国，法律是依靠人民群众集体的力量，集中集体的智慧，经过深思熟虑，并按照严格的程序制定出来的。任何人，包括立法者、司法者、老百姓、领导人毫无例外都要严格守法。如果有的法已经不再适应客观需要，可以按法定的程序加以修改，或加以废止，另以新法代替，但不能因领导人的改变而改变，不能因领导人看法和注意力的改变而改变。

党的十五大文献中，还第一次提出要尊重和保障人权。这说明了我们党对人权问题的重视，也表明尊重和保障人权是健全民主制度的重要环节，是推进政治体制改革中的重要问题。

　　十五大以后，各项工作都出现了新的局面。今后，我国将继续推进政治体制改革，进一步扩大社会主义民主，沿着有中国特色的社会主义道路继续向前迈进。

（1999 年）

加强反腐兴廉的法制建设

近年来，在我国出现的腐败现象，大有滋长蔓延之势，严重地损害着党和政府的形象和威信，远远超出了社会各阶层人们的心理承受能力，已经危及党和国家的命运和前途，关系到有中国特色社会主义事业的兴衰成败。江泽民同志在党的十五大的报告中强调指出："反对腐败是关系党和国家生死存亡的严重政治斗争。"如果我们掉以轻心，任其泛滥，就会葬送我们的党，葬送我们的人民政权，葬送我们的社会主义现代化大业。因此，我们必须坚持不懈地开展反腐败斗争，搞好廉政建设。

一　产生腐败的历史因素

腐败是以私有制为核心的剥削制度的孪生子。作为一种古老的现象，为什么会在社会主义的中国滋生蔓延呢？其原因有：

第一，旧社会的痕迹是滋生腐败现象的根本所在。我们的社会主义制度是在半封建半殖民地的废墟上建立起来的。在几千年漫长的封建社会里，做官与发财形成一个不可分割的统一体，长期的官僚政治，给做官的人、准备做官的人、乃至从官场退下来的人以种种政治上的特权和经济上的实惠，他们不论是"达则兼善天下"，抑或是"穷则独善其身"，始终把政治权力作为达到经济目的的手段。"一人得道，鸡犬升天"，"三年清知府，十万雪花银"，便是历代官僚以权谋私的真实写照。后来，代表大地主大资产阶级和帝国主义利益的国民党反动派的腐败现象比历代王朝有过之而无不及。

新中国建立之后，剥削阶级以权谋私、贪污腐败的恶习不可能随着剥削阶级的垮台而立即消失。在此影响下，便会产生腐败行为。不过在建国初期，由于革命战争年代的那种革命精神和传统的惯性作用，以及对整个社会的严格管理，剥削阶级的腐朽落后的思想难以大规模地蔓延。改革开放以后，解放思想冲破僵化观念束缚的同时，也搅起了沉淀于人们心理深处多年的腐朽落后的思想观念，这些旧社会的痕迹同开放后传播进来的腐朽思想和生活方式相结合，形成了以拜金主义、个人主义、享乐主义为特征的社会氛围，使相当数量的党员干部的思想受到侵害，进而导致腐败现象的滋生和蔓延。

第二，社会主义市场经济新秩序尚未建立，为腐败现象的滋生提供了可乘之机。社会主义市场经济在理论和实践上仍处于探索和试验之中，受各方面条件的限制，在短时期内很难建立健全的经济运行规则和秩序。在新体制还没有形成的过程中，法制不健全，改革不配套，市场调节机制不成熟，某些管理环节上呈现出空隙和混乱，这就给腐败行为造成了可乘之机。

第三，管理制度某些环节不完善也为腐败现象的滋生提供了机会。我国原有的一些管理制度本身存在着某些缺陷和弊端，但在过去的历史环境中，这些缺陷和弊端没有暴露出来。例如，在过去，我国实行干部委任制，由于当时的党风和社会风气比较正，广大干部党性观念比较强，因此，委任制下潜在的任人唯亲、拉帮结派、投机钻营等现象不易暴露出来。但是，在环境发生变化之后，尤其是某些地方的委任权实际上掌握在少数以权谋私者的手中时，就会出现一系列腐败现象。再如，在计划经济体制下，领导干部也对某些紧缺物资批条子，但当时只有一种价格，因而不至于出现腐败现象，而在价格双轨制的情况下，领导干部批的条子就为"官倒"现象的出现提供了可能。

第四，监督制约机制不健全，使腐败现象难以抑制。长期以来，我们对权力制约问题缺乏足够的重视，在权力体制上缺乏一个完善的权力制约机制。事实上，我们既无本体制约，也无异体制约。尽管有一些抽象的、笼统的规定，但终因没有可供操作的具体制度和程序，未形成一套行之有效的监督制度和防范措施，加之实行层层的干部委任制，使权力主体在更多的情况下对腐败分子无能为力。

第五，忽视思想教育工作，使腐败行为借机蔓延。近年来，在抓经济建设、发展社会主义市场经济的同时，忽视了思想教育工作。由于缺乏正确的导向，一些人的价值观念严重倾斜，一切向钱看，失去了抵制剥削阶级腐朽思想的能力，以致社会风气严重不正。在干部队伍中，也有一些人丧失为人民服务的基本立场，纪律松弛，阳奉阴违，营私舞弊，腐化堕落，为非作歹，甚至铤而走险。特别是当这些人掌握某些大权以后，更是兴风作浪，胆大妄为，使社会上的腐败现象有愈演愈烈之势。

第六，缺乏完备的廉政法律体系。不可否认，自从十一届三中全会以来，党中央、全国人大及其常委会、国务院制定了许多政策、法律、法规，在反腐败的斗争中发挥了一定的作用。这些政策、法律、法规，有的是一般的行为规范，主要有：禁止贪污、贿赂和谋取非法经济利益的行为；禁止公务员经商、办企业以及参与其他营利性经营活动的行为；禁止利用职权违法建私房；禁止铺张浪费、用公款大吃大喝、游山玩水、滥发钱物；禁止利用职权乱摊派、乱收款；禁止在外事活动中送礼、受礼以及滥派出国；禁止任人唯亲、搞关系网，实行回避，等等。有的由于是针对某些特定对象的行为规范，主要针对的对象除了高级领导干部之外，还有司法、税务、银行、工商行政管理、物资、计委、人事、铁路、新闻出版、海关、涉外人员，等等。这些政策、法律、法规，总数达一百多个。但是，从总体来看，我国的廉政法律体系不够完善，不能适应反腐败斗争形势发展的需要。这主要表现在：（1）缺乏强而有力的预防功能的法律，现行有关反腐兴廉的政策、法律、法规大都是应急性的措施，治标而非治本，用法律形式来规范国家机关及其工作人员的行为的法律体系还远远没有形成。（2）由于缺少整体性，各种政策、法律、法规不成龙配套，造成有法难依，使得有些政策、法律、法规形同虚设。（3）原则性规定较多，号召性规定较多，内容不具体、不明确，难以操作。（4）有不少暂行规定，给人们以不稳定的印象。（5）监督规则尚未健全，社会监督、行政机关内部监督、检察机关的监督等方面的立法也有待修改和补充。

二 健全反腐败的法律机制

我国腐败现象滋生和蔓延的原因是多方面的，反腐败斗争不是采取头痛医头、脚痛医脚的简单方法所能奏效的，在采取各种手段开展反腐兴廉的斗争中，加强法制建设尤为重要。

首先，反腐败斗争要取得效果，必须建立健全的权力制约机制，使权力在法律规定的职权范围内进行。在社会主义社会，人民群众是国家权力的主体，国家的一切权力属于人民，然而受政治、经济、文化发展水平的制约，他们还不可能直接、普遍地参加国家事务的管理，而只能由他们中的少数代表来行使管理国家的权力，这就使权力主体与权力行使者之间的分离具有相对的可能性。一旦权力的行使得不到监督、制约，被某些人用来谋取私利时，便会产生腐败现象。腐败现象的滋生和蔓延大都是与权力的失控、失监和滥用联系在一起的。因此，要使权力始终在法律规定的职权范围内运行。第一，应该在权力机关本体内部确立各权力机关之间权力行使的法律规范。集中于国家机关的公共权力在运行中是无空间、时间限制的，并且由于权力行使者的个人素质以及社会利益的多元性的特点，存在着一种异化的潜在的可能，这就要求权力机构之间形成一种制约关系。由于这种制约来源于权力主体对权力行使者的制约，其目的是为了防止公共权力异化，因此它不需要三权分立式的格局，代表机关不仅是最高立法机关，同时也是拥有最高监督权的机关。通过确立这种法律关系，就可以消除权力倾轧、权力角逐中产生的腐败，用法律规定各个国家机关的职权，明确其责任，也可以避免任何个人或组织凌驾和超脱于法律之上，滥用职权，谋取私利。在强化各级人民代表大会及其常委会的监督权的同时，要健全法律机制，解决监察系统体制不顺、运转不灵、责权不符的问题。还要健全执法人员管理的法律制度，形成一支人员素质优良、执法如山的队伍。第二，应该形成权力主体与权力行使者之间的制约机制。需要制定人民群众对公职人员的监督制度，使公职人员置于人民群众的监督之下，使人民群众能够对公职人员进行有效的决策、行为、品德监督。当前应尽快制定公民举报法，依法保护人民群众运用法律武器，行使检举和控告的权利，依照法律程序开展反腐败的斗争。

其次，反腐败斗争要取得效果，必须建立完善的廉政法律体系。在反腐败斗争中，必须及时制定各种专门法律，特别是建立一部统一的、全面的、综合的廉政法，用法律形式严格地规定腐败现象的衡量标准和尺度，以防腐败现象的合法化和公开化，同时也要防止反腐败斗争的主观性和随意性，彻底改变以言代法、以罚代刑、以行政处分和党纪处分代替刑事处罚的局面。在反对腐败、加强廉政建设的立法中应该坚持下列原则：第一，战略性原则。必须具有战略眼光，从长远目标出发，在法律规定方面要有防范性和导向性，避免法律规定仅仅是惩治眼前出现的腐败现象的权宜之计，改变一阵风的做法。第二，全方位原则。从全局出发，从目前的单行机制发展为总体机制，既要对公务员的职责权限、活动范围、行为准则、行为方法作出规定、将其行为规范化又要明确规定反腐败的途径和方法。既要有防范性的内容，又要有惩治性的规定。严密堵塞一切漏洞，使腐败现象无孔可入。第三，可行性原则。反腐兴廉的法律规定必须具有可行性和可操作性。因此，不但需要从宏观上加强有关的立法，要有原则性的规定，而且要从微观上把握廉政行为的各个环节，从我国现阶段经济、文化水平的实际出发，设定具体期望目标，将反腐败斗争合法活动的行为方式具体化，详细规定合法行为的依据。同时，法律条文必须详细、具体，便于操作。尽量避免由于条文过于抽象笼统而无法操作所造成的有法难依现象的产生。第四，相对稳定原则。反腐兴廉的法律规定应随客观形势的变化和发展而适时调整，同时也要保持其连续性。法律必须具有相对的稳定性，朝令夕改不仅难以发挥其应有的作用，而且会使一些腐败分子产生侥幸心理，导致法律失去权威性，成为徒有虚名的一纸空文。

最后，反腐败斗争要取得效果，必须健全有关市场经济的法律，形成完善的法律体系，运用法律手段，遏制权力经济。在推行某一经济措施时，必须提前或至少同时制定有关的法律规范，以防止有人钻法律不完备的空子。法律规定决不可滞后于经济措施，这方面的教训是不少的。

　　总之，只有将反腐兴廉纳入法制的轨道，才能有法可依、有章可循，做到反腐兴廉的经常化、规范化、程序化，达到预防和惩治腐败，保证清正廉洁，为社会主义现代化事业创造良好的社会环境。

（1999 年）

"一国两制"和中国统一

　　江泽民同志在十五大的报告中指出:"实现祖国完全统一,是海内外全体中国人的共同心愿。中国共产党人把完成祖国和平统一大业作为自己的历史重任,并为此进行了长期不懈的努力。邓小平'一国两制'的科学构想,有力地推动了祖国和平统一的进程。"比较研究海内外各方面提出的关于中国统一的方案,可以看出,中国共产党提出的"一国两制"兼顾了历史与现实,中国大陆与台、港、澳的状况等,因而具有科学性与可行性。本文拟对"一国两制"和其他中国统一的模式作一些评述。

一　"一国两制"是科学的构想

　　"一国两制"是一个国家两种制度的简称,它是中国共产党和中国政府为了解决台湾问题,恢复行使香港和澳门的主权,以和平方式实现祖国统一而制定的基本方针。这项基本方针的含义是:在统一的中华人民共和国内,以大陆的社会主义制度为主体,台湾、香港、澳门地区现行的资本主义的社会、经济制度和生活方式不变,并且在一个相当长的时期内保持这两种社会制度同时并存，共同进行和平建设。

"一国两制"的方针有利于中国的和平统一，也为用和平方式解决国际争端提供了范例。"一国两制"的科学构想是根据世界的现实、历史状况和中国的实际提出来的。

首先，"一国两制"的科学构想，是根据当今世界的现实提出来的。当今世界上，社会主义和资本主义两种制度同时存在，互相竞争，拥有一个共同的世界市场，缓和国际局势是大势所趋。这就为用和平方式解决台湾和港澳问题提供了有利的国际背景，为一个统一的国家内两种社会制度的共存和竞争提供了客观可能性。

其次，"一国两制"的科学构想，是在尊重过去的历史状况的条件下提出来的。台湾、香港、澳门自古以来是中国的领土，中国必须统一。但是，自 1949 年以来，大陆已建立了社会主义制度，而台湾、香港、澳门则实行资本主义制度。这种由历史条件造成的差异，是实现祖国和平统一进程中不可回避的事实。面对这种情况，必须找到一个能够照顾各方面利益的方案。这个方案就是"一国两制"的构想。

再次，"一国两制"的科学构想，又是依据中国现代化建设的客观实际提出来的。当前，国家的中心任务是进行现代化建设，提高经济的发展速度。妥善地解决台湾、香港、澳门问题，既有利于政治环境和经济环境的稳定，也有利于通过这几座特殊的桥梁，使中国走向世界的道路更加宽广，加快经济发展的速度。

"一国两制"的构想，是中国共产党十一届三中全会以后逐步形成的。全会公报指出，随着中美关系正常化，中国神圣领土台湾回到祖国怀抱、实现统一大业的前景，已经进一步摆在我们的面前。1979 年 1 月 1 日，中美两国正式建立外交关系。全国人大常委会同日发表《告台湾同胞书》，宣布了实现祖国和平统一的大政方针，指出在解决统一问题时，将"尊重台湾的现状和台湾各界人士的意见，采取合情合理的政案和办法，不使台湾人民蒙受损失"。同年 1 月 30 日，邓小平在访问美国时明确宣布，我们不再用"解放台湾"这个提法了。只要台湾归回祖国，我们将尊重那里的现实和现行制度。"一国两制"的构思，在这里已经十分明确了。

1981 年 9 月 30 日，全国人大常委会委员长叶剑英向新华社记者发表谈话，进一步阐明关于台湾回归祖国，实现和平统一的九条方针政策，宣布：国家实现统一后，台湾可作为特别行政区，享有高度的自治权，并可保留军队。中央政府不干预台湾地方事务。台湾当局和各界代表人士可担任全国性政治机构的领导职务，参与国家管理。台湾现行社会、经济制度不变，生活方式不变，同外国的经济、文化关系不变。私人财产、房屋、土地、企业所有权、合法继承权和外国投资不受侵犯等等。这就使"一国两制"的构想更加具体化。

1982 年的宪法明确规定，国家在必要时设立特别行政区，这就为在统一的中华人民共和国内实行两种制度提供了宪法依据。特别行政区制度是一项颇具中国特色的社会制度。特别行政区既是统一的中华人民共和国的不可分割的组成部分，是我国的一级政权单位，不能行使国家主权，同时，又和全国其他地方政权单位有很大的不同，它享有各省、市所没有的高度的自治权，即使是实行民族区域自治地方的自治权，也不能同它相比，这种权力在许多方面甚至超过了联邦制下成员邦的权力，使得中国单一制的国家结构形式带有复合制的某些特征。

二　其他中国统一模式述评

自从中国共产党和中国政府为了以和平方式实现祖国统一而提出"一国两制"的方针以后，国际上、台湾内部、旅外华人学者也提出了各种各样的中国统一的具体模式。

中国社会科学院台湾研究所研究员姚一平认为，具有代表性的模式计有四类十种。第一类，具有分离倾向的模式，包括两种：（1）新加坡模式；（2）联邦制模式；第二类，两个中国倾向的模式，包括五种：（1）德国模式；（2）多体制模式；（3）文化主权国家模式；（4）一国两体模式；（5）一国两席模式；第三类，台湾模式；第四类，联邦制及其类似的模式，包括两种：（1）联邦制模式；（2）奥委会模式。[①]

美国布朗大学政治系教授高英茂认为，解决统一问题的模式构想，综合起来大致有以下十类。（1）一个中国："中华民国"；（2）一个中国：中华人民共和国；（3）一个中国：奥运模式；（4）一个中国：一国两制；（5）一个中国：多体制国家；（6）一个中国：联邦；（7）一个中国：邦联；（8）一个中国：国协；（9）两个中国：中华人民共和国及"中华民国"；（10）一个中国：一个独立台湾。[②]

香港中文大学政治行政系教授翁松燃认为，"一国两制"与其他中国统一模式共有以下十四类：（1）一国两制：a.香港模式、b.澳门模式、c.台湾模式；（2）三民主义；（3）维持现状；（4）完全自治；（5）奥运模式；（6）波多黎各模式；（7）一个主权，

---

①　姚一平：《浅析解决台湾问题的几种模式》，《政治学研究》1986 年第 4 期。

②　高英茂：《当前外交困境突破之道》，1987 年 5 月 10 日［台湾省］《联合报》。

两个治权；（8）一国二席；（9）多体制国家；（10）一区两制；（11）韩国模式；（12）德国模式；（13）新加坡模式；（14）越南模式。[①]

笔者认为，以上各种模式，大体上可以归纳为四类：

第一类，以台湾模式统一中国。这种主张实际上就是台湾国民党当局提出的"以三民主义统一中国"的口号，认为台湾在各方面"优于大陆"，"为中国统一提供了具体模式"。这是一种根本脱离实际的、毫不符合现状的想法，早已被国人所耻笑。众所周知，大陆的总体实力，远比台湾为强。台湾当局数十年来一再叫嚷要"反攻大陆"，这种神话早已无人信服，现在想以台湾模式来统一中国，在任何人看来这仅是痴人说梦而已。

第二类，名义是承认中国统一，实质上想造成"两个中国"。例如，"多体制国家"认为，"分裂国家不是分裂成两个或更多的国家，而是一个国家内出现一个以上的体制之间的竞争和对立"，主张在抽象的一个国家的概念下，"双方都可以作为政治实体，各自与其他国家建立外交关系"。"文化主权国家论"认为，中华文化是"中国主权的象征"，"在一个共同文化主权下同时存在两个治权"。"一国两体论"认为，"国是一国，治权分开"，台湾可"重回联合国"。"一国两席论"认为台湾可回到包括联合国在内的一切国际组织中。这些主张均违背一个中国的根本立场，违背两岸人民的意志和中华民族的根本利益。一个国家不可能存在两个代表这个国家的对等的政府，所谓两个"对等的政治实体"、"一国两席"、"一国两个治权"、台湾"完全自治"等等只能使台湾海峡两岸走向分离，而不是迈向统一，同时也不符合国际法，因而

---

① 翁松燃：《从香港经验看统一、自决和一国两制》，1987 年 11 月号［香港］《明报月刊》。

是行不通的。

第三类，名义上也承认中国统一，实质上鼓吹台湾独立。所谓"新加坡模式"，虽然承认台湾居民都是中国人，但又认为，台湾具有独立的政治经济体制，可以仿效新加坡，"成立新而独立的国家"。所谓"大中华邦联模式"，主张台湾与大陆成立松散的邦联，香港、澳门也可作为邦联的成员，各成员具有主权国家的一切权力和国际法主体地位。这种模式实质上就是主张台湾成为一个独立的主权国家，完全违背了一个中国的根本原则，因而也是行不通的。还有人鼓吹台湾"住民自决"，这也是十分荒谬的，因为"住民"并不构成一个民族，更不代表全体人民。何况大至一个省份，小至一个村镇，都有其住民。如果一个国家允许其"住民自决"以实现独立，这个国家必将四分五裂，天下大乱。

第四类，联邦制模式，主张由中华人民共和国、台湾和香港等合组"中华联邦"，"外交应统一步伐，军队可以自理，互不侵犯，各邦内政自主"，并设立"联邦政府"，"联邦议会"和"联邦法院"。联邦制模式在国家统一的内涵上同一国两制的科学构想有着不少的共同点，但也有很大的差别。

在以上四类模式中，前三类是根本不切实际的，完全行不通的，海内外学者早已有所评论，本文不再赘述。联邦制模式的评论尚不多见，需要深入研究。

三 联邦制不适合中国国情

主张中国统一可采取联邦制模式的学者列举的理由主要是：（1）中国共产党曾在其《第二次全国代表大会宣言》中宣布联邦制的主张；（2）联邦制适合于国土较大、人口较多的国家。笔者认为，以上两点理由，确有其值得考虑的地方，但仔细研究，又觉得不够完全和充分。

　　为什么中国共产党在早年曾宣布要在中国实行联邦制，但现在却认为联邦制不适合中国国情？对于这个问题，要从历史的发展来探讨。我们知道，马克思和恩格斯在原则上是反对联邦制的。他们认为，小国是封建割据的残余、是经济文化发展的障碍。他们主张建立集中统一的单一制国家。马克思在总结1871年巴黎公社经验的《法兰西内战》一书初稿的摘录中，就称赞巴黎公社是"劳动共和国"、"统一的国家机器"，是"单一制国家"，而不是小邦的联盟。恩格斯在《1891年社会民主工党纲领草案批判》一文中说："在我看来，无产阶级只能采取单一而不可分的共和国的形式"，"对德国说来，实行瑞士式的联邦制，那就是倒退一大步。"①但是，马克思和恩格斯也认为，为了在多民族的国家解决民族矛盾，应当根据实际情况，既可以采取单一制，也可以采取联邦制，一切都依是否有利于民族解放和民族团结为转移。

　　列宁在原则上也是反对联邦制的。他一再指出："我们在原则上反对联邦制，因为它削弱经济联系，它对于一个国家来说是一种不合适的形式。"②"只要各个不同的民族组成统一的国家，马克思主义者决不主张实行任何联邦制原则，也不主张实行任何分权制。"③"但是，列宁对于为了解决民族问题而提出的联邦制的要求则表示支持（如当时的"巴尔干联邦共和国"）。列宁本来是反对在俄国实行联邦制的，但在十月革命前夕，列宁对联邦制的态度发生了变化。这是因为，当时俄国许多民族实际上已经处于完全分离和彼此完全隔绝的状态，采取联邦制作为过渡的形式，可以

---

①　《马克思恩格斯全集》第22卷，第275页。

②　《列宁全集》第19卷，第501页。

③　《列宁全集》第20卷，第29页。

使这些民族的劳动群众由分离趋于联合，由隔绝趋于接近。列宁于 1917 年 8 月所撰《国家与革命》一书中，认为联邦制可以作为向"集中制共和国"过渡的一种形式。他说："恩格斯同马克思一样，从无产阶级和无产阶级革命的观点出发坚持民主集中制，坚持统一而不可分割的共和国。他认为联邦制共和国或者是一种例外，是发展的障碍，或者是由君主国向集中制共和国的过渡，是在一定的特殊条件下的'前进一步'。在这些特殊条件下，民族问题就提出来了。"[①] 十月革命后，俄国共产党明确地采用了联邦制国家的观点，把联邦制作为各苏维埃共和国在过渡时期的国家制度方案提出来。在列宁起草的《被剥削劳动人民权利宣言》中，第一次反映了这个观点。宣言中说："俄罗斯苏维埃共和国是建立在自由民族的自由联盟基础上的各苏维埃共和国联邦。"[②]

关于多民族国家在革命胜利后采用什么国家结构形式的问题，列宁根据当时俄罗斯苏维埃联邦社会主义共和国的经验，在为共产国际第二次代表大会草拟的《民族和殖民地问题提纲初稿》中强调指出："联邦制是各民族劳动者走向完全统一的过渡形式。"[③] 1920 年 6 月，共产国际第二次代表大会的决议肯定了联邦制思想。

年轻的中国共产党曾是共产国际的一个支部，共产国际的联邦制思想在当时对中国共产党产生了重要的影响，再加上当时对中国民族问题的具体情况的认识尚缺少经验，因而在 1922 年 7 月的《中国共产党第二次全国代表大会宣言》中曾提出："用自由联邦制……建立中华联邦共和国。"1931 年 11 月 7 日，中华苏维埃

---

① 《列宁全集》第 3 卷，第 232 页。
② 同上书，第 404 页。
③ 《列宁全集》第 4 卷，第 272 页。

第一次全国代表大会通过的《中华苏维埃共和国宪法大纲》规定，各少数民族有"完全自决权，加入或脱离苏维埃联邦，或建立自己的自治区域"。从抗日战争爆发以后，在少数民族应该建立什么样的政权问题上，中国共产党开始逐步强调建立自治政府和自治区域，而不是继续强调联邦制，有时则两者同时并提。1941 年的《陕甘宁边区施政纲领》明确指出："建立蒙回民族的自治区。"解放战争时期，在 1947 年 10 月发布的《中国人民解放军宣言》中又指出："中国境内各少数民族有平等自治的权利。"由此可见，在新民主主义革命阶段的四个历史时期中，中国共产党既提出过联邦制，也提出过实行民族区域自治。但是在实际上，在中国的具体历史条件下，中国没有出现过某个民族组成独立国家实行分离或组织联邦的事实。联邦制并没有得到各族人民的欢迎，而民族区域自治则表现了它的强大的生命力。

1949 年 9 月，起临时宪法作用的《中国人民政治协商会议共同纲领》采取了重要的决策，这就是：确定中华人民共和国的国家结构形式是单一制的多民族的统一的国家，它是各民族友爱合作的大家庭。以民族区域自治制度作为解决我国民族问题的基本政策，而不采用联邦制，这反映了全国人民的共同愿望。

为什么中国领土较大、人口较多，但不采用联邦制？采用联邦制还是单一制，关键不在于领土大小，人口多少，而在于哪一种国家结构形式更适合于一国的国情。瑞士领土很小，但采用了联邦制的形式；亚洲的印度尼西亚，非洲的埃及，人口众多，但采用了单一制的形式。中国之所以采用单一制的国家结构形式，是由中国的国情所决定的，具体地说，是由以下情况决定的：

首先，采用单一制的国家结构形式是我国历史发展的必然趋势，是我国各族人民长期斗争的结果。自古以来，中国各族人民就在中国这块土地上共同劳动和生活，形成我们的祖国和不可分割的整体。从历史上看，早在公元前221年，秦始皇就统一了全中国，结束了从西周到战国800多年诸侯割据的局面，开创了历史上第一个统一的中央集权国家。从秦始皇统一中国以后，虽然历史上也曾经出现过不同民族的统治阶级和封建势力造成的分裂局面，但是，各族人民为了维护祖国的统一，进行了坚持不懈的斗争，所以分裂割据是暂时的状态，统一始终是主流。即使是处于分裂状态中的小国，也大多以中国正统自居。在我国历史上，不管是哪一个民族为主统治中国，都是中国境内的民族，历史上从来没有出现过联邦制国家的现象。即使在辛亥革命后一度出现过军阀割据的局面，但慑于中华民族的向心凝聚力，谁都没有也不敢有公开分裂国家的行为。我国各族人民不仅用辛勤的劳动创造了自己的祖国，而且还用鲜血保卫了自己的祖国。在我国历史上，各族人民曾经长期并肩战斗，反对共同的敌人，维护祖国的统一。特别在近代，各族人民共同遭受帝国主义的压迫和剥削，为了争取和维护民族尊严，捍卫国家领土主权完整，反对外来侵略和干涉内政，投入了共同的斗争，采用单一制的国家结构形式，就是各族人民共同斗争的结果。

其次，采用单一制的国家结构形式是符合我国民族分布状况及特点的。我国是一个多民族国家，全国共有56个兄弟民族，各民族之间人口数量极不平衡，其中汉族人口最多，约占全国总人口的91.94%，其他55个少数民族共有人口9120万人（1990年统计数），约占全国总人口的8.04%。在55个少数民族之中，人口数量也极不平衡。其中有的民族的人口在1000万人以上，有的民族人口只有几千人。我国各民族的分布不是整齐划一、界限分明的，而是交错杂居的。不仅汉族和各少数民族交错杂居，而且各少数民族之间也交错杂居。即使在少数民族相对聚居的地方，也杂居着其他各民族。全国绝大多数县、市，都有两个以上民族共居。这种各民族人口之间的极端不平衡以及各民族交错杂居的情况，决定中国宜于采用单一制，而不宜采用联邦制。

再次，采用单一制的国家结构形式是同两岸人民的共同目标一致的。发展经济和文化，是两岸人民的根本利益和共同目标，要实现这种利益和目标，有赖于两岸人民同心同德、紧密团结、齐心协力、共同奋斗。台湾自古与中国大陆关系极其密切，历朝中央政府在台湾行使各种权力，只是在1895年中日甲午战争中才被迫割让给日本。第二次世界大战后，台湾归还中国，得到国际社会公认。目前两岸的分裂只是中国内战和帝国主义干涉的结果。结束这种分裂局面，实现国家的完全统一，使两岸的经济和文化得到充分的发展和繁荣，这是两岸人民的心愿。

四　"一国两制"下的特别行政区享有高度的自治权

"一国两制"虽然是单一制的国家结构形式，但在"一国两制"下的特别行政区享有高度的自治权，实际上，它的自治权比联邦制国家各成员邦的自治权大得多。在恢复对香港、澳门行使主权和台湾回归祖国以后，国家将在这三个地方设立特别行政区。特别行政区是中华人民共和国的一个享有高度自治权的地方行政区域，直辖于中央人民政府。特别行政区与中央的关系是地方与中央的关系，特别行政区是中华人民共和国不可分离的部分。

特别行政区享有的高度的自治权十分广泛，在《香港特别行政区基本法》和《澳门特别行政区基本法草案》中，对此作了详细规定，充分体现了"一国两制"的方针政策。主要如下：

（1）特别行政区有权自行处理有关的对外事务。即可以在经济、贸易、金融、航运、通讯、旅游、文化、科技、体育等领域，同世界各国、各地区及有关国际组织保持和发展关系，签订和履行有关协议。可以根据需要在外国设立官方或半官方的经济和贸易机构，报中央人民政府备案。中央人民政府负责管理与特别行政区有关的外交事务，外交部在特别行政区设立机构处理外交事务。特别行政区政府的代表可以作为中华人民共和国政府代表团的成员，参加由中央人民政府进行的同特别行政区直接有关的外交谈判。对以国家为单位参加的、同特别行政区有关的、适当领域的国际组织和国际会议，特别行政区政府可以派遣代表作为中华人民共和国代表团的成员或以中央人民政府和上述有关国际组织或国际会议允许的身份参加，并以特别行政区的名义发表意见。中华人民共和国缔结的国际协议，中央人民政府可以根据情况和特别行政区的需要，在征询特别行政区政府的意见后，决定是否适用于特别行政区。

（2）特别行政区政府自己负责本地区的社会治安。中央人民政府负责特别行政区的防务。特别行政区不负担驻军费用。驻军不干预特别行政区的地方事务。驻军人员除须遵守全国性的法律外，还须遵守特别行政区的法律。

（3）特别行政区的行政长官在当地通过选举或协商产生，由中央人民政府任命。主要官员由行政长官提名并报请中央人民政府任命。特别行政区享有行政管理权，依法自行处理特别行政区的行政事务。

（4）特别行政区享有立法权。特别行政区的立法机关制定的法律须报全国人民代表大会常务委员会备案，备案不影响该法律的生效。特别行政区原有的法律、法令、行政法规和其他规范性文件，除了同特别行政区基本法相抵触或经特别行政区的立法机关作出修改者外，予以保留。

（5）特别行政区享有独立的司法权和终审权。特别行政区法院除继续保持原有法律制度和原则对法院审判权所作的限制外，对特别行政区所有的案件均有审判权。特别行政区法院对国防、外交等国家行为无管辖权。特别行政区法院在审理案件中遇有涉及国防、外交等国家行为的事实问题，应取得行政长官就该类问题发出的证明文件，上述文件对法院有约束力。行政长官在发出证明文件前，须取得中央人民政府的证明书。

（6）特别行政区不实行社会主义的制度和政策，保持原有的资本主义制度和生活方式五十年不变。特别行政区依法保护私有财产权。

（7）特别行政区保持财政独立，财政收入全部用于自身需要，不上缴中央人民政府。中央人民政府不在特别行政区征税。

（8）特别行政区的法定货币继续流通，自由兑换。特别行政区不实行外汇管制政策。特别行政区为单独的关税地区。

特别行政区的自治权十分广泛，当然不是上述八点内容所能概括的。对待台湾的政策，比对待香港，澳门的政策更为宽厚。1983年6月26日，邓小平指出："问题的核心是祖国统一。和平统一已成为国共两党的共同语言。但不是我吃掉你，也不是你吃掉我。我们希望国共两党共同完成民族统一，大家都对中华民族做出贡献。我们不赞成台湾'完全自治'的提法。自治不能没有限度，既有限度就不能'完全'。'完全自治'就是'两个中国'而不是一个中国。""祖国统一后，台湾特别行政区可以有自己的独立性，可以实行同大陆不同的制度。司法独立，终审权不须到北京。台湾还可以有自己的军队，只是不能构成对大陆的威胁。大陆不派人驻台，不仅军队不去，行政人员也不去。台湾的党、政、军等系统，都由台湾自己来管。中央政府还要给台湾留出名额。"①

　　"一国两制"构想是科学的，合理的，实事求是的。我们"寄希望于台湾当局，更寄希望于台湾人民"，希望两岸尽早就此开始谈判，促进国家的统一。

（1999 年）

---

① 邓小平：《建设有中国特色的社会主义》（增订本），第 17—18 页。

作者主要著译书目

（一）著作

《立法制度比较研究》（合著），法律出版社，1981年。

《"四人帮"批判》，中国社会科学出版社，1983年。

《社会主义法制基础知识》，甘肃人民出版社，1984年。

《中国社会主义立法问题》（合著），群众出版社，1984年。

《会议规则》（合著），人民出版社，1984年。

《比较立法学》（合著），法律出版社，1985年。

《中国社会主义法律基本理论》（主编之一），法律出版社，1987年。

《比较法基础知识》，法律出版社，1987年。

《法律基本理论》，四川人民出版社，1988年。

《比较立法制度》（合著），群众出版社，1992年。

《有中国特色的社会主义经济、政治、文化》（合著），中国社会科学出版社，1993年。

《有中国特色的社会主义民主政治》（合著），社会科学文献出版社，1999年。

（二）译著（含校订）

《反对现代改良主义和修正主义关于国家问题的理论》，法律出版社，1959 年。

《各国选举制度》，法律出版社，1963 年。

《国家和法的理论》，法律出版社，1963 年。

《国家和共产主义》，法律出版社，1964 年。

《共产主义者同盟》（校订），三联书店，1976 年。

《政治学说史》（上、下）（合译），中国社会科学出版社，1979 年。

《美国法律制度概论》（校订），群众出版社，1986 年。

1983 年任中国社会科学院法学研究所研究员、中国社会科学院研究生院法学系教授。

1984 年兼任中国政法大学教授。

1985 年任中国社会科学院法学研究所副所长兼《法学研究》主编，中国社会科学院政治学研究所学术委员会委员。

1985 年兼任南京大学法律系教授，中国法学会法理学研究会副总干事。

1986 年任中国社会科学院研究生院法学系博士生导师，兼任中国法学会理事。

1987 年任中国社会科学院学位委员会第二届学科评议组法学评议分组成员，兼任司法部社会科学研究职务评审委员会委员。

1988 年任中国社会科学院政治学研究所所长、研究员。

1989 年任中国社会科学院政治学研究所《政治学研究》主编。

1991 年任中国政治学会副会长，全国哲学社会科学研究"八五"政治学学科规划小组成员、组长，北京市哲学社会科学研究"八五"政治学学科规划小组成员、组长，享受国务院政府特殊津贴。

1993 年任中国社会科学院第四届学位委员会委员。

1994 年兼任全国台湾研究会常务理事，中国统一战线理论研究会常务理事。

1995 年兼任人事部社会科学研究专业副高级专业技术职务评审委员会评委。

1996 年任中国政治学会副会长，全国哲学社会科学研究"九五"政治学学科规划小组成员、组长，北京市哲学社会科学研究"九五"政治学学科规划小组成员、组长。

1996 年兼任中国监察学会常务理事，中国和平统一促进会理事。

作 者 年 表

吴大英，汉族，1932 年 6 月 3 日生于浙江省海宁市。

1948 年 8 月在上海新建中学参加中国民主青年同盟。

1950 年 3 月至 8 月就学于东吴大学社会学系。

1950 年 9 月至 1952 年 8 月北京大学政治学系学习。

1952 年 9 月至 1953 年 8 月北京政法学院学习、工作，后调到中共党史教研组工作。

1953 年 9 月至 1954 年 8 月，中央政法干校国家与法的理论教研室工作（秘书）。

1954 年 9 月至 1955 年 8 月就学于北京俄文专修学校留苏预备部。

1955 年 9 月至 1959 年 6 月就学于苏联列宁格勒大学法律系研究生部，获得法学副博士学位。

1959 年 7 月至 9 月，北京外语学院归国留学生学习班学习。

1959 年 10 月在中国科学院哲学社会科学部（1977 年改属中国社会科学院）法学研究所工作，任助理研究员。

1978 年任中国社会科学院研究生院法学系副教授、硕士生导师，法学研究所国家与法研究室副主任。

1979 年任中国社会科学院法学研究所副研究员、法学研究所学术委员会委员。

1980 年兼任北京市高等教育局高等院校确定与提升正教授＼副教授职称评审工作委员会评委，中国政治学会理事。

1982 年任中国社会科学院法学研究所国家与法研究室主任，北京市法学会宪法研究会理事。

后　记

吴大英教授是我的硕士和博士导师，更是我走上科研道路的领路人。1984 年我从西南政法大学毕业，历经考研的种种艰辛，终于成为中国社会科学院法学研究所吴老师的硕士研究生。其后，一直师从吴老师研读法理学专业达 6 年之久。1990 年我作为吴老师的第一个博士毕业时，他已调中国社会科学院政治学研究所任所长一职，我则继续留在法学所法理研究室工作。由于政治学所和法学所同在一幢楼里办公，故我仍然可以经常见到吴老师，并就法理学、立法学和政治学的一些问题接受他耳提面命的教诲。1999 年 5 月，我们民主课题组还同吴老师以及其他师长、学仁在一起讨论有关课题的初稿，但到了 9 月上旬，吴老师在外科手术后而出现昏迷，时间达 6 个月之久。其间几度历经病危而脱险，但苏醒后已难以下地行走，至今不得不卧床治疗。

自吴老师出现第一次病危以后，我内心里就萌生了为他做点什么的想法。这时，正好中国社会科学院科研局决定编选吴大英教授的文集。这样，由吴老师的开门弟子信春鹰教授总负责、由我这个后来者具体承担选编《吴大英集》的工作，这既是情理之中又是责任之下的事情了。

　　选编并出版《吴大英集》，把他近半个世纪的心血汇集起来，展示出来，其目的：一是为了彰显导师的学术成就；二是为了回报导师的培育之恩；三是为了以这种特殊方式记载中国法学、尤其是中国法理学命运多舛的足迹，以便他人在反思共和国的这段历史时进行总结和研究。

　　吴老师自20世纪50年代中期在刊物上发表第一篇论文后，一直笔耕不辍，即使在那场"史无前例"的10年"大革命"中，他还用了5年时间牵头组织法学所的学者翻译出版了苏联学者莫基切夫主编的《政治学说史》（上下册）。吴老师最近的成果是1999年他和杨海蛟教授主编出版的《有中国特色的社会主义民主政治》一书。40多年来，吴老师出版、发表的著作、论文、译著和译文等达600多万字，可谓著作等身。

　　读者手中的这本《吴大英集》，是从他已发表的论著中选辑而成的，除个别论文因特殊情况作了适当修改、删节外，其他均保持了原状。全书基本上按照法理学、立法学和政治学的逻辑关系分为三个部分，同时在每篇论文末注上发表年份，以便读者把该篇论文放在当时的历史条件下来阅读和理解。尽管我所选取和修改的论文已经过吴老师的审定，全书的编排体例和细节安排也得到了他的首肯，但这部文集毕竟是按照我对吴老师及其学术成就的理解来选编的，它能否真正代表和反映导师的为人、为师和做学问的精义，尚祈读者、特别是吴老师的亲朋好友来评判。

李林　谨识

2001年4月30日